基金项目：国家重点研发计划（编号：2022YFC3005200）
National Key R&D Program of China（grant number：2022YFC3005200）

互联互通条件下的市域快线运输组织研究

郑翔　马明　邹晓磊　孙元广　蔡涵哲　江志彬　编著

同济大学出版社·上海
TONGJI UNIVERSITY PRESS·SHANGHAI

内 容 简 介

本书围绕互联互通条件下市域快线的运输组织方法,主要开展了以下研究:介绍了轨道交通互联互通的基本内涵,重点分析了互联互通的概念和必要性,并对互联互通的技术条件、体系架构、运输模式和多层次轨道交通网络的衔接融合模式进行了探讨;分析了互联互通条件下的市域快线运营模式以及线路配线方案和能力;研究了互联互通条件下的市域快线列车运输组织方案;同时,还详细介绍了互联互通条件下的市域快线客流组织方案;并对满足互联互通需求的广州市域快线18号线和22号线进行了实例分析。本书可供轨道交通专业人员、大专院校师生学习与参考,也可供关注市域快线互联互通运输组织的人士阅读。

图书在版编目(CIP)数据

互联互通条件下的市域快线运输组织研究 / 郑翔等编著. -- 上海:同济大学出版社,2024.5
　　ISBN 978-7-5765-1108-6

Ⅰ.①互… Ⅱ.①郑… Ⅲ.①城市铁路-轨道交通-运输组织-研究 Ⅳ.①U239.5

中国国家版本馆 CIP 数据核字(2024)第 062828 号

互联互通条件下的市域快线运输组织研究
Study on Transportation Organization of Urban Rapid Rail Transit Lines Under Interoperability

郑　翔　马　明　邹晓磊　孙元广　蔡涵哲　江志彬　编著

责任编辑	胡晗欣
责任校对	徐春莲
封面设计	潘向蓁

出版发行	同济大学出版社　　www.tongjipress.com.cn
	(地址:上海市四平路1239号　邮编:200092　电话:021-65985622)
经　　销	全国各地新华书店
排版制作	南京月叶图文制作有限公司
印　　刷	上海安枫印务有限公司
开　　本	787 mm×1092 mm　1/16
印　　张	11.5
字　　数	245 000
版　　次	2024年5月第1版
印　　次	2024年5月第1次印刷
书　　号	ISBN 978-7-5765-1108-6
定　　价	138.00元

版权所有　侵权必究　印装问题　负责调换

本书编委会

主　编

郑　翔　马　明　邹晓磊　孙元广　蔡涵哲　江志彬

主编单位

广州地铁设计研究院股份有限公司

参编人员

孙　菁　宋嘉雯　王晓潮　潘　洋　刘　龙　马　鹏　邓澄远
廖　锟　刘增华　任　祥　罗信伟　方　刚　尧珊珊　毛武峰
顾　锋　赖鹏邦　耿鸣山　阚绍德　王明敏　邹江源　尹华拓
李凯明　何　渊　王孝明　聂　涔　宁　辉　倪　冉　刘祥喜
陈华龙　章　鹏　李子曈　童有超　郑凯文

前言

《国家综合立体交通网规划纲要》提出：推动干线铁路、城际铁路、市域（郊）铁路融合建设，并做好与城市轨道交通衔接协调，构建运营管理和服务"一张网"，实现设施互联、票制互通、安检互认、信息共享、支付兼容。近年来，市域快线成为市域（郊）铁路的最主要形式，是城市内外交通有效衔接的关键"一网"，其内部线路之间以及与其他层次轨道交通网络之间运输组织的衔接协同对于提升旅客在市内、市域及城际的出行体验具有至关重要的意义。这种运输组织的衔接协同往往会体现在多条及多种线路之间列车运行及运输组织的互联互通。

互联互通既有物理层面上不同运营主体车辆在不同线路上的跨线运行或共线运行等方式，也有服务层面上多条线路的衔接换乘或多种运输方式的联合运输以及相应的旅客引导服务。随着旅客对城市内外出行便捷性需求的提升，互联互通已成为国内外轨道交通甚至综合交通系统运营的发展趋势。互联互通对市域快线意味着什么？如何实现市域快线之间以及市域快线与其他轨道交通之间在物理层面和服务层面上的互联互通？上述问题成为轨道交通运营者与研究人员共同关心的问题。在上述背景下，本书围绕互联互通条件下市域快线的运输组织方法，主要开展了以下研究：

（1）第 1 章介绍了轨道交通互联互通的基本内涵。重点分析了互联互通的概念及其必要性，对互联互通的技术条件、体系架构、运输模式和多层次轨道交通网络的衔接融合模式进行了全方位探讨。分析了德国、日本和我国传统铁路在物理层面和服务层面互联互通的发展经验。

（2）第 2 章分析了互联互通条件下的市域快线运营模式。重点分析了市域快速轨道交通的概念、技术特征及其实施互联互通的必要性，以及市域快线的技术特征与客流特征。对东京、纽约、伦敦等城市具有典型代表的市郊铁路或市域轨道的发展经验进行了总结。

（3）第 3 章分析了互联互通条件下市域快线的线路配线方案和能力。研究了互联互通条件下市域快线的折返站、接轨站和越行站的基本要求，以及配线方案和相应的能力分析方法，特别是基于 CBTC 的市域快线追踪间隔时间的计算方法，分析了不同越行站的站型选择对通过能力的影响。

（4）第 4 章研究了互联互通条件下的市域快线列车运输组织方案。如市域轨道交通互联互通运输组织方案的确定原则，交路、停站、编组方案、全日行车计划的确定方法，以及运行图编制的关键技术问题。重点研究了快慢车组合条件下列车运输组织方案的评估方法。

（5）第 5 章分析了互联互通条件下的市域快线客流组织方案。研究了市域快线的旅客服务与衔接换乘系统，对面向一体化出行的多方式互联互通客运服务标准以及客运服务方法进行了探讨。提出了"一次购票""一次安检""一次候车""一个平台"的市域快线服务互联互通原则。

（6）第 6 章对满足互联互通需求的广州市域快线 18 号线和 22 号线进行了实例分析。重点计算了 18 号线和 22 号线的关键折返站能力、接轨站能力和线路的追踪间隔时间，基于 TPM 系统，对 18 号线独立运行、22 号线独立运行以及两线共线运行三种方案的能力适应性进行了仿真评估分析。以广州南站为例，对换乘现状进行了仿真分析，给出了多线路客运服务互联互通的优化方案。

研究表明，互联互通是市域快线发展的必然趋势，也是提升轨道交通服务能力的关键。在线路规划与设计阶段，就应该考虑相同轨道交通制式的线路之间以及不同制式之间的物理层面和服务层面的互联互通需求。折返站、接轨站和越行站是制约市域快线互联互通列车开行的主要瓶颈。快慢车开行对于市域快线互联互通运行的能力利用、服务水平以及运行图编制有较大的影响，在实际运营过程中应进行充分评估。从旅客服务层面上看，要实现市域快线及其他轨道交通之间设施互联、票制互通、安检互认、信息共享、支付兼容，"一次购票""一次安检""一次候车""一个平台"是关键。

我国新一轮轨道交通的规划落地，不论是物理层面还是服务层面的互联互通，都是下一步发展过程中需要考虑的重点。本书的研究虽然取得了一定的成果，但在以下几个方面仍然有待进一步探讨。

（1）从多制式轨道交通网络协同发展的角度来评估市域快线互联互通的发展需求和技术特征。既有研究主要是从市域快线的既有技术特征和服务目标出发，较少考虑其他轨道交通制式的一体化协同需求。未来轨道交通的一体化是必然趋势，需要从远期发展出发，有待进一步定义与评估市域快线的技术特征和互联互通的技术要求。

（2）适应我国国情的市域快线运输组织模式的创新。我国的市域快线运输组织模式虽然相较于地铁系统更为复杂，但与铁路系统相比，在线路的配线设计、互联互通的技术装备、开行方案和客流组织方面也有较大差异，如何从乘客出行的一体化和人性化角度出发，在运输组织模式上进行创新，设计出更为经济、高效的列车开行和客流组织方案，有待进一步探讨。

本书由广州地铁设计研究院股份有限公司、同济大学交通运输工程学院联合编著。本书可供轨道交通专业人员、大专院校师生学习与参考，也可供关注市域快线互联互通运输组织的人士阅读。由于我国轨道交通多网融合以及市域快线运输组织的理论研究与实践刚刚起步，且涵盖了广泛的交叉学科的理论研究与实践内容，加之编者业务水平所限，文中不妥之处在所难免，敬请广大读者批评指正。

编著者
2024 年 1 月

目录

前言

1 轨道交通互联互通概述 ……………………………………………………… 001
  1.1 轨道交通互联互通的概念与必要性 …………………………………… 003
    1.1.1 轨道交通互联互通的概念与内涵 ………………………………… 003
    1.1.2 轨道交通互联互通的意义与必要性 ……………………………… 004
  1.2 轨道交通互联互通的技术条件与体系架构 …………………………… 004
    1.2.1 互联互通的技术条件 ……………………………………………… 004
    1.2.2 互联互通的架构与标准体系 ……………………………………… 006
  1.3 轨道交通互联互通的模式 ……………………………………………… 011
    1.3.1 多模式轨道交通互联互通模式 …………………………………… 011
    1.3.2 多层次轨道交通网络的衔接融合模式 …………………………… 013
  1.4 国内外轨道交通互联互通的发展经验 ………………………………… 014
    1.4.1 德国轨道交通互联互通的发展经验 ……………………………… 014
    1.4.2 日本轨道交通互联互通的发展经验 ……………………………… 020
    1.4.3 国内轨道交通互联互通的发展情况 ……………………………… 023

2 互联互通条件下的市域快线运营模式 ……………………………………… 027
  2.1 市域快速轨道交通的定义及其实施互联互通的必要性 ……………… 029
    2.1.1 市域快速轨道交通的定义 ………………………………………… 029
    2.1.2 市域快线的基本形式 ……………………………………………… 030
    2.1.3 市域快线实施互联互通的必要性 ………………………………… 031
  2.2 互联互通条件下的市域快线技术特征与客流特征 …………………… 033
    2.2.1 市域快线的主要技术特征 ………………………………………… 033
    2.2.2 市域快线的客流特征 ……………………………………………… 034
    2.2.3 市域快线的速度目标值选择 ……………………………………… 034
  2.3 国外市域(郊)铁路的互联互通运营经验 …………………………… 036
    2.3.1 东京市郊铁路互联互通运营经验 ………………………………… 036

2.3.2　纽约市郊铁路互联互通运营经验 ……………………………………… 040
　　2.3.3　伦敦市郊铁路互联互通运营经验 ……………………………………… 041
　　2.3.4　巴黎市域快线互联互通运营经验 ……………………………………… 043
　　2.3.5　柏林市郊铁路互联互通运营经验 ……………………………………… 047
　　2.3.6　经验总结 ………………………………………………………………… 048
2.4　国外面向互联互通的快慢车组合运行模式 …………………………………… 048
　　2.4.1　东京主要线路的快慢车组合运行模式 ………………………………… 049
　　2.4.2　巴黎 RER B 线的快慢车组合运行模式 ………………………………… 049
　　2.4.3　伦敦大都会线的快慢车组合运行模式 ………………………………… 054
　　2.4.4　纽约地铁1号线与2号线的快慢车组合运行模式 …………………… 055
　　2.4.5　费城橙线的快慢车组合运行模式 ……………………………………… 055
　　2.4.6　经验总结 ………………………………………………………………… 060
2.5　我国市域(郊)铁路的发展现状与规划 ………………………………………… 061

3　互联互通条件下市域快线的线路配线方案及能力分析 …………………………… 065
3.1　折返站 ……………………………………………………………………………… 067
　　3.1.1　折返站的基本要求 ……………………………………………………… 067
　　3.1.2　折返站的配线方案 ……………………………………………………… 068
　　3.1.3　折返能力 ………………………………………………………………… 070
3.2　接轨站 ……………………………………………………………………………… 074
　　3.2.1　接轨站的基本要求 ……………………………………………………… 074
　　3.2.2　接轨站的配线方案 ……………………………………………………… 075
　　3.2.3　接轨站能力 ……………………………………………………………… 077
3.3　越行站 ……………………………………………………………………………… 078
　　3.3.1　越行站的设置原则 ……………………………………………………… 078
　　3.3.2　越行站站线的布置形式 ………………………………………………… 079
3.4　基于 CBTC 的市域快线列车追踪间隔时间计算 ……………………………… 081
　　3.4.1　同方向列车到通间隔时间 ……………………………………………… 084
　　3.4.2　同方向车站通过间隔时间 ……………………………………………… 085

4　互联互通条件下的市域快线列车运输组织方案 …………………………………… 087
4.1　运输组织方案确定的基本原则 …………………………………………………… 089
4.2　编组方案 …………………………………………………………………………… 090
4.3　交路方案 …………………………………………………………………………… 091
　　4.3.1　交路类型 ………………………………………………………………… 091

  4.3.2　共线交路 …………………………………………………………… 092
  4.3.3　交路方案制订 ……………………………………………………… 094
 4.4　停站方案 ……………………………………………………………………… 096
  4.4.1　停站方案的类型 …………………………………………………… 096
  4.4.2　停站方案的选择 …………………………………………………… 100
  4.4.3　快慢车开行综合评价 ……………………………………………… 100
  4.4.4　快慢车越行的要素分析 …………………………………………… 101
  4.4.5　快慢车越行产生的影响分析 ……………………………………… 101
  4.4.6　快慢车组合运行通过能力分析 …………………………………… 103
 4.5　全日行车计划 ………………………………………………………………… 104
  4.5.1　计划编制 …………………………………………………………… 104
  4.5.2　行车间隔 …………………………………………………………… 105
 4.6　运行图方案 …………………………………………………………………… 105
  4.6.1　运行图类型 ………………………………………………………… 106
  4.6.2　运行图编制 ………………………………………………………… 106
  4.6.3　运行延误调整 ……………………………………………………… 111
  4.6.4　规格化周期运行图 ………………………………………………… 112

5　互联互通条件下的市域快线客流组织方案 ……………………………………… 115
 5.1　市域快线换乘系统 …………………………………………………………… 117
  5.1.1　换乘站的适应性 …………………………………………………… 117
  5.1.2　换乘的付费和引导 ………………………………………………… 120
 5.2　面向一体化出行的互联互通客流组织服务标准 …………………………… 121
 5.3　面向一体化出行的互联互通客运服务基本方法 …………………………… 123
  5.3.1　"一次购票"的内涵及实现方法 …………………………………… 123
  5.3.2　"一次安检"的内涵及实现方法 …………………………………… 124
  5.3.3　"一次候车"的内涵及实现方法 …………………………………… 124
  5.3.4　"一个平台"的内涵及实现方法 …………………………………… 124

6　市域快线实例分析 ………………………………………………………………… 125
 6.1　线路概况 ……………………………………………………………………… 127
  6.1.1　线路设计特点 ……………………………………………………… 127
  6.1.2　主要技术标准 ……………………………………………………… 128
 6.2　折返站能力分析 ……………………………………………………………… 130
  6.2.1　折返线通用参数设置 ……………………………………………… 130

6.2.2 案例分析——18号线广州东车站 …………………………………………… 130
6.2.3 案例分析——22号线番禺广场车站 ………………………………………… 131
6.2.4 案例分析——22号线白鹅潭车站 …………………………………………… 132
6.2.5 折返能力汇总 …………………………………………………………………… 133
6.3 接轨站能力分析 ………………………………………………………………………… 134
6.4 线路追踪间隔时间计算 ………………………………………………………………… 135
6.5 独立运营条件下的通过能力分析 ……………………………………………………… 137
6.5.1 18号线独立运营条件下的通过能力分析 …………………………………… 137
6.5.2 22号线独立运营条件下的通过能力分析 …………………………………… 140
6.6 互联互通条件下的通过能力分析 ……………………………………………………… 143
6.7 互联互通条件下的列车运行调整方案分析 …………………………………………… 145
6.7.1 快车延误调整 …………………………………………………………………… 145
6.7.2 慢车延误调整 …………………………………………………………………… 147
6.7.3 线路故障 ………………………………………………………………………… 149
6.7.4 进入共线段前的列车延误 ……………………………………………………… 150
6.8 关键枢纽站换乘服务互联互通标准及案例分析 ……………………………………… 151
6.8.1 评估方法 ………………………………………………………………………… 151
6.8.2 客流数据设置 …………………………………………………………………… 153
6.8.3 广州南站换乘现状仿真分析 …………………………………………………… 157
6.8.4 广州南站服务层面互联互通仿真分析 ………………………………………… 164
6.8.5 基本评估结论 …………………………………………………………………… 170

参考文献 …………………………………………………………………………………… 172

1 | 轨道交通互联互通概述

互联互通是提升轨道交通服务能力的关键，其内涵是实现多模式、多制式、多功能轨道交通网络协同发展，构建互联互通、融合运营的装备与服务体系是市域快速轨道交通发展的必然趋势。在线路规划与设计阶段，就应该考虑市域快速轨道交通的线路之间、不同制式之间的互联互通需求；在服务层面，也应该从行车组织方案、客流管理、票务和一体化出行服务等方面考虑互联互通的要求。

1.1 轨道交通互联互通的概念与必要性

1.1.1 轨道交通互联互通的概念与内涵

互联互通,原指电信网间的物理连接,使得公共通信网的用户能进行跨网络的通信,或能够接入由另一个服务商所提供的服务。《市域快速轨道交通设计规范》(T/CCES 2—2017)将互联互通(Interoperability)定义为:不同制式的线路(含国铁)或制式相同而设备系统不同的线路,通过工程技术改造和技术处理,实现客运列车贯通运行。

上述定义中,互联互通的核心是线路"互通"和设备"互联",强调的是物理层面的内涵,线路"互通"指不同线路物理上相连接,列车可在不同线路上跨线运行;设备"互联"指不同线路间的车辆和机电设备系统互相兼容。但实际上,互联互通的含义更加广泛。

本书定义的轨道交通互联互通是指不同线路的轨道、车辆、供电、信号、通信、站台门及运营组织等相互兼容,可节约资源、降低成本,提高资源使用效率和服务质量;同时,也能为乘客提供便捷、高效和人性化的服务,实现不同交通网络、不同线路之间的高效协同与衔接。因此,轨道交通互联互通的内涵是实现多模式、多制式、多功能轨道交通网络协同发展,建设互联互通、融合运营的装备与服务体系。

轨道交通互联互通可以实现节约资源、降低成本、优化资源使用效率和提高服务质量。其内涵包括两个层面,即物理层面的互联互通和服务层面的互联互通。

1. 物理层面的互联互通

物理层面的互联互通是指通过调整既有的轨道交通线路设备或规划建设的线路设施设备,实现不同线路的轨道、车辆、供电、信号、通信、屏蔽门等相互兼容,实行统一的技术标准和组织运营方式,实现不同线路之间或不同轨道交通形式之间的互联,以达到无缝衔接换乘的目的,提高轨道交通网络的运行效率。物理层面互联互通的主要特点是车辆可以在不同线路,甚至不同类型的轨道交通系统之间联通运行,可以根据乘客的出行需求和服务需求开行多种类型的运输组织方案,有效发挥网络的整体综合效率,提升乘客的出行体验。现有物理层面的互联互通主要体现在国家既有铁路网络的互通、高铁网的互通、地铁网的互通,以及既有铁路网与高铁网、既有铁路网与地铁网的互通等。

2. 服务层面的互联互通

受交通工具类型、轨道形式、设施设备性质等方面的制约,或由于历史建设过程中已经独立形成线路或网络,在无法做到物理层面的互联互通时,可以通过提供便捷、高效和人性化的服务,实现不同交通网络、不同线路之间的高效协同与衔接服务,这种方式称为服务层面的互联互通。现有服务层面的互联互通主要体现在大型交通枢纽中不同交通方式的集中换乘,或是不同线路在同一车站的高效衔接(如同站台换乘)等。

1.1.2 轨道交通互联互通的意义与必要性

轨道交通互联互通的目的是为网络化运营提供支撑,可使列车的服务范围进一步扩大,增加运输组织的灵活性,为乘客出行提供最大的便利条件,使运营服务水平获得显著提升。互联互通并非只是单纯的技术手段,更是一种先进的发展理念,可以体现在轨道交通决策、设计、施工、运营和服务的各个阶段。除了轨道交通内部网络的互联互通外,轨道交通网与其他交通网的联通,轨道交通与城市圈的联通,甚至是轨道交通与周边居民生活的联通都可以算在互联互通的范畴内,其强调的是一种绿色平衡、以人为本的发展理念。在城市轨道交通决策、设计、施工、运营的各个阶段都应以互联互通、以人为本为理念,建设绿色、科技、人文的城市轨道交通网络化运营体系,推进城市轨道交通的可持续发展。

2019 年,中共中央、国务院印发《交通强国建设纲要》,提出了构建互联互通、面向全球的交通网络。2020 年,《中国城市轨道交通智慧城轨发展纲要》出台,智慧城轨的建设目标包括构建网络化智能运输组织体系和技术平台,提升互联互通、运能运量精准匹配、乘客出行便捷可达的网络化运输组织水平。不论是从国家多模式轨道交通的协同发展需求,还是从提升旅客的出行服务体验,结合国外成功经验以及国内城市轨道交通发展的实际需求来看,互联互通是城市轨道交通发展的趋势,是城市发展的必然途径。它能够满足多样化的客流需求,有效缓解换乘站点的交通压力,节约通道资源,提高线网覆盖地区的交通可达性,引导城市有序发展。

1.2 轨道交通互联互通的技术条件与体系架构

1.2.1 互联互通的技术条件

从综合交通体系发展的要求来看,我国轨道交通互联互通的技术规范体系应重点考虑硬件的兼容、制式的统一、资源的共享、组织的一体化和服务的协同等方面。

1. 设施设备技术要求

要实现轨道交通物理层面的互联互通,需要线路与车站、信号、车辆、线路配线、牵引供电、票务、调度等设备系统能够兼容,如表 1-1 所示。

表 1-1 满足互联互通的设施设备技术要求

类别	技术要求
线路与车站	1. 不同线路列车可实现相互运行 2. 各线路间轨道制式相同 3. 线路平面、纵断面等能够兼容

(续表)

类别	技术要求
信号	1. 保证列车司机与所有线路控制中心、车站之间的通信 2. 保障信号系统、监控系统、乘客信息等系统的车载设备与地面设备的通信 3. 不同等级通信系统的兼容
车辆	1. 车辆的走行部分、受电设备、车载信号系统、车门系统、车辆编组、车辆限界必须能够相互兼容 2. 需要重点考虑车辆限界、车门位置、站台门位置以及车辆的动力性能
线路配线	1. 配线方案需要考虑节点站在路网中的作用和日常作业需求 2. 需要考虑不同客流需求条件下高效与经济运营,如开行快慢车、越行、存车、快速折返等 3. 需要考虑运输组织的灵活性 4. 需要预留一定的能力
牵引供电	1. 要统一共线运营线路的受电方式及电压 2. 牵引供电系统配备的受电弓和接触网,要适应不同供电制式 3. 需要考虑不同客流条件带来的能力制约(如高密度行车)
票务	1. 尽量满足一票换乘 2. 需要满足联乘联运的售检票需求 3. 需要满足不同制式与类型的乘车凭证的识别与清分
调度	1. 需要满足一体化的调度指挥要求 2. 需要满足一体化的计划编制要求 3. 需要满足一体化的列车运行组织与监控 4. 需要满足一体化的故障与应急处置管理 5. 需要满足一体化的客流管理、施工组织管理和维护管理等业务的全过程管理

2. 运营服务的技术要求

服务层面的互联互通以提供与出行有关的所有产品和服务为目的,从旅客萌生出行意向、进行旅程规划和预订车票开始,到出发至车站的路线选择,再到乘车出行、到达目的车站以及到达最终目的地全程,甚至包括旅程之后的反馈意见收集等,以满足客户已提出的和潜在的各种需求。服务层面的技术特征包括轨道交通系统的一体化出行规划、一体化票务、一体化出行服务三个方面,如表 1-2 所示。

表 1-2 满足运营服务的技术特征

大类	小类	技术要求
一体化出行规划	出行方式规划	1. 不同线路的时刻表与运营服务的信息共享 2. 提供一体化的服务平台 3. 提供一体化的查询服务 4. 应急条件下的信息共享
	路线规划	1. 规划乘客的行程路线 2. 规划乘客采用的交通工具 3. 规划乘客出行时间 4. 规划乘客出行所需的总费用

(续表)

大类	小类	技术要求
一体化出行规划	开行方案优化	1. 列车开行区段、开行时段、停站方案的优化 2. 列车开行数量的优化 3. 列车类型的优化
一体化票务	车票一体化	1. 联程票服务 2. 车票无纸化 3. 验票与检查的便利化 4. 自动清分
一体化票务	综合票制	1. 需对不同层次的旅客推行多种票制 2. 针对不同线路、不同旅行时间、不同时段、不同车次、不同提前期，制定不同折扣价 3. 可考虑与其他商品捆绑打折(市内交通、联运交通、酒店、餐饮、景点门票等)
一体化出行服务	联程运输	1. 不同交通工具的快捷与安全换乘(如安检互认) 2. 运营信息的及时推送 3. 不同线路的时刻表衔接(包括首末班车衔接)
一体化出行服务	乘客服务	1. 不同层次旅客的差异性服务 2. 特殊旅客(老人、小孩、残疾人等)的特殊服务 3. 个性化服务
一体化出行服务	应急服务	1. 应急条件下的联动组织(如航空延误后的高铁协同、地铁延误条件下的公交协同) 2. 应急条件下的行程方案自动更改与信息推送 3. 建立延误赔偿机制

1.2.2 互联互通的架构与标准体系

1. 互联互通的架构体系

为了节约资源、降低成本、优化资源使用效率和提高服务质量，我国未来的轨道交通网络建设与运营需要在物理层面和服务层面做好互联互通。其架构体系如图1.1所示。

2. 互联互通的标准体系

1) 欧洲铁路互联互通的技术规范体系

1996年和2001年，欧盟委员会分别针对高速铁路和常规铁路发布了2个指令，即96/48/EC和2001/16/EC。随后，欧盟委员会根据EC指令[①]的要求，发布第一批欧盟铁路互联互通技术规范(Technical Specification for Interoperability, TSI)。TSI是由欧盟各国铁路管理机构根据EC指令规定，编制的一种针对铁路运输的互联互通性技术规范。其编制的目的是消除欧盟国与国之间的跨国铁路运输发展障碍，进一步提高铁路运输效率，构筑泛欧铁路运输网，达到互联互通的要求。

---

① EC指令：是指欧洲共同体理事会制定的司令书的总称。

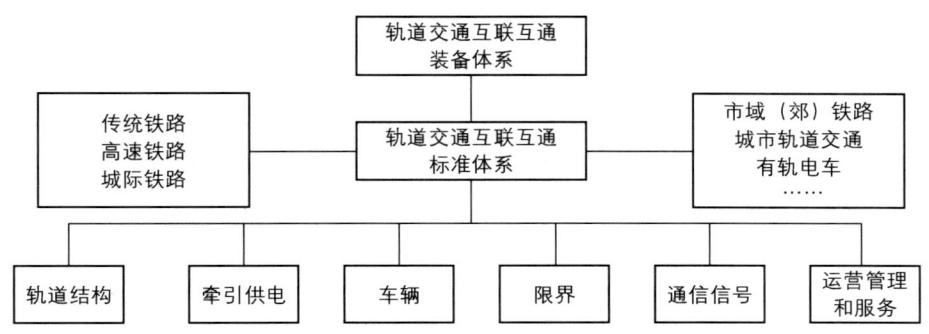

图 1.1 轨道交通互联互通架构体系

欧盟发布的 TSI 是欧盟关于铁路产品的技术法规,其法规具体执行主要是遵照相关的欧洲标准。任何进入欧盟或者参照 TSI 的国家的铁路产品,必须按照 TSI 的要求通过 EC 符合性认证,否则将没有准入资格,不能向欧盟或者参照 TSI 的国家销售铁路产品。因此,按 TSI 的要求,开展 EC 符合性认证并获得证书,是铁路产品进入欧盟及欧洲自由贸易区国家市场的必备条件。

2008 年 6 月 17 日,欧洲议会和欧盟理事会制定并发布《欧洲铁路互联互通 2008/57/EC 指令》(以下简称"2008/57/EC 指令"),这是欧盟关于欧洲铁路互联互通最重要的法律,是开展欧洲铁路互联互通技术规范研究和工程实施的根本依据和基础。2008/57/EC 指令属于"新方法"指令,其特点是只在安全、健康、环保等方面制定基本的、强制性的要求,欧盟根据这个指令以"框架委托书"的方式,要求欧洲铁路管理局(ERA)制定相应的技术规范 TSI,并授权 ERA 通过引用欧洲标准、国际标准及国家标准,或与标准化组织联合制定标准、规范,完成互联互通技术规范体系的构建。这种通过"在法律体系中采用协调标准的原则",充分保证了技术规范体系的公正、透明,给社会和企业留下了很大的研究发展空间,达到"技术协调最优水平"的目的。

基于欧洲铁路系统互联互通的特殊性和复杂性,2008/57/EC 指令除安全性和健康、环保的基本要求外,对铁路互联互通技术规范 TSI 的制定程序、基本内容、评估方法以及发布和修订办法等都做了明确规定,同时对互联互通技术规范 TSI 应如何引用协调标准及协调标准的作用等进行了详细说明。欧盟通过互联互通指令和互联互通技术规范体系,实现了对互联互通的全程管理和控制。这对当下我国铁路尤其是区域铁路的发展规划有很好的启示和借鉴作用。

2008/57/EC 指令共包括 10 章、42 条、11 个附件,描述了对欧洲铁路互联互通的总体基本要求,即安全性、可靠性及可用性、人员健康保护、环境保护以及技术兼容性。该指令将铁路系统划分为 7 个子系统。其中,4 个结构子系统,包括铁路基础设施子系统、能源子系统、列控设备和安全子系统、机车车辆子系统;3 个功能子系统,包括维护子系统、运行和交通管理子系统、客货运服务信息子系统。同时,指令对 7 个子系统分别提出了相应的基本要求，具有很强的指导性和可操作性，为欧洲铁路互联互通技术规范TSI的制定奠定了良好基础。2008/57/EC 指令的总体基本要求和子系统基本要求如图1.2所示。

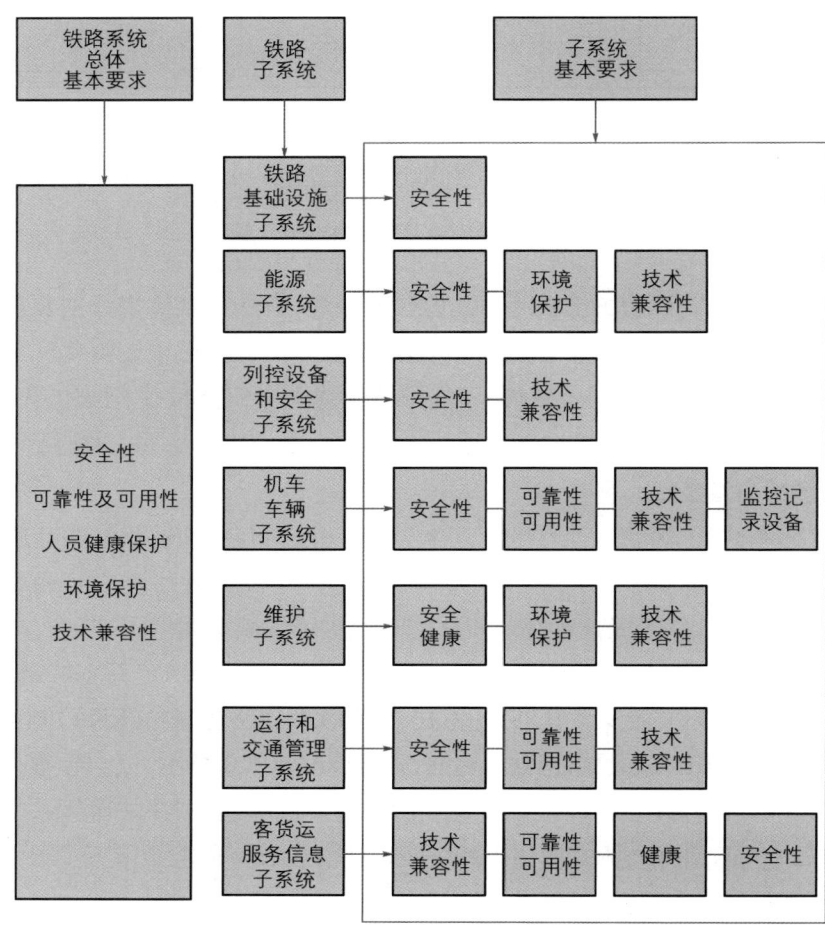

图 1.2 2008/57/EC 指令的总体基本要求和子系统基本要求①

为统一欧洲铁路安全法规、安全评估和安全目标，促进欧洲铁路互联互通，欧盟委员会(EC)设立了ERA，专门负责欧洲铁路互联互通技术规范TSI的制定、修订、评估、发布、协调、执行等各项工作。ERA为每个互联互通技术规范的起草成立专门的工作组，工作组的成员由来自欧洲铁路利益相关方(RBs)，如国家铁路公司、铁路路网运营公司、铁路行业协会等，以及成员国国家安全机构(NSA)、国际铁路运输政府间合作组织(OTIF)的专家组成，专项开展TSI的起草工作。在互联互通技术规范TSI提交EC审查批准前，ERA还会根据需要，向有关社会合作机构、旅客和客户协会等各方广泛征求意见。严格按照2008/57/EC 指令，充分听取各方意见，从根本上保证了TSI作为欧洲铁路互联互通技术

---

① 郭玉华.欧洲铁路互联互通技术规范体系分析研究[J].中国铁路，2015(9)：52-56.

规范的公正性、可行性和可操作性,这也是 TSI 能够在国际上得到比较广泛认可的主要原因之一。

截至 2023 年,欧洲议会和欧盟理事会先后共发布了 34 个欧洲铁路互联互通技术"法规(Regulation)"及 27 个"决定(Decision)",涉及 4 大类别、8 个部分、16 个专项,目前有效的 TSI 有 11 个,补充修订有 6 个,覆盖了除维护子系统之外的其他所有 6 个子系统。同时,每个 TSI 都引用了相当数量的国际标准、欧洲标准,以及专门制定的技术标准和规范,这些 TSI 及标准、规范构成了完整的欧洲铁路互联互通技术规范,成为欧洲铁路互联互通技术发展和工程实施的有力保障。当前有效的欧洲铁路互联互通技术规范 TSI 目录见表 1-3。

表 1-3 欧洲铁路互联互通技术规范 TSI 目录

类别	子系统	部分	版本号及生效日期	补充修订 1	补充修订 2
铁路基础设施和供电	铁路基础设施子系统 INF	HS/TSI/INF	Regulation 1299/2014 (1st merged INF TSI) EiF/DoA：1/1/2015		
		CR/TSI/INF			
	供电子系统 ENE	HS/TSI/EN	Regulation 1301/2014 (1st merged ENE TSI) EiF/DoA：1/1/2015		
		CR/TSI/ENE			
机车车辆	机车车辆子系统 RST	HS/TSI/RST	Regulation 1302/2014 (1st merged RST TSI) EiF/DoA：1/1/2015		
		CR/TSI/LOC&PAS			
		CR/TSI/W/AG	Regulation 321/2013 (2nd CR W AG TSI) EiF：13/4/2013 DoA：1/1/2014	Regulation 1236/2013 (amendment) EiF：4/12/2013 DoA：1/1/2014	Amendment on CBB Positive RISC opinion in 11/2014
		TSI/NOI	Regulation 1304/2014 (3rd NOI TSI) EiF/DoA：1/1/2015		
列控设备及安全	列控命令和信号子系统 CCS	HS/TSI/CCS	Decision 2012/88 (1st merged CCS TSI) DoA：1/1/2013	Decision(EU) 2015/14 (amendment) DoA：1/7/2015	
		CR/TSI/CCS			
	隧道安全子系统 SRT	TSI/SRT	Regulation 1303/2014 (2nd SRT TSI) EiF/DoA：1/1/2015		
	残障设施子系统 PRM	TSI/PRM	Regulation 1300/2014 (2nd PRM TSI) EiF/DoA：1/1/2015		

(续表)

类别	子系统	部分	版本号及生效日期	补充修订1	补充修订2
功能	运行和交通管理子系统 OPE	HS/TSI/OPE	Decision 2012/757 OPE：2012 (1st merged OPE TSI) DoA：1/1/2014	(new TSI version) positive RISC opinion in 11/2014	
		CR/TSI/OPE			
	客货运客服信息子系统 TA	CR/TSI/TAF	Regulation 1305/2014 (2nd TAF TSI) EiF/DoA：1/1/2015		
		TSI/TAP	Regulation 454/2011 (1st TAP TSI) EiF：13/5/2011	Regulation 665/201(amendment) EiF：22/7/2012	Regulation 1273/2013(amendment) EiF：8/12/2013

欧洲铁路互联互通技术规范 TSI 属于功能型技术规范,其主要特点是从泛欧交通网(TEN)互联互通的总体需求出发,着重于研究与把握欧洲铁路互联互通的整体功能需求及发展方向。至于具体的技术解决方案,则交由铁路组织、行业协会、企业去研究和选择。如此,为技术研究、创新和发展预留出了较大空间,最大程度地激发出各利益相关方的潜力和活力,这对于我国构建轨道交通技术规范体系,亦具有极为重要的参考价值。

2) 国内互联互通的技术规范体系

(1) 轨道结构体系。

未来我国将会重点建设高速铁路、城际、市域(郊)、城市轨道交通等多层次的轨道交通网络,在规划与建设时需要从满足多层次、多需求融合的乘客出行需求出发,界定各层次网络内部、各层次网络之间的轨道结构的互联互通要求、原则及方式,为未来的建设提供指导。

(2) 信号系统体系。

在轨道交通网中,信号系统充当着"发令官"的角色,可以说信号系统是列车的另一个司机,其重要性不言而喻。在实现轨道交通互联互通的过程中,实现不同列车跨线、共线运营是重要的服务方式,而不同列车信号系统的不统一就成了重要的制约因素。在多模式互联互通体系中,兼容性与稳定性是最为重要的两项指标。

制定互联互通技术标准是实现信号系统互联互通的前提。技术标准应该涵盖系统功能、架构、接口、数据和测试规范。互联互通技术标准首先应该是国家标准,系统功能描述不得存在歧义,系统架构方式应唯一,接口描述需翔实准确,数据设计原则应严谨无缺项,配套的测试规范覆盖范围应全面。

(3) 网络协同体系。

当前,我国轨道交通的发展已经迈入新时期,路网中持续投入运营的新线使其网络化特征日益显著。网络化运营使轨道交通系统中的各条线路产生相互关联,因此对网络各线运营的联通性与协调性提出了更高的要求,轨道交通内部与外部的双协同是交通一体化发展的必然趋势,网络协同须从"多张网,多模式"的网络协同服务体系上获取突破,突显网络能力的协同与服务。

1.3 轨道交通互联互通的模式

1.3.1 多模式轨道交通互联互通模式

相对单一制式的系统结构,多模式网络结构下的轨道交通更加注重网络的互联互通、通道资源的复合利用和网络设施的资源共享。采取灵活多样、适合城市特点的网络运营模式,是发挥多模式网络结构优势、提升网络整体运行效率、集约通道资源和网络设施资源的重要保障。结合国内外城市轨道交通的发展经验,将轨道交通互联互通归纳为四种主要运营模式,如图1.3所示。

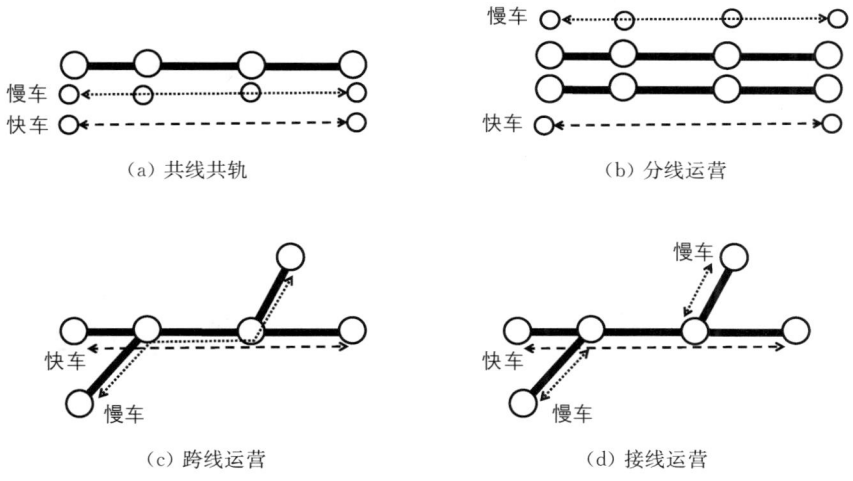

图 1.3 互联互通的模式

1. 共线共轨运营模式

所谓共线共轨运营模式,是指一条线路上存在快、慢线不同的运营组织方式。快线列车(以下简称"快车")可以直达运行或者只在部分中间车站停留,慢线列车(以下简称"慢车")一般为站站停,快车在部分车站或区间通过设置越行线的方式对慢车实行越行通过。共线共轨运营模式下,正线一般为二股道,越行线通常结合车站设置,越行站一般为双岛四线站,以分别满足上、下行越行需要。如遇条件限制,也可在一条正线的一侧设置越行线,另一方向通过渡线灵活组织列车越行。对于城市轨道交通,如果采用地面或高架敷设方式,设置越行设施成本相对较低;如果采用地下敷设方式,设置越行设施成本会大幅提高。

共线共轨运营组织方式,一方面可保证大多数乘客缩短出行时间的需求,另一方面可保证全线有较高的服务水平。但是,为了实现快车越行,在越行站需增加两条轨道线路及扩大车站规模,从而造成了投资增加,且运营组织变得比较复杂。从我国各大城市轨道交通运营实践来看,共线共轨运营模式适合在运量较小、运能较为富余的市域线上使用,在不大幅增加工程成本的条件下,能较好地满足旅客的不同出行需求,对于覆盖范围和服务时间都有较高要求的市域轨道交通具有较好的适应性;但由于市域线上开行多种等级列车,列车运营组织较为复杂。

2. 分线运营模式

所谓分线运营模式,是指同一通道内不同速度等级的列车在各自的线路上行驶。快、慢车各行其道,二者之间的运营通过换乘设施结合起来。此运营模式下的快、慢线分线设置,既可以在同一平面内,也可以上、下布置。分线运营模式下,正线通常为四股道或更多股道。由于快、慢车分线运行,因此彼此不受干扰。换乘站可以布置为平面双岛四线站,或根据线路情况设置为上下同站换乘等形式。

分线运营对通道空间要求较高,除非在城市规划中已预留了宽通道条件,否则实施成本和难度均较高。分线运营模式下,快、慢车分别独立成体系,运营组织相互影响小,具有很大的灵活性,同时运能不受限制,但需提前规划,若一条线路建成,后期想再增加平行线路,则难度大,投资也大。

3. 跨线运营模式

跨线运营模式下,不同速度等级的列车一般为不同的轨道交通制式,但是是有条件接到另一制式线路上运行,从而实现不同线路之间的互联互通的。跨线运营模式下,快线与慢线必须在车辆限界、系统供电、通信信号等技术标准上实现统一或兼容。

跨线运营模式有利于发挥不同制式的技术优势,例如市郊铁路与城市轨道交通的互联互通,既能在郊区段发挥市郊铁路大站距、高速运行的特点,减少车辆配置量,并实现市郊客流直达中心城区,又能有效缓解换乘站的客流压力;而且通过灵活组织列车开行交路,可进一步提高运营组织的灵活性。但是,发展跨线运营也有一定的限制要素,除要从线路、车站、车辆、供电、通信、信号等方面统一技术标准外,还要在运营管理上进行有效协调。

跨线运营时,还可以考虑采用可变编组的模式。当跨线客流相对较少时,单独开行直通列车的成本较高,为节约运营成本,产生了可变编组运输组织方式,即在衔接站点通过解编作业改变列车编组,结合多交路运营模式,将解编后的小编组列车开往不同线路的运输组织方式,反方向则将小编组逐步合并成大编组。可变编组运输组织方式常应用于"Y形"线,其特点在于:能够有效匹配客流时空分布需求,提高列车满载率和线路的运营能力,但对衔接车站的列车联挂和拆解作业效率要求较高。该运输组织方式在美国、德国和日本的轨道交通系统均有应用。

跨线运营适合在断面差异较大、跨线客流量较大的条件下采用,可以有效减少乘客换乘时间,但对线路能力的利用有所影响,运输组织难度较大。

4. 接线运营模式

接线运营是国内较为常见的运营模式,它是指郊区和市区两条不同制式(或编组)的轨道交通线路通过换乘连接,实现乘客市、郊间乘行不同速度级别或者不同运能级别的列车。在城市轨道交通线网规划过程中,为了提高中心城区的线路客流效益,部分长大线路在郊区采取断点运营的方式,针对市区和郊区不同的需求特征,采用不同的线路技术标准或者不同的车辆编组。

接线运营模式实质上是一种虚拟直通运营模式,线路之间的运营互不影响。但是,这种模式在两线连接处增加了换乘,给乘客出行带来了不便,且随着郊区人口的增加,接线换乘枢纽的客流压力将越来越大。同时,由于衔接列车需要在连接处折返,车站配线方案较复杂,客流组织压力较大。

在一些已经形成多层次轨道交通网络的大城市(如上海、北京、广州)中,依据国铁、市域铁路、城市轨道交通等线路的技术标准和运营模式,市域铁路与国铁的互联互通可考虑采用跨线运营模式,市域铁路之间宜采用共线运营模式和跨线运营模式,市域铁路与城市轨道交通之间宜采用接线运营模式。

上述四种运营模式各有特色,如何选择需要视线路条件和客流组成而定,但不论采用何种模式,线路在规划与设计时应尽量预留互联互通的物理条件,这样才能为未来的运营模式提供更多的可能。

1.3.2 多层次轨道交通网络的衔接融合模式

随着近几年城市轨道交通的建设发展,轨道交通已经成为很多人的第一出行选择。从城市内的地铁到城际铁路再到"八纵八横"的高速铁路网,轨道交通可以说是我国交通的动脉,因此,轨道交通网与其他交通网络会有很多交集,于是出现了许多大型的交通枢纽以满足不同乘客的出行需求和换乘要求。这些换乘节点,就成了联系城市对内、对外交通的关键节点,是实现不同交通方式之间互联互通的枢纽节点,往往也是制约城市内、外交通的关键环节。节点衔接服务水平的高低对城市内、外交通的交汇具有重要意义。

网络化轨道交通系统运营将成为我国大城市骨干公共交通系统服务的新常态,随之也催生出众多大型轨道交通枢纽。轨道交通枢纽具有车站规模大、客流组成复杂、设施种类繁多、线路间换乘方式多样、运营组织协调难度大等特点,给前期规划和后期工程实施增加了极大的困难。因此,要实现枢纽站衔接不同交通方式的功能,提升其互联互通程度,可以从两个方向入手:枢纽站内部优化设计和枢纽站外部换乘交通优化。

1. 枢纽站内部优化设计

枢纽站的设计目标是同种交通方式原地换乘(在一个站台、一个建筑单体内),不同交通方式垂直换乘、人流平面移动(设置升降梯),强调枢纽内部轨道交通线路尽量紧凑集约,加强垂直空间利用,提高空间利用效率,缩短换乘距离。这对整个枢纽站的空间布局和平面布局的要求都非常高,因此需要合理利用一体化的空间结构,实现不同交通工具之间的无缝换乘,采用地上地下空间结合规划、共同发展的模式,避免不同交通流之间出现冲突,引导乘客通过直达式扶梯和多个出入口实现分流。

此外,在枢纽建设时应考虑其商业功能,通过多种多样的商业服务,满足乘客需求,起到一定的分流作用,同时将轨道交通切实地融入生活,体现其硬件设施与乘客生活之间的互联互通。

2. 枢纽站外部换乘交通优化

由于轨道交通一般沿城市主要客流走廊布线和设站,网络密度和站点覆盖率相比其他交通方式较低,不能实现门到门的交通运输服务,人们往往需要与其他交通方式衔接转换才能完成出行的全过程。同时,枢纽站承担着大量的旅客吞吐量,做好"最后一公里"的交通规划也体现着以人为本的理念,将枢纽站与周边的交通系统结合起来,实现不同交通网之间的互联互通。

通常衔接转换的交通方式包括步行、非机动车、公交车、小汽车和出租车等,普通轨道交通站点接驳交通系统可能包括上述接驳交通方式中的几种或全部,但作为枢纽站,其周边的接驳系统需要更加完善,往往要包括全部上述接驳交通方式。各类接驳交通方式在其适宜服务范围内承担轨道交通枢纽接驳职能,但由于各自特征不同,其与轨道交通枢纽的衔接设施布局重点也有所差异。只有明确差异,突出重点,才能合理地相互配合和衔接,共同构建一体化、安全、便捷、高效的接驳交通系统。

1.4 国内外轨道交通互联互通的发展经验

1.4.1 德国轨道交通互联互通的发展经验

德国是世界上城镇化水平较高的国家之一,城镇经济总体水平较高且发展均衡,城镇空间呈典型的城市群格局,因此,德国城市交通与城际交通、跨区远程交通高度融合。德国在联程运输方面有着较为先进的经验,为乘客提供轨道交通内部或轨道交通与其他交通方式"无缝衔接"的一体化交通服务。

1. 物理层面的互联互通

德国地铁建设历史悠久,在运营过程中总结了很多先进的经验,添加了很多人性化的服务(如公交与地铁的接驳换乘、售卖联程票等),形成了多种先进的运营模式(如跨线运行、共轨运营等),取得了较好的成效。

1)市郊铁路的共线运营

以德国慕尼黑市为例,为了应对线路中间部分客流量较大而线路两边临近终点站处客流量少的情况,其在中心地区的地铁线网规划较为密集,7条线路呈放射状,不同线路均有共轨区段,如图1.4所示,S1,S2,…,S8是典型的共轨运营,有效地缓解了中心地区客流量较大的问题,减少了列车的间隔时间,也方便了乘客的换乘,节省了建设资金,是十分成功的运营案例。

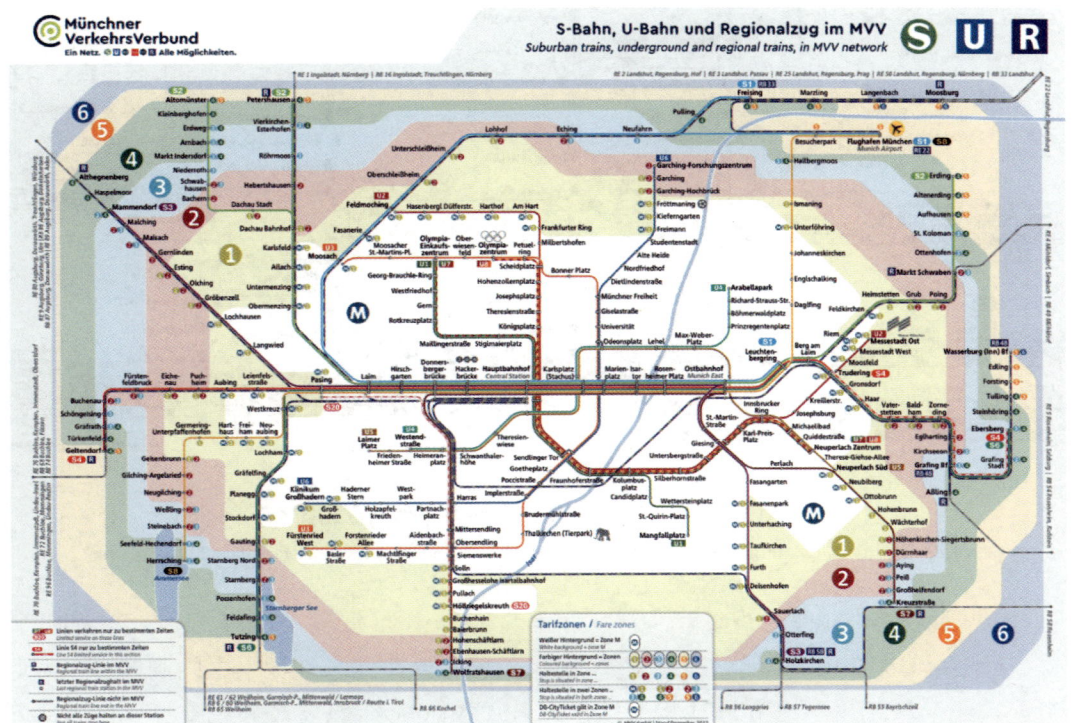

图1.4　德国慕尼黑市S-Bahn市郊线路图

(资料来源:https://www.mvv-muenchen.de/fileadmin/mediapool/03-Plaene_Bahnhoefe/Netzplaene/MVV_Netzplan_S_U_R.pdf)

2) 地铁线路之间的跨线运营

同样以慕尼黑市地铁网为例,其线路U2、U7采用的便是跨线运营,线路U7完全使用线路U1、U2、U5的轨道。乘客想在线路U1的某站上车,可以不用换乘便直接坐到线路U2的某站下车,如图1.5所示,极大地节省了出行时间。跨线运营线路采用由西门子公司和庞巴迪公司交通系统部共同研发制造的列车,其载客量大,总定员(座席与站席)913人,列车设计新颖,而且编组灵活可变,通常采用8节编组,车辆之间均为中央自动车钩,解挂十分便利。

整个跨线运营过程如下:首先,站台的到站显示屏和车内的广播会提醒乘客此车到某站会分开,车厢内的显示屏也会标明此节车厢的终点站名;接着,列车在行驶至最后一个共轨站之前分开,各自驶入这个站同一站台的两侧;最后,广播再播报一遍两侧停靠列车各自的终点站,以便乘错的乘客能够快速更换列车,这样就完成了跨线运营,省时而便捷。

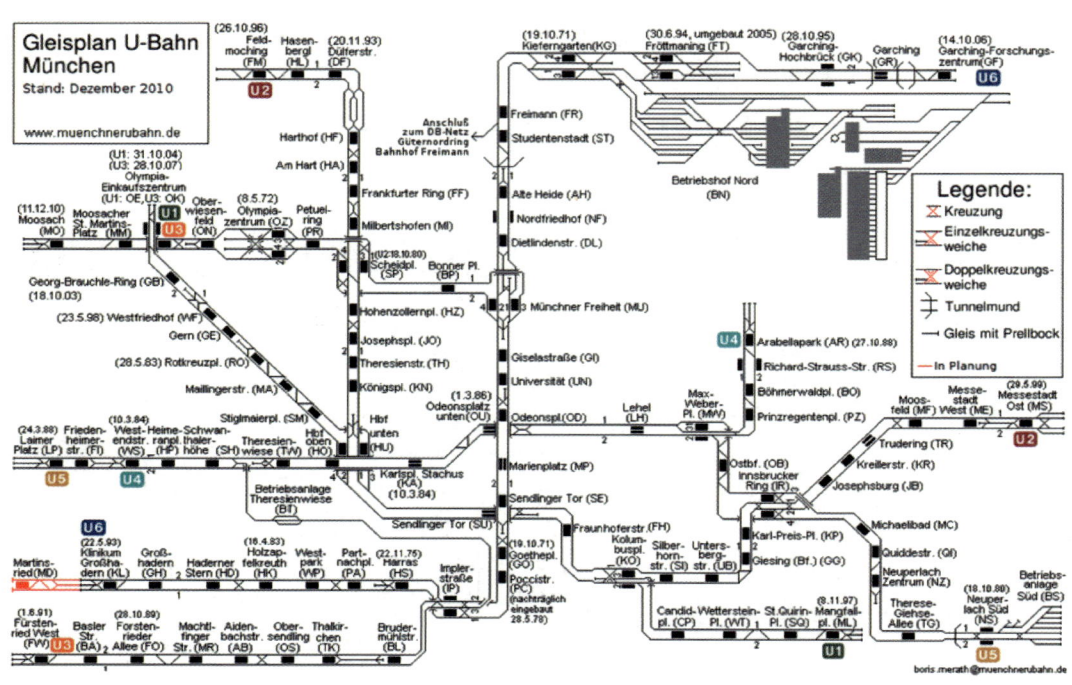

图 1.5 德国慕尼黑市 U-Bahn 地铁线路配线图

(资料来源:https://commons.wikimedia.org/wiki/File:Munich_subway_track_plan_2007_10.png)

3) 城际铁路与地铁跨线运营

除地铁网内部可以实现跨线运营外,德国的城际铁路网与地铁网之间同样可以做到跨线、共线运营,通过采用相同或相近的组织方式和信号系统,实现轨道交通网的互联互通。德国的共线运营包括城际铁路与一些既有和规划中的轻轨线路,甚至有一些轻轨线路借用了部分低密度的货运铁路线路,实现了城市中心向郊区客运业务的扩张。

2. 服务层面的互联互通

除了物理层面上的互联互通外,德国的轨道交通网在服务层面也具有一定特色,依靠联程联运的方式,将轨道交通与其他交通方式紧密地结合起来,最具代表性的有"公铁联运"和"空铁联运"。

1) 公铁联运

德国铁路公司(Deutsche Bahn AG)经营着一个拥有 40 000 km 铁路线的铁路网。每天有超过 33 000 列列车运载着 400 万名乘客穿梭在铁路线上,其中包括 1 200 列长途列车。密如蛛网的铁路线使乘客能舒适、准时地到达任何一个目的地。其售票系统非常成熟,可通过人工售票、网络售票、自动售票机等渠道发售直达、联程和联运的各类车票。

德国现行的"公铁联程联运"主要包括两种形式:一是在城市(城市群、联邦州)的区域范围内,依托公共交通企业联盟推进"一票制"联程联运;二是在跨区域范围内,以德国铁路为主导,联合出发地和目的地的城市公共交通企业(联盟)共同推进"一票制"联程联运。

(1) 区域内的公铁联程联运主要依靠政府,鼓励相邻的市县成立跨行政区域的公共企业交通联盟,协调各个运输企业的运输资源,打破不同运输方(包括公共汽车、市郊铁路、城市轨道交通)和不同行政区域(包括市/县)的界限,实现区域内的"一票制"联程联运。以德国莱茵-鲁尔交通联盟为例,其通过整合区域内各个公共交通运营企业的资源,将整个区域划分为若干个计费区域,平均每个县/市对应一个计费区域;同时制定了四个档次的票价,适用于不同的出行区域和出行距离;此外,根据出行人群推出日票、月票、年票等不同票种。这种按照区域进行计价的方式,打破了公共汽车、城市轨道、市郊铁路的界限,在整个莱茵-鲁尔区实现了"一票制"的公铁联程联运。在服务层面,其官网、自动售票机以及手机客户端都会相应地提供区域内任意两地之间的全程乘车线路图和时刻表。

(2) 跨区域的公铁联程联运则是以德国铁路为主导,旅客在乘坐长距离干线铁路出行的同时,还可以享受始发地和目的地城市的公共交通服务。其具体实施方案为在干线铁路票的基础上额外提供两种形式的附加票:"CITY TICKET"和"CITY MOBIL",分别面向持有铁路打折票的乘客和未持有铁路打折票的乘客。"CITY TICKET"针对持有铁路打折票的乘客,旨在为其提供"一票制"的出行服务,这些旅客只要购买了距离超过 100 km 的高速铁路车票,就可在出发地和目的地之间免费乘坐公共交通工具(包括公共汽车、地铁、有轨电车、市郊铁路等)。这些铁路客票在始发地和目的地后面都有个"＋City"的字样,这表明凭该票可以在这些城市乘坐市内公共交通。"CITY MOBIL"则是针对未持有铁路打折票的乘客,在购买火车票的时候(包括柜台、自动售票机、网络等多种购票方式),乘客可以选择附加 City Mobil,以便享受目的地所在市/县的公共交通服务。目前,与德国铁路建立这种合作的市/县运输联盟有百余个。根据具体的合作协议,乘客可以选择这些市/县公共交通的单程票或者日票,最终票价是铁路票价与这些市/县公共交通票价的加和。除提供便利的联程票外,购票时网站还会根据所选出发地和目的地自动生成推荐路线,提供给乘客进行选择。

在高级购票页面中,出发地和目的地上有一个 POI 选项,即 Place of Interest。勾选该选项后,即可输入各类地址,系统会自动计算出离该地最近的车站并提供从目的地到该车站的衔接交通方案。如图 1.6 售票界面显示,在到达福森火车站(Füssen Bahnhof)后步行 3 min 乘坐 73 次公交车(Bus 73),大约 8 min 后即可到达高天鹅堡(Hohenschwangau)。如果旅客最终购买这张火车票,那么火车票中也包含这张公共汽车票,即一票可乘坐火车与公共汽车。

2) 空铁联运

目前德国的空铁联程联运有两种,一种是德国铁路联合一些大型航空公司建立的空铁联程服务体系,称为"RAIL & FLY",它可以使乘客在购买机票(一般为国际航班)的同时,以优惠(甚至免费)的价格获得前往或离开机场的火车票,实现空铁"一站式购票"。不过,这种联运服务只提供普通的铁路客票,并不涉及行李托运和专门铁路车次的问题。

另一种空铁联程联运则是由德国汉莎航空、德国铁路及法兰克福机场合作推出的空铁联运产品。图 1.7 展示了法兰克福机场航空与高铁衔接的空间布局,构成了空铁联运的基础。

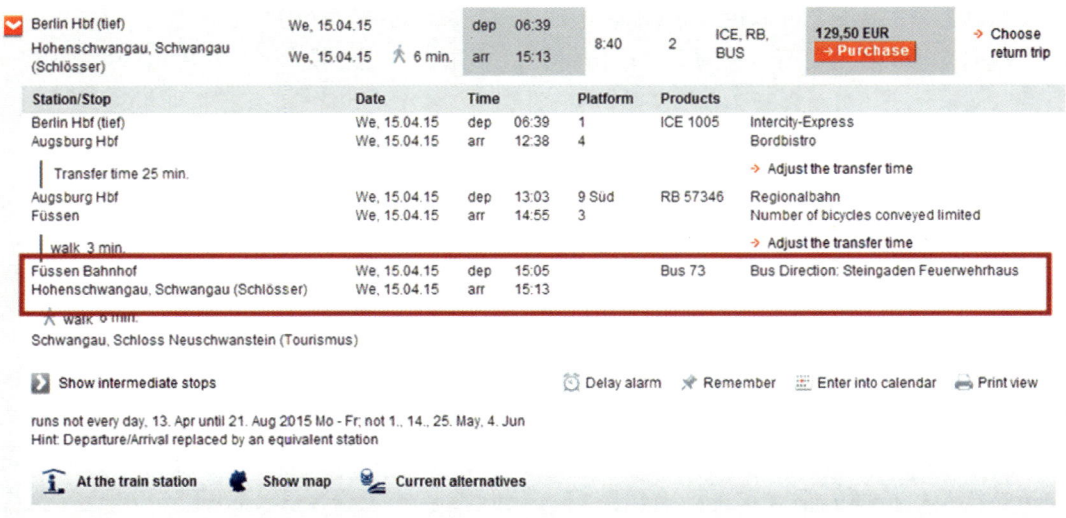

图 1.6　德国铁路公司售票网站联程票销售界面

（资料来源：www.db.de）

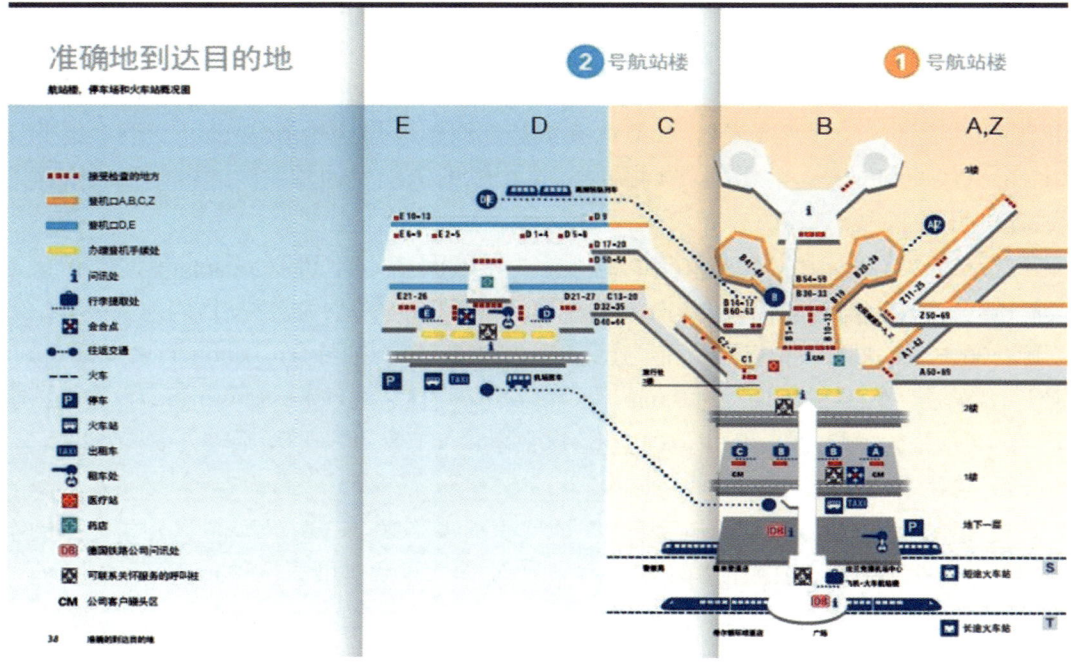

图 1.7　法兰克福机场结构图

（资料来源：https://viajonarios.com/en/frankfurt-airport/）

法兰克福机场地下一层为火车出发层,有短途列车和长途列车开行。地上一层主要为托运行李的领取处,地上二层和三层则分别为航站楼的出发层和到达层。旅客在下飞机后无需走出航站楼即可乘坐火车,行李也会继续随火车托运。火车与飞机共用一种类型的客票,火车票同时也是登机牌,可以将火车票购买和登机手续合并,还可以提前办理行李托运,能有效节省时间。此外,列车会被安排一个虚拟的航班号,旅客可以通过此号码选择车次和座位,与购买机票类似。同时,德国铁路还推出了专门的列车班次,与航班时刻表衔接,能有效地缩短中转换乘时间。

3) 综合换乘枢纽

由于德国铁路运营具有地铁与市郊铁路共线运营、不设统一检票等特色,其枢纽换乘十分方便。例如:慕尼黑中央车站(图 1.8)共有 32 个站台,地下设有市郊线路及地铁车站。玛利亚广场站是连接地铁和城际铁路的综合枢纽站,衔接了 8 条城铁线路和 4 条地铁线路。玛利亚广场站共有 4 层,地下一层为地铁服务中心,地下二层为慕尼黑中央车站附近的城铁线路,地下三层是慕尼黑东车站方向的城铁线路,地下四层则是地铁线路,层与层之间都有自动扶梯,换乘十分便利。

图 1.8 慕尼黑中央车站

4) 运营服务

就轨道交通而言,德国城市交通不仅依靠地铁、轻轨、公共汽车等,也高度依靠公路、航空、城际铁路、州际(省际)铁路、地区铁路和市郊铁路等多种运输方式。因此,在德国很多人会选择在不同的城市居住、工作、学习,这一切都依托于城市群以及由轨道交通实现的高度互联互通。

从服务层面出发，德国的交通换乘是极为方便的。不设检票口以及乘客自行购票，可以极大地节省换乘时间。上车随机检票，违约成本较高，取得的效果也较好。同时，德国推出灵活的购票方式，乘客可自行选择购买，在刺激消费的同时，也节省了乘客重新取票、购票的时间，提高了换乘的效率，减少了乘客车站滞留时间。此外，德国购票系统的服务也十分人性化，旅客输入出发地、目的地后会自动显示车次、换乘次数、时间等，推荐最短换乘路线和最少换乘次数路线，这一点与日本类似。

随着信息技术的迅猛发展，社会的数字化进程对铁路服务产生了全方位的影响，不可避免地给铁路运营和发展带来了挑战。同时，新型共享交通、长距离公共运输、廉价航空等运输方式也给铁路的盈利带来了压力。在新环境、新挑战下，德国铁路率先提出了"铁路 4.0"战略，包括运输 4.0、物流 4.0、基础设施 4.0，并以生产 4.0、工作环境 4.0 和信息技术 4.0 作为支撑，推出了新型运输产品、服务和跨模式的联网方式；建立了数字化客户界面，用于实时信息推送，并积极发展学术性合作伙伴。其中，运输 4.0 是整个战略的核心，即通过运输 4.0 的改革，达到为不同的目标客户（包括商务出行者、通勤人员、休闲旅行者、背包客、家庭出游者和学生等）提供与出行有关的所有产品和服务的目的，从旅客萌生出行意向、进行旅程规划和预订车票开始，到出发至火车站的路线选择，再到乘火车出行、到达目的火车站以及到达最终目的地，甚至包括旅程之后的反馈意见收集等，满足客户已提出的和潜在的各种需求。其始终将客户满意度放在最重要的位置，真正做到了以客户为中心，这也符合未来智慧一体化出行的发展方向。

1.4.2 日本轨道交通互联互通的发展经验

日本人口数量超过 100 万的城市主要有东京、横滨、大阪、名古屋、札幌、福冈、神户、京都、川崎、埼玉、广岛、仙台等，其中 9 个城市建有地下铁系统，共计 43 条线路，总长约 757 km，日均客流量约 1 628 万人次。日本地铁网络构成复杂，运营商众多，这就形成了一个助力，推动新干线、国铁、私铁、地下铁之间互联互通。日本轨道交通无论是在物理层面，还是在运营、管理、服务层面，都有非常丰富的经验，很值得学习和借鉴。

1. 物理层面的互联互通

东京有快捷、可靠、安全的城市交通系统。东京轨道交通除了地铁，还包括由地面线或高架线组成的市郊铁路、市区横贯铁路以及环状铁路，路网密度极大。东京轨道交通依靠成熟的互联互通运营方式，解决了城外线路与城内线网的衔接问题，实现了放射线与中心线网的互联互通，满足了郊区民众的出行需求。

东京轨道交通互联互通的运营方式主要有接线运营（终点直接对接）、跨线运营（经地铁中间站与放射线终点对接或经放射线中间站与地铁终点对接）及共线运营（新建直通连接线），下文着重介绍跨线运营（经地铁中间站与放射线终点对接）。

浅草线在泉岳寺站和京急线连接实现互联互通运营，在押上站和京成押上线连接实现互联互通运营。京急线、京成线各自担负着羽田机场、成田机场的客流，所以浅草线本身也起到空港线路的作用。浅草线的修建和开通自北往南分段进行。京急线和浅草线在泉岳寺站共建,为地下双岛四线形式,浅草线出城方向车辆在站前侧向过岔后进入站台中间上下客,进城方向车辆在站台内侧停靠后再侧向过岔进入外侧线路。车站的设计侧重于京急线的直通。图1.9 为泉岳寺站配线图。

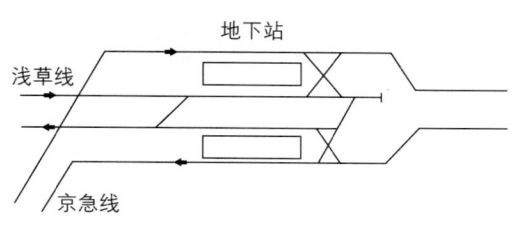

图 1.9　泉岳寺站配线图

东京地铁在和放射线衔接时,相应的区部外围线路已升级改造,具备互联互通运营的技术条件,而且良好的规划协调使部分线路在升级改造时就做了相关预留,或者在规划中就明确了部分线路延伸并互联互通的需求。后期建设的地铁线规划均考虑了与郊区线的互联互通,其轨距、限界等线路技术标准与对应的郊区线路统一,有效地避免了线路的重建性改造。

2. 服务层面的互联互通

除高效准点运行的列车以及相应配套的硬件设施外,极其方便的换乘方式以及便利多样的生活服务方式也是轨道交通互联互通的研究发展方向。随着运输化水平的不断提高,互联互通的发展方向逐渐从追求路网规模和数量向提高质量、优化结构与枢纽、推动综合交通方向发展,以枢纽为标志的综合交通体系建设开始得到重视。

1）大型铁路客运枢纽建设

从东京、名古屋、京都、大阪等城市的铁路客站枢纽形态来看,车站往往是多种交通功能的复合体,立体化客站连接了地铁、高速铁路、近郊铁路、远郊铁路、通勤铁路、公共交通、机场等。这种类型的交通枢纽实现了多种交通方式功能的叠加,提高了特定空间限制下的交通功能衔接,并且能够整合交通资源,压缩换乘时间,快速集疏乘客,方便旅客换乘。

日本部分重要铁路客站的综合交通布局见表1-4。

表 1-4　日本部分重要铁路客站的综合交通布局

序号	车站名称	车站主要布局	其他信息
1	东京站	（1）地上三层,地下五层,共20个站台; （2）车站东、西两侧建有两座几十层高的商业大厦; （3）地下一层有商业街、小吃街等; （4）JR东日本、JR东海、东京地铁等在此交会	东京站地上主体建筑为车站东、西两侧的商业大厦,JR的高架轨道与月台区即位于两座主体建筑之间。高架轨道与月台区之下,一楼有三条东西向通路——北通路、中央通路与南通路。地下主要包括：位于西侧广场地下四、五层的是呈东北—西南向的JR总武线、横须贺线车站(地下四层为穿堂层,地下五层为月台层);位于地下二层的是呈南北向的东京地下铁丸之内线车站;位于主要站区南边较远处的地下三、四层的是呈东西向的JR京叶线车站

(续表)

序号	车站名称	车站主要布局	其他信息
2	新宿站	(1) JR和私营铁路共用站； (2) 日均集聚旅客75余万人； (3) 地上岛式月台，地下五层，16个站台； (4) 地上二层以上是商业开发建筑	新宿站是8条线路的大型换乘中心，地下一层是小田急各站停车线路，又通过站台的中央通道、北通道和高架南通道联络车站东、西两侧；地下二层是京王线；地下三层是丸之内地铁线；地下四层是JR新宿站；地下五层是京王新线、地铁都营新宿线；地上一层是小田急快车线、山手线、中央线；地上二层以上是商业用地。地铁丸之内线新宿站—新宿三丁目站有36个出入口；京王新宿站有7个出入口；西武新宿线新宿站在东口有22个出入口；小田急新宿站直通到小田急百货店和地下商业街有24个出入口。新宿换乘中心周围联络39条公共汽车线路，有30多个汽车停车场
3	名古屋站	(1) JR东海、名古屋市营地下铁、近畿日本铁道、近铁都在此交会； (2) 高架车站，地下二层，17个站台； (3) 地上45层，大多数是商业开发楼层	名古屋站是现今世界上面积最大的车站，是日本城市名古屋的中心车站与重要交通枢纽，是中部最大的转运枢纽。名古屋站是JR在来线的交会站，是东海道新干线每个班次皆会停车的主要车站，是名古屋临海高速铁道（青波线）与名古屋市营地下铁停靠站，邻近区域有名古屋铁道的名铁名古屋车站，以及近畿日本铁道的近铁名古屋车站
4	京都站	(1) 高架车站，通过中央通道联系新干线； (2) JR西日本、JR东海、近畿日本铁道、地下铁乌丸线、巴士的交会点	京都站包括酒店、百货、购物中心、电影院、博物馆、展览厅、地区政府办事处、停车场等。京都站除了承担交通功能外，还是大型开敞式露天舞台、大型活动的聚会中心、古城全景的观赏点、购物中心和空中城市

注：JR指Japan Railways，日本铁路公司。

通过分析以上几个重要铁路客站的综合交通情况，我们可以看到，日本的大型铁路枢纽站除了承担交通功能外，还承担着很多社会功能，依托铁路站点兴建的大型商业设施、观赏景点以及政府功能设施等都极大地满足了乘客的出行需要，东京地铁放射性线路与内部线网的互联互通造就了非常多的换乘站点，这些换乘站点分散分布，疏散了人流。

日本通过枢纽站点来高度集聚城市人口，并将枢纽融入城市常规建筑中。以新宿站为例，东京新宿站是现今全世界客流量最大的车站，平均每日客流量为350万人次，十余条轨道线路在此汇集。新宿站并非只有一座车站，而是由6家铁路公司环布周边9座站组成的"车站巨无霸"，图1.10为新宿站站内结构图。

日本的公共交通枢纽的客流量较大，人流却井然有序，其主要原因在于枢纽站的一体化综合设计。通过整合城市的办公区、商业区以及交通区等主要功能区，可以实现公共交通枢纽和功能区的高度融合。一方面，通过较多的换乘线路引导客流在枢纽内部流动和消化，避免大量换乘客流涌向地面和周边地区，减轻道路交通压力，同时利用丰富的商业、娱乐活动，让在此站换乘的乘客可以一次完成多个出行目的，从源头上减少人员的出行次数；另一方面，通过综合商业、办公等用地的开发，形成物业联合、经济可持续发展的模式。

在换乘方面，由于在此交会的线路极多，换乘方向较为复杂，故选择组合换乘的方式，

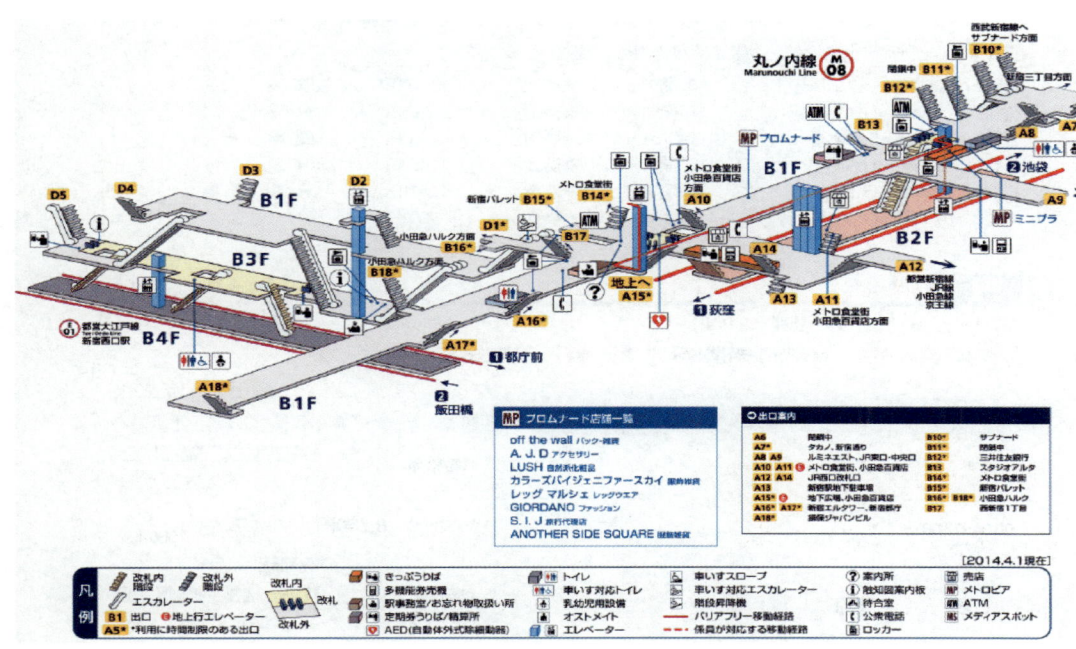

图 1.10　新宿站站内结构图

(资料来源：https://danielmcbane.com/japan/get-lost-in-shinjuku-station-tokyo/)

以避免流线交叉冲撞,提高换乘效率,包括:同台换乘辅之以站厅或通道换乘,使所有的换乘方向都能换乘;节点换乘在岛式站台中,必须辅之以站厅或通道换乘,才能满足换乘能力;站厅换乘辅之以通道换乘,可以减少预留工程量;等等。采用同样换乘方式的还有东京的涩谷站等。

2) 乘客引导服务(换乘 App)

除地铁换乘外,铁路与地铁的换乘也较为复杂,尤其在一些枢纽站,不同铁路公司的线路无法使用统一交通卡,例如,JR 和地铁换乘需要先出站再进站,不能统一购票。由于铁路线路繁多,东京铁路推出了功能极其强大的换乘 App,它可以根据出发站和目的站,确定多个换乘方案,准确地写明所需时间、交通费以及换乘需要到达的站台,帮助乘客顺利换乘。

除地铁换乘 App 外,在远距离出行时,相应的网站也会提供类似的出行定制服务,包括出行线路的制订和具体时间的安排,以及总共需要的交通费,如图 1.11 所示。

1.4.3　国内轨道交通互联互通的发展情况

1. 铁路系统

我国铁路系统建设都是由铁路主管部门主导的,在建设过程中非常注重硬件层面的互联互通。除了一些特殊类型的线路外,我国铁路的普通铁路网、高速铁路网和城际铁路网都实现了物理层面的联运,列车可以在各网络之间跨线运行与组织,正是因为铁路大网

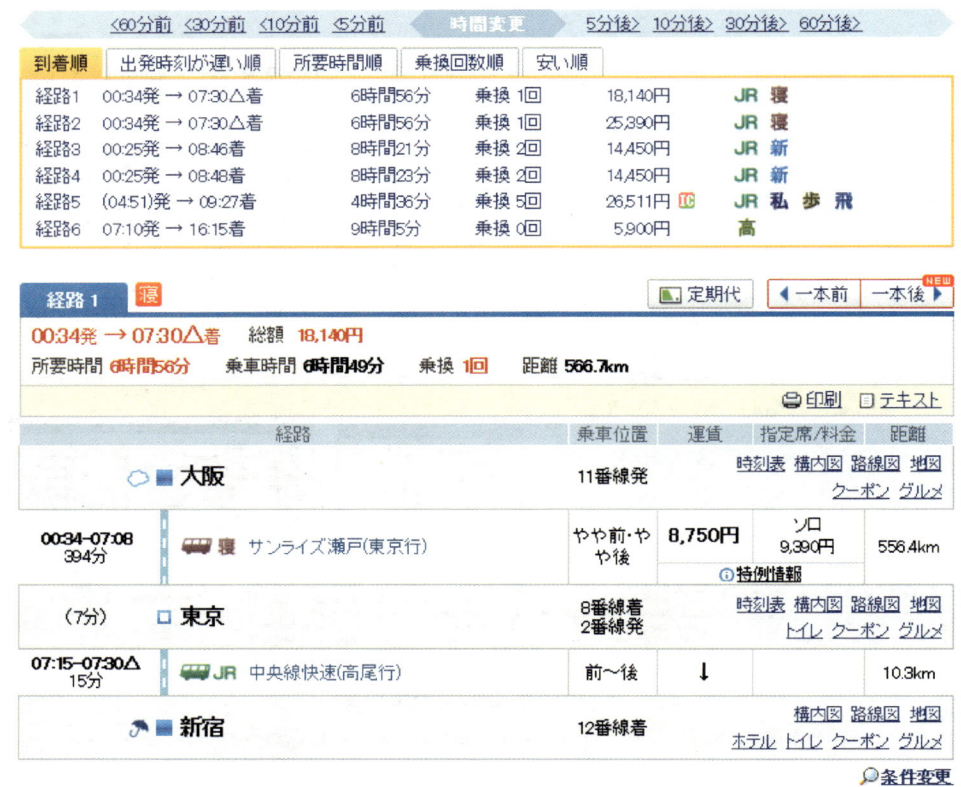

图 1.11　日本网站购票界面
（资料来源：https://www.jorudan.co.jp/）

络的物理联通,形成了我国复杂的铁路设施设备体系和运营组织体系。因此,我国铁路的运输组织模式具有列车种类多、跨线列车多、开行交路多和停站方案多等特征,能为旅客出行提供多层次、多类型的服务产品。

2. 城市轨道交通系统

我国城市轨道交通起步较晚,初期建设时引进了大量国外的技术与装备,因此,各条线路的建设年代、运营制式、设备厂商不尽相同,各条线路的信号制式、控制系统差异性非常大,尽管在同一城市的线路之间可以实现轨道的互联(多是通过单一的联络线),但是列车却不能互通,正常运营模式下,列车无法跨线运行,乘客想要跨线出行只能通过换乘。为了提高乘客出行的便利性,城市轨道交通运营单位也一直在提升软服务方面下功夫,如提供"一票通"的购票与出行服务,借助新的技术手段提供换乘衔接与引导服务等。

我国新建与规划的城市轨道交通线路正在逐步实现物理层面的互联互通,并且已经在线路规划、设计、建设、信号制式、车辆配置、运营管理等方面形成相应的规范,可以预见,未来我国城市轨道交通在物理结构层面的互联互通会有非常大的发展。

3. 综合交通枢纽

我国目前各类交通的衔接主要通过大型的换乘枢纽来实施,以达到服务层面互联互通的需求。

1) 北京南站综合交通枢纽

北京市通过对大型交通枢纽,如北京南站综合交通枢纽的科学规划设计,使其承担更多的社会义务和社会责任,让轨道交通真正融入都市圈,融入乘客的日常生活中。北京南站是一个规模宏大的立体化交通枢纽,占地面积 49.92 万 m^2,集高速铁路、国有铁路、城际铁路、城市地铁以及公交车、出租车等交通功能于一身。它成功地实现了立体交通,完成了地上地下、多个交通网的互联互通,在占用更少用地的情况下,提供了更多的服务功能和交通换乘方式。因其将多种运输工具进行了集约式整合,可以迅速接纳和疏散大量人流,并通过其先进的客流组织模式,避免了站内外人流的聚集,缓解了周边的交通压力。

图 1.12 为北京南站综合交通枢纽的空间结构示意图,全站共五层,其中地上两层,地下三层,从上至下依次是地上两层高架候车层,地面站台层和列车到发层,地下一层为换乘大厅,地下二层为地铁 4 号线,地下三层为地铁 14 号线。乘客到达北京南站后无需出站可直接到达地下层进行公交、地铁购票换乘,实现了无缝衔接。

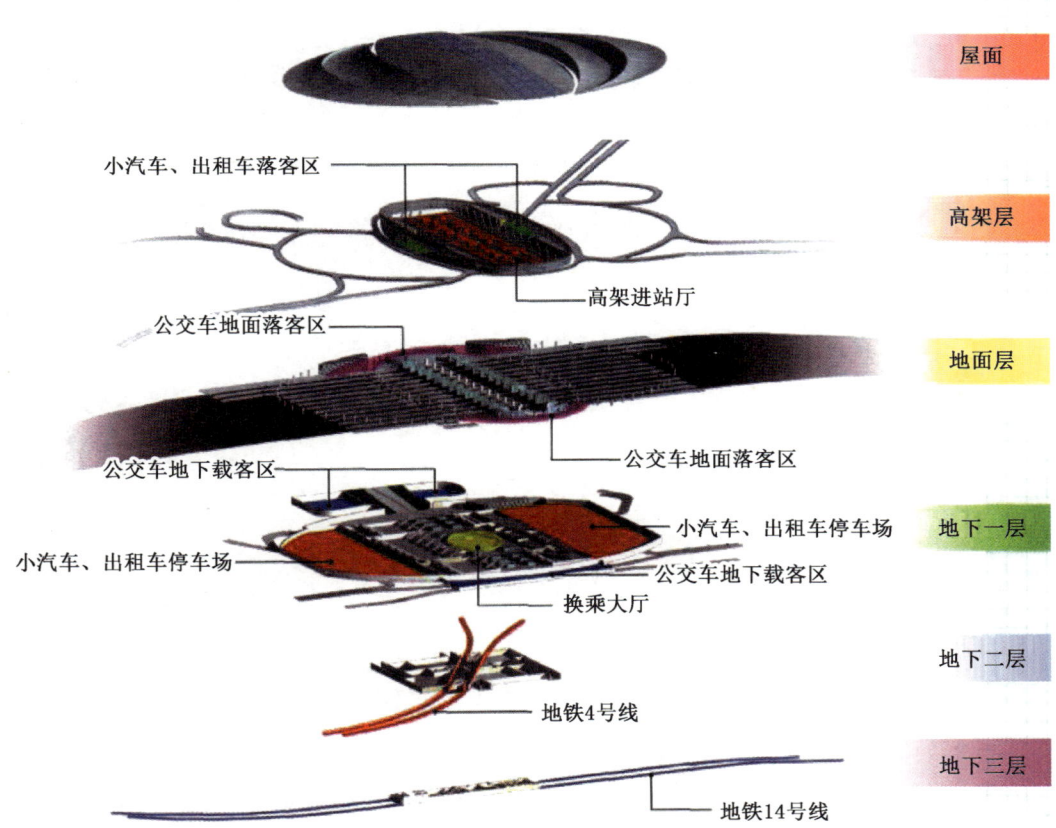

图 1.12　北京南站综合交通枢纽空间结构示意

(资料来源:https://bbs.co188.com/thread-9342197-1-1.html)

2) 上海虹桥交通枢纽

虹桥交通枢纽位于上海市闵行区北部,在原虹桥机场一号航站楼以西,内有虹桥机场二号航站楼、虹桥铁路车站、长途巴士总站、机场。其于2006年动工,2010年建成启用以迎接2010年上海世界博览会,是全球最大的综合交通枢纽之一。2019年1—7月,虹桥枢纽对外交通到发旅客日均到发50.9万人次,对内集散交通旅客日均到发64.7万人次。日均到发总旅客115.6万人次,较2011年增长1.2倍,最高峰日客流量达到145.6万人次。

虹桥交通枢纽是一个集高速铁路、城际和城市轨道交通、公共汽车、出租车及航空港紧密衔接的国际一流的现代化大型综合交通枢纽。其中,虹桥站是京沪高速铁路、沪宁城际铁路、沪昆客运专线的高速铁路车站交会点,设高速和综合两个车场,总规模为16台30线,其中高速场10台19线,城际普速场6台11线。站房总建筑面积约24万 m^2。目前已经有三条城市轨道交通线路,包括2号线(徐泾东站—浦东国际机场站)、10号线(虹桥火车站站—新江湾城站)和17号线(东方绿舟站—虹桥火车站站),未来还会接入机场线和嘉闵线等市域轨道交通线路。

虹桥交通枢纽是实现城市轨道交通、城际铁路、高速铁路、航空等交通方式的联通的重要枢纽,在服务层面的互联互通中发挥重要作用。

从国外的发展经验来看,互联互通是市域快速轨道交通发展的必然趋势,也是提升轨道交通服务的关键,其内涵是实现多模式、多制式、多功能轨道交通网络协同发展,建设互联互通、融合运营的装备与服务体系。在线路规划与设计阶段,就应该考虑市域快速轨道交通的线路之间、不同制式之间的互联互通需求,同时在服务层面,也需要从行车组织方案、客流管理、票务和一体化出行服务方面考虑互联互通的要求。

2 | 互联互通条件下的市域快线运营模式

市域快速轨道交通源于市郊铁路，市郊铁路概念源于第二次世界大战前的市郊铁路短途运输。20世纪70年代，随着城市人口的增加和城市规模的扩大，国外很多城市出现了大都市郊区化过程，承担市中心与邻近市镇间长距离大运量输送任务的市郊铁路便应运而生。在中国，20世纪60—90年代，在大型铁路枢纽内，为解决郊区车站铁路职工上下班交通问题而开行的列车，通常被认为是我国市郊铁路的初始概念。随着时间推移，国内外市郊铁路功能不断扩展，发展出了多种模式和不同内涵，可谓百花齐放。

2.1 市域快速轨道交通的定义及其实施互联互通的必要性

2.1.1 市域快速轨道交通的定义

2015年,为贯彻落实中央城镇化工作会议精神和《国家新型城镇化规划(2014—2020年)》要求,切实发挥交通运输的支撑引领作用,国家发展改革委和交通运输部联合印发的《城镇化地区综合交通网规划》(发改基础〔2015〕2706号)指出,当前城镇化地区城际交通结构不尽合理,城际铁路发展相对滞后,市域(郊)铁路规划建设基本空白,难以适应城镇化地区"人口高度聚集、经济关联紧密、资源环境约束"特点对交通的要求。规划要求:适应城镇化地区核心城市、节点城市、小城镇间的运输需求,强化与城市交通网的衔接,构建层次清晰、功能互补、互联互通的快速和普速交通网;统筹各种运输方式协调发展,优化运输结构,提高路网运行效率,优先发展城际铁路和市域(郊)铁路,强化轨道交通的骨干作用。其中,长三角地区内部综合交通网的布局规划提出,构建以上海中心城区为核心,联通郊区主要城镇的市域(郊)铁路网。

2017年,国家发展改革委、住房和城乡建设部、交通运输部、国家铁路局、中国铁路总公司联合印发《关于促进市域(郊)铁路发展的指导意见》(发改基础〔2017〕1173号)。文件明确,市域(郊)铁路是城市中心城区连接周边城镇组团及其城镇组团之间的通勤化、快速度、大运量的轨道交通系统,是城市综合交通体系的重要组成部分。这为市域轨道交通的规范发展提供了依据。

当前,国内对应此功能的交通模式名称很多,如市域快速轨道交通、市域铁路、市郊铁路等,从目前已经正式发布的行业规范或城市规范来看,比较权威的定义有以下几种。

(1)《市域铁路设计规范》(TCRS C0101—2017)将市域铁路定义为:位于中心城区与其他组团间、组团式城镇之间或与大中城市具有同城化需求的城镇间,服务通勤、通学、通商等规律性客流,设计速度为100~160 km/h,快速、高密度、公交化的客运专线铁路。

(2)《上海市域铁路设计规范》(TSHJX002—2018)将市域铁路定义为:中心城区连接周边城镇组团及其城镇组团之间的快速度、大运量、公交化的轨道交通系统,是综合交通体系的重要组成部分。标准轨距,仅运行动车组列车,设计速度分为200 km/h、160 km/h、120 km/h三级。

(3)《市域快速轨道交通设计规范》(TCCES 2—2017)和《市域快线交通技术规范》(TCAMET 01001—2019)将市域快速轨道交通定义为:市域快速轨道交通是一种主要服

务于城市郊区和周边新城、城镇与中心城区联系,并具有通勤客运服务功能的中长距离的大运量城市轨道交通系统,简称"市域快线"。

除特殊说明,本书研究的市域轨道交通主要是指市域快速轨道交通(以下简称"市域快线")。

2.1.2 市域快线的基本形式

总结国内外现有的城市轨道网络,市域快线的主要形式可以概括为穿越城市中心、终止于城区外围和终止于城市中心三种,如图2.1所示。

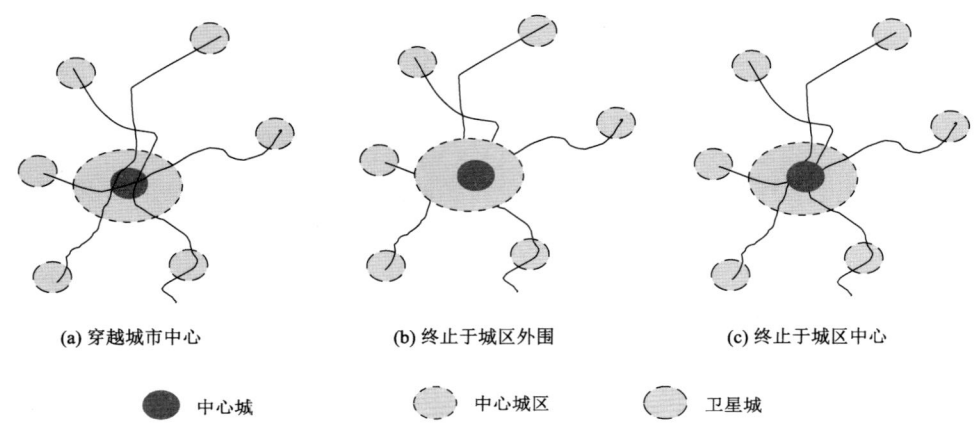

图 2.1 市域快线的主要形式

1. 穿越城市中心

这种形式的市域快线两端连接了城市的主要卫星城、城市副中心和对外交通枢纽,线路穿越城市中心,如图2.1(a)所示。一般而言,在城市中心采用地下的形式,并与其他地铁、轻轨线路有方便的换乘条件;在郊区采用地面线路,并且根据需要往往还作延伸,连接部分支线。这种线路形式能够实现旅客的直达运输,最大程度地满足旅客的出行需求。

巴黎市域快线(RER)是这种形式线路的主要代表,它以地下线形式穿过城市中心区,并与一般城市地铁网通过换乘站连接为一个整体。建设与规划中的上海市域快线也是这种形式。

市域快线穿越城市核心区,可以最大程度地实现旅客的直达运输。同时,由于市域快线进入城市核心区,可以与市区网实现多点换乘。但是这种线路里程通常较长,容易造成线路不同断面的客流特征差异明显,继而给运营组织带来困难。

2. 终止于城区外围

这种形式的市域快线通常存在于具有城市轨道交通环线的网络中,其一端连接了城市的主要卫星城、城市副中心和对外交通枢纽,另一端则终止于城市轨道交通环线,如图

2.1(b)所示。这种线路形式可以充分发挥城市轨道交通的环线和市中心已有轨道交通线路的功能,同时,郊区乘客需要通过轨道交通之间的换乘进入市区。

东京的轨道交通线路是这种形式的代表。东京的地铁网络十分发达,密度很高,几乎覆盖了整个中心城区,在中心城区形成线束和轴线走廊,并呈放射状,线路均从中心区向山手环线(山手环线是东京轨道交通网络中的城市环线)辐射,延伸到山手环线附近,最大辐射半径为 18 km,地铁网络呈星状分布在山手环线和地铁环线内及环线附近约 100 km^2 的中心区。东京私营铁路系统以山手环线为终点站,向外辐射,在山手环线上与城市地铁系统形成换乘。

此外,伦敦国铁系统的终点站几乎都位于伦敦地铁环线上,通过地铁环线上的车站与国铁系统形成换乘。

这种线路形式可以充分发挥环线换乘功能,实现市域快线与其他市区线的客流交换。选择这种衔接方式的前提是:市域快线及环线的客流量不能太大,一旦客流总量过大,将造成换乘拥挤;城市主要功能区最好在环线站点周边,这样可以减少乘客的换乘次数。

3. 终止于城区中心

这种形式的市域快线一端连接城市的主要卫星城、城市副中心和对外交通枢纽,另一端则终止于城区中心,如图 2.1(c)所示。这种线路形式能够实现城市中心与主要卫星城、城市副中心和对外交通枢纽间的便捷联系,满足旅客的出行需求,郊区乘客不需换乘便可直达市区。

纽约的通勤铁路即为这种形式。纽约的通勤铁路的长放射网络以中心区三座车站(Grand Central Terminal、Penn Station 和 Hoboken Terminal)为起点,向长岛、纽约北部郊区和新泽西三个方向辐射,半径超过 100 km。这样的长支线形网络以长支线形式会聚于中心区,其中长岛方向有 10 条支线,北部郊区有 3 条干线(New Haven Line、Harlem Line、Hudson Line)和 3 条支线,新泽西方向有 2 条干线。

选择这种线路形式的首要前提是市域快线的客流量足够大。市域快线通过市中心换乘枢纽,与市区线形成多方向换乘,可以满足乘客不同方向出行的需求,为乘客提供多种出行选择。但是该类衔接方式需要大型枢纽站,其规模较大、站内行人流线交织复杂,运营管理难度较大。

2.1.3 市域快线实施互联互通的必要性

我国一些大城市的线网功能层次,在既有市域轨道交通和常规公交系统的基础上,形成了包括市域线、市区线、局域线三个层次的轨道交通网络,市域快线作为城市轨道交通网络系统中重要的组成部分,在路网中实现互联互通的同时,还将考虑其与国铁系统在部分节点建立互联互通的条件。因此,互联互通的必要性主要体现在以下五方面。

1. 互联互通是实现三网融合的关键环节

国家铁路网已经在中长距离出行以及城市之间出行上起到了举足轻重的作用。市域快线网络同样在中心城出行中占有决定性的比重。但是两大系统相对独立,仅通过主客站换乘沟通,交流节点少,衔接程度不够。而市域快线网络通过互联互通起到了三网融合中的承上启下作用。市域快线和国铁之间主要通过市域快线和国铁主客站并站分场、市域快线新建其与国铁线路的联络线等来实现互通,市域快线和轨道交通则通过车站换乘来实现融合。

2. 互联互通有利于新城协同发展

市域快线网将新城、重点新市镇进行串联,构成了新的市郊间的客流走廊和发展轴带,并且通过内部联络线使得市域铁路内部可以互联互通,大幅减少转线换乘时间,提升交通出行效率。不但有效促进了新城协同发展,同时还将通过其与国铁的联络线将新城、新市镇与周边城市群进行有效衔接,使得其在接受中心城区辐射带动的同时,还可与毗邻市镇取长补短,打开新的发展空间。因此,市域快线通过互联互通系统形成高效便捷的一次乘达的路网体系,为支撑城市布局发展、促进郊区新城对内对外协同发展打下基础。

3. 互联互通是区域一体化的重要交通保障

近年来,在国家政策推动和区域交通基础设施网络建设加速的带动下,区域一体化的进程明显加快。市域快线在拥有互联互通的优势后,将有效提升城市群的一体化发展程度,是推行城际出行公交化运营、强化都市圈一体化发展的必要条件。

4. 互联互通是打造立体交通的重要手段

"八纵八横"高速铁路网和城际铁路网的形成,使城际出行的范围和速度有了巨大提升,在通过主客站的长途旅行中具有明显优势,而对于短途出行旅客,市内交通所耗费的时间几乎要占到总旅行时间的50%。要继续提升城际出行公交化运营的效果,提高出行效率,需要从市内出行方面解决问题。市域快线和国铁互联互通可有效解决国铁客站覆盖率低、市内交通耗时长的问题,能提高出行的便捷性、快速性、通达性。

5. 互联互通是缓解主客站压力、延伸铁路服务深广度的必要支持

市域快线与国铁互联互通后,可将中心城区外的对外出行客流分散至市域铁路网沿线,从而减少市郊居民集中至主客站的交通出行,可一定程度减轻城市交通压力,也大大缓解了主客站周围的交通负荷。同时,市域快线将国铁主客站短途城际出行旅客的接发功能分散至全市多点范围,从结构上实现了长、短出行分离,使主客站释放潜力,从而进一步为中长途出行服务,全面提升铁路系统的服务效率。因此,市域快线互联互通能有效调节铁路主客站交通负荷、优化铁路对外出行的需要。

2.2 互联互通条件下的市域快线技术特征与客流特征

2.2.1 市域快线的主要技术特征

《市域快速轨道交通设计规范》(T/CCES 2—2017)和《市域快线交通技术规范》(T/CAMET 01001—2019)对市域快线的主要技术特征作了明确规定。

1. 服务范围

市域快线的服务范围应为大城市、特大城市、超大城市中心城区及其周边新城、城镇等与中心城区经济、人口交流紧密的地区,以及组团城市联系密切的各城镇地区。市域快线服务应以满足通勤客流需求为主,以满足通商、通学、旅游休闲等客流需求为辅。

2. 服务时间

市域快线的服务时间宜符合下列规定:

(1) 通勤交通出行时间不宜大于 1 h。

(2) 沿线重点服务的新城、城镇通勤客流乘坐市域快线的时间宜控制在 30~45 min。

3. 设计年限

市域快线设计年限应分为初期、近期、远期。初期应为建成通车后第 3 年,近期应为建成通车后第 10 年,远期应为建成通车后第 25 年。市域快线的建设规模、设备容量及车辆基地用地面积等,应按照远期确定的运营需求进行计算,并应预留改扩建的条件。

4. 互联互通

市域快线可自成体系,独立运营,且各线之间以及其与城市中心城区轨道交通之间应互联互通或接驳换乘便捷。应充分考虑其与城市中心城区轨道交通和相关联的可利用铁路共同构建网络化运营的条件,条件具备的线路宜考虑互联互通的实施条件。

5. 速度等级

市域快线列车运行速度等级应根据线路长度、线路特征、站间距分布以及乘客出行需求等进行确定。经必要的工程建设及运营的经济性分析后,在同一条线路上,可分段确定不同的运行速度等级。

6. 车辆

市域快线车辆车厢内有效空余地板面的乘客站立面积宜按 4 人/m^2 计算;当服务于中心城区出行客流时,可按现行有关城市轨道交通标准执行。

7. 服务水平

市域快线应能提供不同服务水平的运营组织模式,且高峰时宜采用高密度、公交化的运营组织模式,平峰时视客流量情况可采用定点时刻表等灵活运营方式,也可根据客流需求提供快慢车运营组织模式。

8. 敷设方式

市域快线应以地面和高架线路为主,在中心城区或组团核心区,经工程技术经济比选,可选用地下线路敷设方式。

9. 行车规则

市域快线线路应采用 1 435 mm 标准轨距,正线宜采用右侧行车的双线线路;当与国铁互联互通时,可采用左侧行车。

10. 供电

市域快线应经工程技术经济综合比选后确定与自身特点和负荷需求相适应的牵引供电制式,并宜采用 AC25 kV 或 DC1 500 V 供电制式。

11. 衔接

市域快线车站应做好与其他交通设施的统筹布局,并宜构建无缝衔接、高效换乘的交通枢纽节点工程。

12. 车站设计

市域快线车站宜进行一体化设计,做好空间综合利用规划,实现土地资源的集约利用。有条件地区,可采取 TOD 模式的规划。

13. 运营组织

市域快线列车宜按照时刻表服务模式准点组织运行;当采用站站停的独立运营线路时,高峰时段宜采用等间隔服务模式组织运行,平峰时段列车间隔超 10 min 时可采用定点时刻表组织运行。

2.2.2 市域快线的客流特征

根据市域快线的客流来源,其客流特点如下:

(1) 客流运距长。市域客流主要集中在中心城区与卫星城镇之间,所以直达客流的比重较大,客流的运距比较长,客流呈现两端大、中间小的特征。由于从市区到郊区人口一般逐渐减小,所以线路的客流存在"递远递减"的规律。

(2) 客流时间性强。在工作日,由于通勤通学客流在时间上有规律性,这部分客流会在早晚形成高峰,在其他时段主要是探亲娱乐等日常活动形成的客流,较为分散,客流量小;在节假日及周末,可能会有旅游客流使得客流量增大,这种类型的客流早上从市区到郊区,晚上从郊区到市区,与通勤客流的方向正好相反。

2.2.3 市域快线的速度目标值选择

市域快线速度目标值的选取要考虑与线路功能定位、客流出行特征、车站分布(站间距离)等相适应,此外还要考虑运营的经济性以及不同速度目标值对环境的影响。

1. 线路功能定位

和常规地铁系统相比,市域快线具有列车运行速度快、站间距大、出行距离长的特点。市域快线客流大多是从郊区新城往来于城市中心区的平均运距较长,接近郊区新城至城市中心区的距离。一般情况下,郊区新城距城市中心区 15~70 km,客流平均运距在 10~20 km,是普通城市轨道交通 5~10 km 的平均运距的 2~3 倍。对于乘坐市域快线这种长距离的轨道交通方式出行,乘客对旅行时间较为敏感。因此,应适当提高市域快线的最高运行速度以适应客流需求,增强市域快线相较其他交通方式的竞争力。

2. 客流出行特征

进行速度目标选择时,要考虑各级运距的乘客量及客流出行距离等客流出行特征。据统计,一般长度在 30 km 内的城市轨道交通线路,不同乘距的客流比例大致是:5 km 内乘距占 10%,5~10 km 乘距占 40%,10~15 km 乘距占 20%,15 km 以上乘距占 30%。由此可见,5~10 km 乘距占比最大。特定乘距范围数值及所占比例直接影响长大线路的平均乘距,若长大线路的平均乘距较短,则选用较低的速度目标值就可满足大部分乘客快速出行的需求;若长大线路的平均乘距较长,则要选用较高的速度目标值来满足乘客的出行需求。

3. 总旅行时间目标值

总旅行时间目标值是指线路所经过的重要节点(如起终点站、交通枢纽、行政及商业中心等)之间,或通过本线路换乘至某些重要节点、中心之间的旅行时间的期望。其从总体上控制了全线或某些区段的旅行时间,提出了旅行速度要求,进而影响速度目标值的选择。市域快线时间目标值的制定可参考城市综合交通规划、城市轨道交通线网规划等相关规划提出的时间目标,同时应与相关竞争对手(即其他与市域快线存在竞争关系的交通方式)的旅行时间进行对比,以确保本线路的优势,增强客流吸引力。

4. 车站间距

市域快线最高运行速度的选择受到站间距的影响。如果列车最高速度偏大、站间距偏小,则可能在列车还没有运行到最高速度或在最高速度运行极短时间就开始减速,这不符合经济运行的要求。如果列车最高运行速度偏小、站间距偏大,则列车的加速时间短,平均速度低,延长了旅行时间,同样也不合理。所以,列车最高运行速度应与站间距相匹配,在实现市域快线功能定位的同时达到经济节能运行的目的。列车的实际运行速度与车站分布及停站频率有关,当车站分布较密、列车频繁停站时,列车发挥不出其较高运行速度的优势。

5. 系统设备

不同速度车辆对牵引供电系统的影响主要从耗电量、牵引变电所数量、机组安装容量等方面进行分析比较。不同速度的车辆列车其牵引、制动等性能不同,其牵引耗电量差别较大,一般来说行车速度越快,牵引年用电量越高,运营费用增加越大。牵引变电所设置数量及机组装机容量与牵引耗电量成正比关系;当速度目标值提高时,牵引变电所设置数量及机组装机容量必须增加。不同目标速度对屏蔽门、车站设备等设备强度或规格要求有所不同,但对投资影响很小。因此,不同速度目标值方案对信号、屏蔽门、车站、轨道、道岔等设备工程的影响较小。

6. 工程投资与能耗分析

工程投资主要包括土建工程投资和车辆购置费。市域快线的工程投资巨大,最高运行速度的不同决定了选用不同类型的车辆,同时最高运行速度不同会影响线路基础设计、设备配置标准定义空间限界的调整,对工程投资影响重大。土建工程投资随速度目标值的变化主要是由建筑限界的变化引起的,当采用 100 km/h 或 120 km/h 的速度目标值时,应根据乘客的舒适度标准,依据列车车辆密封性指标和区间隧道断面的阻塞比校核隧道断面的净空面积,并适当增加断面尺寸。就同一线路而言,随着最高速度目标值的提高,工程投资也将增大。此外,列车运行能耗与最高运行速度息息相关,随着最高运行速度的提高,能耗也相应增加。因此,最高运行速度的选择要考虑能耗因素。车辆购置费取决于车辆配属数量及车辆单价,车辆最高运行速度越高,车辆单价越高,但车辆旅行速度也随之提高,使得车辆周转时间缩短,引起车辆配属数量减少。

7. 对环境的影响

城市轨道交通项目对沿线噪声环境的影响主要来自高架段和地面段。轨道交通噪声大小不仅与列车对数有关,还受列车运行速度的影响。

综上分析,最高运行速度目标值的选择,应结合各条线路的实际情况,通过技术经济比较而最终确定。

2.3 国外市域(郊)铁路的互联互通运营经验

2.3.1 东京市郊铁路互联互通运营经验

东京都市圈是指以东京都为中心,外加周边的埼玉县、千叶县、神奈川县及茨城县西南部、群马县东南部、栃木县南部和山梨县东端地区,以都心(东京站)为圆心,半径约 100 km,是世界上辐射面积最广、人口规模最大、经济最繁荣的特大城市群之一,是日本的政治、经济、文化和国际交流中心。

JR 东日本是日本国铁民营化改革后负责经营管理日本关东和东北地区原国有铁路路网的区域型客运铁路公司,在其普速既有线上,基本没有长途客运,只在中央本线东京—甲府(134.1 km)间每小时开行 2~3 对特快列车,占用中央快速线(中央本线第二复线)的运能,其余运能全部用于东京都市圈市郊通勤。私营铁路则全部服务于东京都市圈市郊通勤,所以采用市郊铁路方式运营的轨道交通线路总计 4 475.9 km,占东京都市圈内总线网规模的 80.8%。

JR 东日本在东京都市圈内拥有市郊铁路 37 条,路网规模占比为 56.7%,其干线路网辐射 7 个通道方向,可以实现 80~100 km 范围 90 min 即可通达山手线各站的效果。JR 东日本首都圈轨道交通线路如图 2.2 所示。

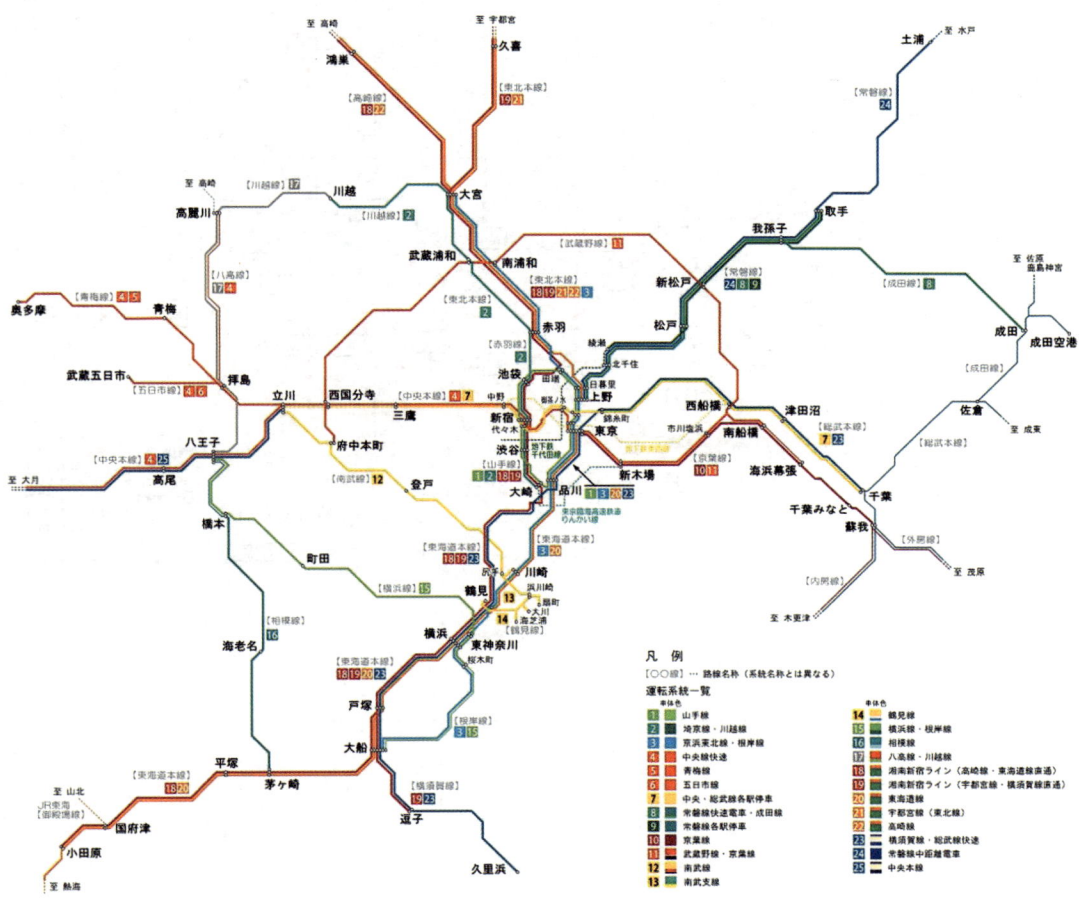

图 2.2　JR 东日本首都圈轨道交通线路图

（资料来源：https://commons.wikimedia.org/wiki/File：LineMap_GreaterTokyo_jp.png）

在城市内部,东京地铁基本以东京站为核心向外放射,超过 70% 的线网位于山手线以内,辐射半径不超过 20 km,主要解决核心区内人口聚集地区的人员流动需求,地铁路线如图 2.3 所示。

市郊铁路主要负责山手线以外的区域通勤运输。由于东京在城市化初期,为保护东京都内的社会秩序,不允许在山手线以内修建铁路,为此市郊铁路采用以山手线为断点向外修建单方向放射线的方式。东京都市圈市郊铁路路网示意如图 2.4 所示。

综上所述,东京地铁主要解决市中心内部高密度运输的问题,市郊铁路则主要解决市中心与郊区的外部运输问题。市郊铁路和地铁各有分工、相互配合,在一定程度上相互交融。

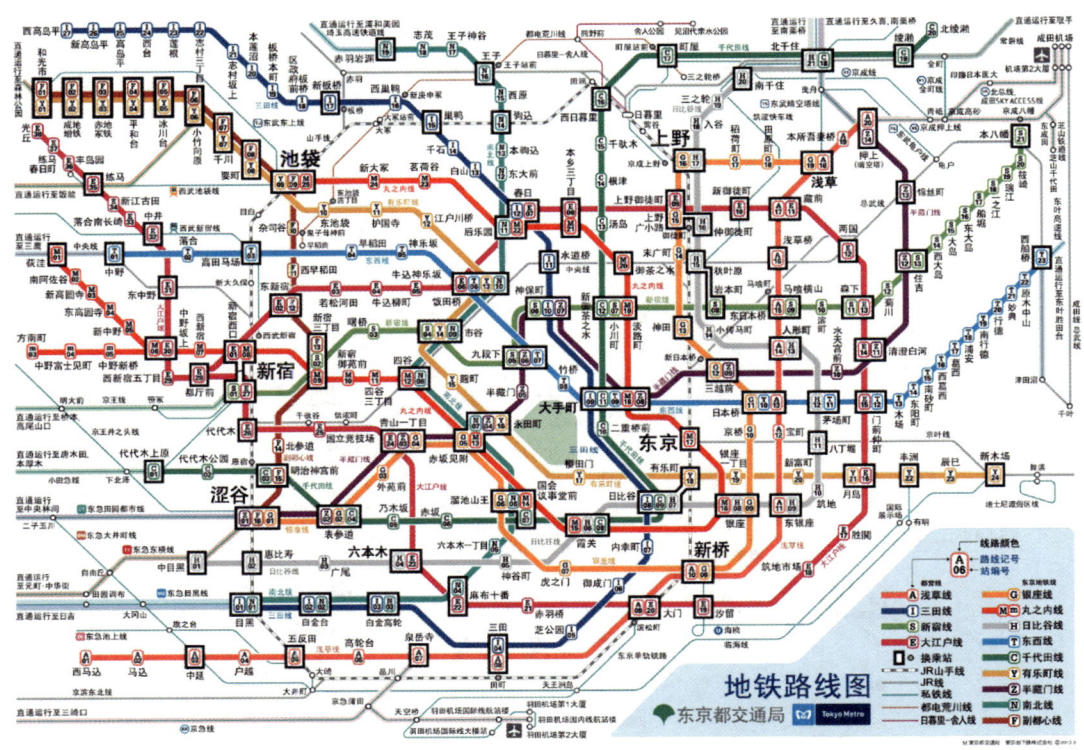

图 2.3　东京地铁路线图

（资料来源：https://www.kotsu.metro.tokyo.jp/ch_k/）

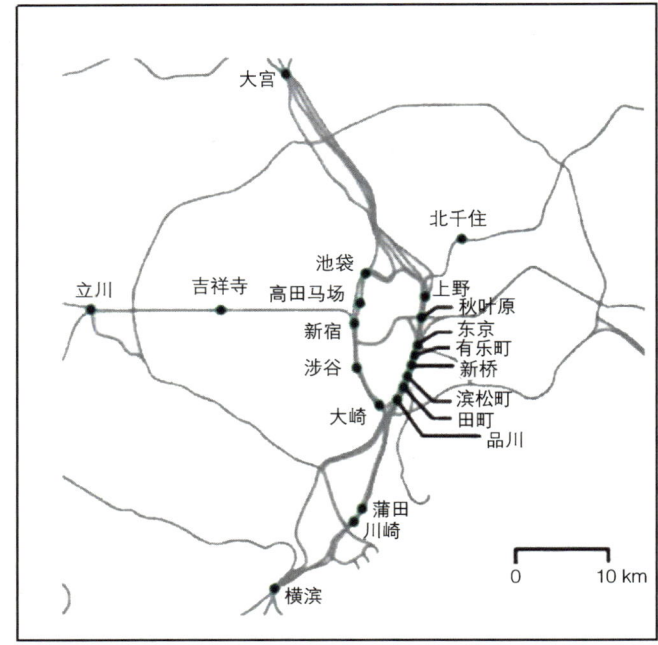

图 2.4　东京都市圈市郊铁路路网示意图

东京都市圈市郊铁路总体上是双环、多贯穿、多放射的线网格局。原国有铁路、现JR东日本线路为主干线网络，辐射主要城市发展方向；大型私营铁路则在国家铁路干线间，向单一方向发展延伸，形成区域性次干线网；中小型私营铁路公司在远郊建设一些干线、次干线联通线，或以干线上的某重要车站为中心建设小区域内辐射性短线。

东京都市圈市郊铁路布局具有以下技术特点。

(1) 较高的旅行速度和较大的通达半径。常磐线可以实现130 km/h的技术速度，旅行速度达67 km/h，90 min内可完成100 km的通勤距离，其余线路的快速线或快车平均旅行速度可达60 km/h。

(2) 干线大编组，支线灵活编组。市郊铁路主要干线的编组都在10辆以上，其中常磐线的编组可达15辆。郊区支线采用6辆以下的小编组，编组大小主要由客流需求决定。

(3) 列车高密度开行，运能大。东京都市圈内的所有JR东日本的市郊铁路都进行了ATOS信号改造，可实现列车2～3 min的追踪开行。

(4) 网络化，互联互通。市郊铁路网以国家铁路为主体架构，由于其建设标准一致，可以实现同站多向换乘和列车跨线直通，实现互联互通。

东京都市圈市郊铁路的线网格局和运营方式具有以下特点。

(1) 主干线深入城市核心区或贯穿市区。山手线是东京市郊铁路网的内环线，全长34.5 km，现在东京城市化率已超过80%，东京都心(东京站)和7个副都心都在山手线上。同时，东京市内的铁路通道、东海道线、京滨东北线、埼京线、横须贺线都利用山手线南北向贯穿东京市区。中央线双复线则东西向横穿市中心，确保可以从都心(东京站)直抵西部多摩新城。其他私营铁路公司则通过采取与东京地铁公司或都营地铁公司合作开行跨线列车的方式使市郊铁路直接深入城市核心区。

市郊铁路深入城市核心区的优势主要有：一是可以利用铁路的超大运量特点，满足城市核心高密度人口区高峰时间人流集疏的需求；二是直接连接乘客在市郊的居所和市内的办公场所，尽可能减少换乘，大幅降低了对城市其他交通工具的需求和二次集疏对地面交通的冲击，提高了出行效率，从而大幅增强了市郊铁路的吸引力，提高了其客票收入和市场占有率。

(2) 通道布局提高运输效率与土地价值。从运输效率角度看，通道布局能够解决高峰小时几十万人次数量级的运输需求，如东海道线、常磐线、埼京线等繁忙线路具有强大的运能。通道布局还有利于实现换乘和维持客流平衡，如山手线通道有多条放射线与其交叉布置，可以很好地发挥环状线与放射线的互补功能与客流集疏作用。同时，该布置方式还可以平衡多线客流，避免因客流高度集中而出现安全风险问题。例如，京滨东北线是斜穿东京的放射线，山手线是枢纽内环线，两线在品川—田端长15 km的区段内共有14座站采用同站台换乘的方式，大大增加了前往不同方向的旅客的换乘可选性，同时在人流最密集的区段能够起到分散两线客流的作用。

此外,因人口活动紧密围绕运输通道,通道沿线及各车站的土地价值将得到最大化的提升,有利于土地的综合开发。并且,从外部视觉效果上看,集约化铺设铁路会构成景观视觉优势,即形成地标性建筑,便于识别,从而达到吸引客流、形成公共交通出行主导地位的作用。

(3) 基本采取分线铺设、独立运营的方式。单一线路基本只运行本线列车,客车与货车分线,有条件的线路甚至实现快、慢车分线,在线路运用上实现平行运行图追踪;列车开行以本线范围内始发终到为主,根据客流特点实行大、小交路,极大地提高线路的运输能力。

这种运营方式主要有以下优点:一是提高运营效率,如乘客生活在某小站周边,可先乘坐慢车到达最近的大站,再换乘快速列车直达市中心的目的地;二是集散客流便利,即可以将沿线所有具有乘坐需求的人都吸引到该条线路上去,增加客运收入;三是实现平行运行图运行,减少列车交错停车,便于管理,可以减小速度差所造成的运行干扰。

此外,为增强竞争力,多家铁路公司还与地铁公司合作,采用开行直通列车的方式,如JR 东日本中央线直通地铁东西线贯穿市区,可与地铁直通的市郊铁路线路长达 695 km,大大提高了地铁的通达范围,同时为市郊铁路进入核心区提供了便利条件。双方实现合作的前提是线路在轨距、建筑限界、供电制式、信号系统等技术标准方面的高度一致,至少能够实现互联互通。

2.3.2 纽约市郊铁路互联互通运营经验

纽约是世界上轨道交通最发达的城市之一。除了错综复杂的地铁系统,纽约市郊铁路系统同样历史悠久。早在 100 年以前,曼哈顿岛两侧哈得孙河与东河下面就修建了隧道,在曼哈顿岛上建成了当时世界上最大的车站——宾夕法尼亚车站(以下简称"宾州车站"),并开通了市郊线路。伴随着作为世界金融中心的地位的不断强化和城市化进程,纽约市辐射范围不断扩大,大都市区内的地区间联系日益频繁,市郊铁路得到发展,并逐步演变成为纽约市增强大都会区辐射能力的重要渠道。

美国纽约大都市圈面积 27 372 km²,人口 2 000 多万人。纽约市郊铁路主要包括大都会北方铁路和长岛铁路,服务于近郊 80 km 以内的都市圈,以通勤客流为主;总长 1 632 km,占轨道交通线路总长的 81.6%,其中中心城 167 km,郊区 1 465 km。因此,在中心城内其站间距较大,平均站间距为 4 km;在中心城外 80 km 交通圈内,平均站间距约为 3 km;而距中心城 80 km 以外的远郊区,平均站间距约为 6 km。纽约地铁网络如图 2.5 所示。

大都会北方铁路提供纽约上州与康涅狄格州的通勤铁路,即市郊铁路,每天运送旅客 54.3 万人次,占轨道交通总客运量的 11%。在哈得孙河以西,哈得孙、哈莱姆、纽黑文三条通勤铁路历史悠久,都经历了从早期马拉车逐步改造升级为至今电气化铁路的过程。早期,通勤线路是从长大距离干线中划分出区段来运营的。哈莱姆线是从长大铁路干线

图 2.5 纽约地铁网络

（资料来源：https://www.sohu.com/a/215871810_169578）

上划分出的 Putnam Division，它从布朗克斯区的第 155 街车站出发至纽约州的 Brewster。乘客可通过纽约地铁 9 号线换乘至曼哈顿区。纽黑文通勤铁路由一条主线和三条支线组成。三条支线在 19 世纪 30 年代开通运营，主线在纽约市内经由曼哈顿下城至哈莱姆车站的通道。

长岛铁路是全美最繁忙的通勤铁路，每年载客量达 8 100 万人次，以曼哈顿的宾州车站为中心向东延伸出 8 条支线，总长 1 100 km，共 124 座车站。

2.3.3 伦敦市郊铁路互联互通运营经验

伦敦市郊铁路共有 16 条线路，如图 2.6 所示，将大伦敦 1～9 区的中心城区和近郊、远郊区连接起来，线路总长 3 071 km。其中，中心城区线路长 788 km，车站数量高达 321 座，平均站间距约为 2.5 km；近郊区（以伦敦为中心，以 50 km 为半径的区域）线路长 923 km，车站数量为 254 座，平均站间距约为 3.5 km；远郊区（以 100 km 为半径的区域）线路长 1 360 km，车站数量相对较少，仅有 173 座，平均站间距约为 75 km。中心城区市郊铁路站点多、密度大，距离中心城区越远的交通圈，站点布置越少，站间距越大。中心城区高密度的站点布置以及外围区低密度、大站间距的网络结构特点，能适应大都市不同交通圈的不同交通特征和市民出行多样化的需求。

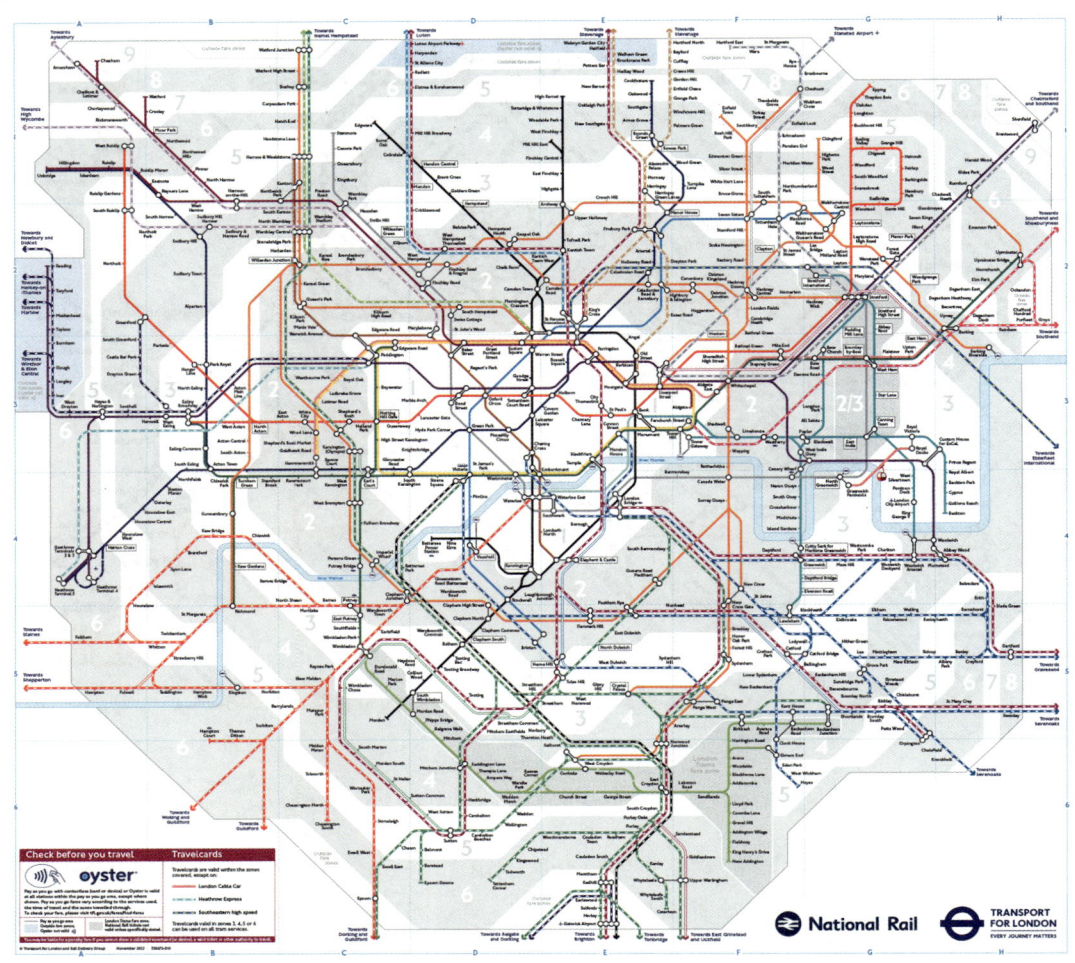

图 2.6　伦敦市郊铁路线路分布图

(资料来源：https://tfl.gov.uk/travel-information/visiting-london/getting-around-london/visitor-maps? intcmp=28170)

伦敦市郊铁路共有 32 座换乘站，分布在伦敦中心城区及近郊区，通过这些换乘站实现其与伦敦地铁的互联互通。市郊铁路甚至还实现了其与伦敦地铁在某些路段共用线路的合作机制。

2015 年，伦敦市郊铁路客运量达 9.35 亿人次，约占全国铁路客运量的 55%，同比增长 6.4%，而伦敦区域内的通勤运量达 5.37 亿人次，约占整个伦敦市郊铁路总运量的 60%，同比增长 9.2%，基本是英国其他地区区域内总运量增长比的 2 倍，伦敦东部和南部区域的增长尤其显著。可见，伦敦市郊铁路客运量构成了英国铁路客运量的大部分，并且区域内的通勤运量占比非常高。同时，市郊铁路区域内通勤运量的增长率逐年攀升，体现出伦敦市郊铁路快速发展的前景。就旅客周转量而言，近几年由于市郊铁路不断向市区外围延伸，其里程数不断增长，再加上运量的不断增加，市郊铁路旅客周转量也呈增长趋势。

伦敦的市郊铁路具有以下明显的特点。

(1) 鼓励社会资本进入的特许经营模式促使客运量增长。特许经营较好地处理了民营化与铁路规模经济等特点之间的关系,产生了竞争,促使列车开行对数大幅增加,铁路运量停滞不前的趋势得到改变。

(2) 铁路部门与市政府的积极合作促进市郊铁路快速发展。2002年改革以来,英国运输部与伦敦市政府保持着相当紧密的合作关系,不仅通过枢纽站点共通实现了乘客便捷换乘,而且通过实行铁路与城市交通支付系统一体化,实现了真正的互联互通。2007年,运输部将近郊区的市郊铁路交给伦敦交通局运营管理后,双方的合作逐步深入。2016年1月,运输部部长与伦敦市长共同签发了《伦敦及其东南地区铁路客运服务的新方法》,旨在进一步加深双方就伦敦及其东南地区铁路客运的合作,提升铁路服务质量,实现大伦敦地区更高效的发展。文件提出,双方具体的合作意向是在今后制定精确规定和管理线路运营合约的战略方针,尽可能多地吸引伦敦市内或市外的企业作为合作伙伴,致力于提高铁路客运量,提升铁路服务质量。这次运输部部长与伦敦市长的会谈,表明了双方对合作的重视,更为将来双方进一步加深合作奠定了基础。

(3) 地铁衔接的换乘站众多,实现与地铁的互联互通。伦敦市郊铁路通过32座换乘站与伦敦地铁实现了互联互通,为乘客换乘提供了便捷服务。在伦敦中心城区的核心地带,市郊铁路与地铁共用11座大型换乘站。这些换乘站主要分布在东南、西、北三面,其中,东南面共有5个站点,西面和北面各有3个站点。分布均匀的大型换乘站点连接了各方向通往伦敦中心的市郊铁路通勤客流,也缓解了伦敦中心城区的地铁运输压力。

(4) 实行一体化票务支付系统,票价涨幅低。伦敦市郊铁路可通过充值购入的Oyster芯片卡和支持触碰式付款的银行卡(由英国银行签发且表面带有触碰式付款标志的卡片,如Visa、MasterCard、Maestro、American Express等)进行刷卡支付,同时此支付系统还可用于地铁、公交、电车、水上公交等几乎所有伦敦地区的公共交通,功能类似我国的"城市市政一卡通"。1995—2015年,伦敦市郊铁路的票价增长缓慢,每年以1.0%左右的增长率增加。

伦敦市郊铁路通过特许经营模式,以及运输部与伦敦交通局的积极合作,自1995年以来取得了举世瞩目的成就,并且极有可能在未来有更加出色的表现。此外,市郊铁路支付方式、换乘站点互联互通的设计以及监管、补贴机制等一系列改革都是其快速发展不可或缺的关键因素。

2.3.4 巴黎市域快线互联互通运营经验

RER即巴黎的市域快线,一共有5条线,用字母表示,分别为RER A、RER B、RER C、RER D和RER E。下面重点分析RER A线。

大区快铁A线(简称"RER A"),是法兰西岛大区快铁的一条贯通巴黎市郊东西走向的线路,具有多条支线,如图2.7所示。该线路连接西偏北的圣日耳曼拉耶(Saint-

图 2.7 巴黎 RER A 线线路图

(资料来源：http://www.ratp.fr/informer/pdf/orienter/f_plan.php?loc=reseaux&nompdf=rer_a&fm=gif)

Germain-en-Laye,A1 分支),塞尔吉高地(Cergy-Le Haut,A3 分支),普瓦西(Poissy,A5 分支),以及东偏南的布瓦西圣雷热(Boissy-Saint-Léger,A2 分支)和马恩河谷雪西(Marne-la-Vallée-Chessy,A4 分支)。RER A 线通过巴黎市中心,在市区的每座车站内均可转乘巴黎地铁,该线共有 46 座车站,线路总长为 108 km,平均站距为 2.36 km。

RER A 线在楠泰尔行政区(Nanterre-Préfecture)以西通往 A3 分支和 A5 分支的路段由法国国营铁路公司(Société Nationale des Chemins de fer Français,SNCF)运营,其余路段由巴黎大众运输公司(Régie Autonome des Transports Parisiens,RATP)运营。列车全归 RATP 所有。当前,RER A 线客流量居各条快铁线路之首。

RER A 线基于路网的多样性,不同路段对于行驶速度有不同限制:

(1) RATP 西部路段:A1 分支(圣日耳曼)路段限速为 90 km/h,但拉德芳斯和楠泰尔大学之间的限速为 50 km/h,原因是这段线路转弯弧度过大。

(2) 市中心路段:限速在 90~100 km/h,并且可以一直保持到东郊的丰特奈地段。

(3) RATP 东部路段:A2 分支(布瓦西)路段限速为 90 km/h,A4 分支(马恩河谷)路段比较复杂,在讷伊普雷松斯和布里马恩河之间限速为 80 km/h,之后可以 90~100 km/h 的速度前往托尔西,最后分别以 120 km/h 和 110 km/h 的速度完成欧罗巴山谷路段和 A4 终点站的路段。

(4) SNCF 路段:在 A3 分支和 A5 分支的共线路段,限速在 80~90 km/h。A3 分支的限速则须控制在 80 km/h,A3 终点站的限速为 60 km/h,A5 分支可以 100 km/h 的速度完成。

由于极大地方便了郊区的通勤族快速横向穿越巴黎市区上下班,RER A 线通车伊始便好评如潮。此外,RER A 线还大大减轻了地铁 1 号线和圣拉扎尔路网的负荷,从而使巴黎铁路系统自 20 世纪 50 年代以后的过饱和状况得到了可观的缓解。但很快,这条旨在缓解其他路网负荷的线路在 80 年代中期也跟着饱和了。据统计,从 1997 年至 2006 年,RER A 线各路段的客流量增长明显,其中,中心路网的客流量增长了 54%,马恩河谷增长了 36%,拉德芳斯增长了 33%,东部近郊增长了 29%,布瓦西增长了 16%,西北部 Transilien 路段增长了 17%。最近 10 年内,马恩河谷的年客流量增长了 600 万人次,全线日客流量最高时达到 110 万人次。2010 年,RER A 线的客流量(包括西北 Transilien)占巴黎郊区通勤铁路的 25%,全线客流量的 57.4% 集中在中心路网,其次是马恩河谷,占 15.2%,其余的 27.4% 由其他路段均分。

RER A 线是由多条支线构成的多 Y 形线路,线路的配线非常复杂,尤其是在一些换乘站和折返站。由于其结构和客流的复杂性,该线的开行方案也非常复杂,并且一直在作调整,目前,RER A 线上开行的交路达 5 种(不含出入库的交路)。在不同时间段,交路开行的方案以及列车的停站方式也不尽相同,为了方便乘客,巴黎地铁编制了详细的列车时刻表,如图 2.8 所示。

MISSION CIRCULATION	ZWIC	ZEBU	UBOS	ZEBU	TEDY	ZEBU	UBOS	ZEBU	TEDY	UBOS	ZEBU	TROL	UPAC	ZEBU	TROL	UPAC	ZEBU	TROL
Boissy-Saint-Leger		5 02		5 17		5 32		5 44			5 59			6 14			6 29	
Sucy Bonneuil		5 05		5 20		5 35		5 47			6 02			6 17			6 32	
La Varenne-Chennevieres		5 08		5 23		5 38		5 50			6 05			6 20			6 35	
Champigny		5 10		5 25		5 40		5 52			6 07			6 22			6 37	
Le Parc de Saint-Maur		5 12		5 27		5 42		5 54			6 09			6 24			6 39	
Saint-Maur Creteil		5 14		5 29		5 44		5 56			6 11			6 26			6 41	
Joinville-le-Pont		5 17		5 32		5 47		5 59			6 14			6 29			6 44	
Nogent-sur-Marne		5 19		5 34		5 49		6 01			6 16			6 31			6 46	
Fontenay-sous-Bois		5 21		5 36		5 51		6 03			6 18			6 33			6 48	
Marne-la-Vallee Chessy					5 13				5 38				5 58			6 13		
Val d'europe					5 16				5 41				6 01			6 16		
Bussy-Saint-Georges					5 20				5 45				6 05			6 20		
Torcy			5 09		5 24		5 38		5 49	5 54		6 04	6 09		6 19	6 24		6 34
Lognes			5 11		5 26		5 40		5 51	5 56		6 06	6 11		6 21	6 26		6 36
Noisiel			5 13		5 28		5 42		5 53	5 58		6 08	6 13		6 23	6 28		6 38
Noisy-Champs			5 16		5 31		5 45		5 56	6 01		6 11	6 16		6 26	6 31		6 41
Noisy-le-Grand (Mont d'Est)			5 19		5 34		5 48		5 59	6 04		6 14	6 19		6 29	6 34		6 44
Bry-sur-Marne			5 22		5 37		5 51		6 01	6 06		6 16	6 21		6 31	6 36		6 46
Neuilly-Plaisance			5 24		5 39		5 53		6 03	6 08		6 18	6 23		6 33	6 38		6 48
▼ Val de Fontenay			5 27		5 42		5 56		6 06	6 11		6 21	6 26		6 36	6 41		6 51
Vincennes		5 24	5 31	5 39	5 46	5 54	6 00	6 06	6 11	6 16	6 21	6 26	6 31	6 36	6 41	6 46	6 51	6 56
Nation		5 27	5 34	5 42	5 49	5 57	6 03	6 09	6 14	6 19	6 24	6 29	6 34	6 39	6 44	6 49	6 54	6 59
Gare de Lyon		5 29	5 37	5 44	5 52	5 59	6 06	6 11	6 16	6 21	6 26	6 31	6 36	6 41	6 46	6 51	6 56	7 01
Chatelet-Les Halles		5 33	5 40	5 48	5 55	6 03	6 09	6 15	6 20	6 25	6 30	6 35	6 40	6 45	6 50	6 55	7 00	7 05
Auber		5 35	5 43	5 50	5 58	6 05	6 12	6 17	6 22	6 27	6 32	6 37	6 42	6 47	6 52	6 57	7 02	7 07
Charles de Gaulle-Etoile		5 38	5 46	5 53	6 01	6 08	6 15	6 20	6 25	6 30	6 35	6 40	6 45	6 50	6 55	7 00	7 05	7 10
La Defense (Grande Arche)		5 43	5 50	5 58	6 05	6 13	6 19	6 25	6 30	6 35	6 40	6 45	6 50	6 55	7 00	7 05	7 10	7 15
Nanterre-Prefecture		5 45	5 53	6 00	6 08	6 15	6 22	6 27	6 33	6 38	6 42	6 48	6 53	6 57	7 03	7 08	7 12	7 18
Houilles Carrieres-sur-Seine			5 57		6 12		6 26		6 37	6 42		6 52	6 57		7 07	7 12		7 22
Sartrouville			6 00		6 15		6 29		6 40	6 45		6 55	7 00		7 10	7 15		7 25
Maisons-Laffitte			6 02		6 17		6 31		6 42	6 47		6 57	7 02		7 12	7 17		7 27
Acheres-Ville			6 08				6 37			6 53			7 08			7 23		
Conflans-Fin d'Oise			6 11				6 40			6 56			7 11			7 26		
Neuville-Universite			6 14				6 43			6 59			7 14			7 29		
Cergy-Prefecture			6 18				6 47			7 03			7 18			7 33		
Cergy-Saint-Christophe			6 22				6 51			7 07			7 22			7 37		
Cergy-Le-Haut			6 24				6 53			7 09			7 24			7 39		
Acheres Grand Cormier					6 22				6 47				7 02			7 17		7 32
▼ Poissy					6 25				6 50				7 05			7 20		7 36
Nanterre-Universite			5 47		6 02		6 17		6 29			6 44			6 59			7 14
Nanterre-Ville			5 49		6 04		6 19		6 31			6 46			7 01			7 16
Rueil-Malmaison	5 19		5 52		6 07		6 22		6 34			6 49			7 04			7 19
Chatou-Croissy	5 21		5 53		6 08		6 23		6 35			6 50			7 05			7 20
Le Vesinet-Centre	5 23		5 56		6 11		6 26		6 38			6 53			7 08			7 23
Le Vesinet-Le Pecq	5 25		5 58		6 13		6 28		6 40			6 55			7 10			7 25
Saint-Germain-en-Laye	5 29		6 01		6 16		6 31		6 43			6 58			7 13			7 28

图 2.8　巴黎 RER A 线的列车时刻表(局部)

(资料来源:https://www.ratp.fr/)

在既有的运行图中,列车密度最高的区段位于文森站至拉德芳斯之间,高峰间隔为 2 min,平峰间隔为 3~4 min,服务于迪士尼车站的列车间隔约为 10 min,详细的开行方案如图 2.9 所示。

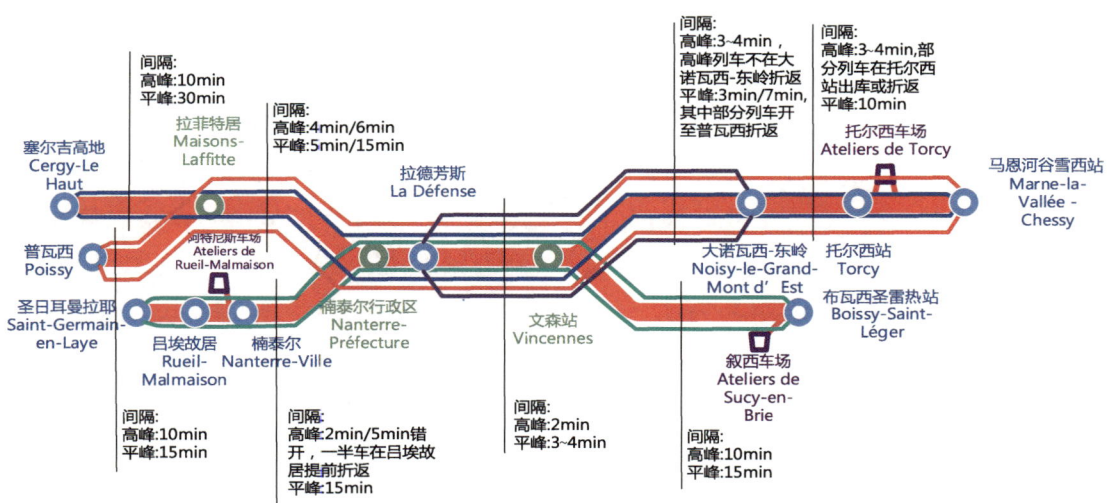

图 2.9　巴黎 RER A 线开行的交路及行车间隔

2.3.5 柏林市郊铁路互联互通运营经验

柏林市面积为 891 km²,总人口为 350 万人。柏林市以外整个勃兰登堡州人口为 260 万人。柏林地铁线全长 152 km,共有 170 座车站,站间距平均为 0.8 km,车辆总数为 1 403 辆;全市年客流总量约为 9 亿人次,其中地铁客流量约为 4 亿人次。柏林的城市轨道交通发展已有 100 多年的历史。目前,主要轨道交通工具有 U-Bahn、S-Bahn(图 2.10 中的黑色线路),U-Bahn 覆盖了柏林市中心及某些郊区,S-Bahn 覆盖了距离市中心较远的地区,主要在东柏林衔接 U-Bahn 无法到达的区域。

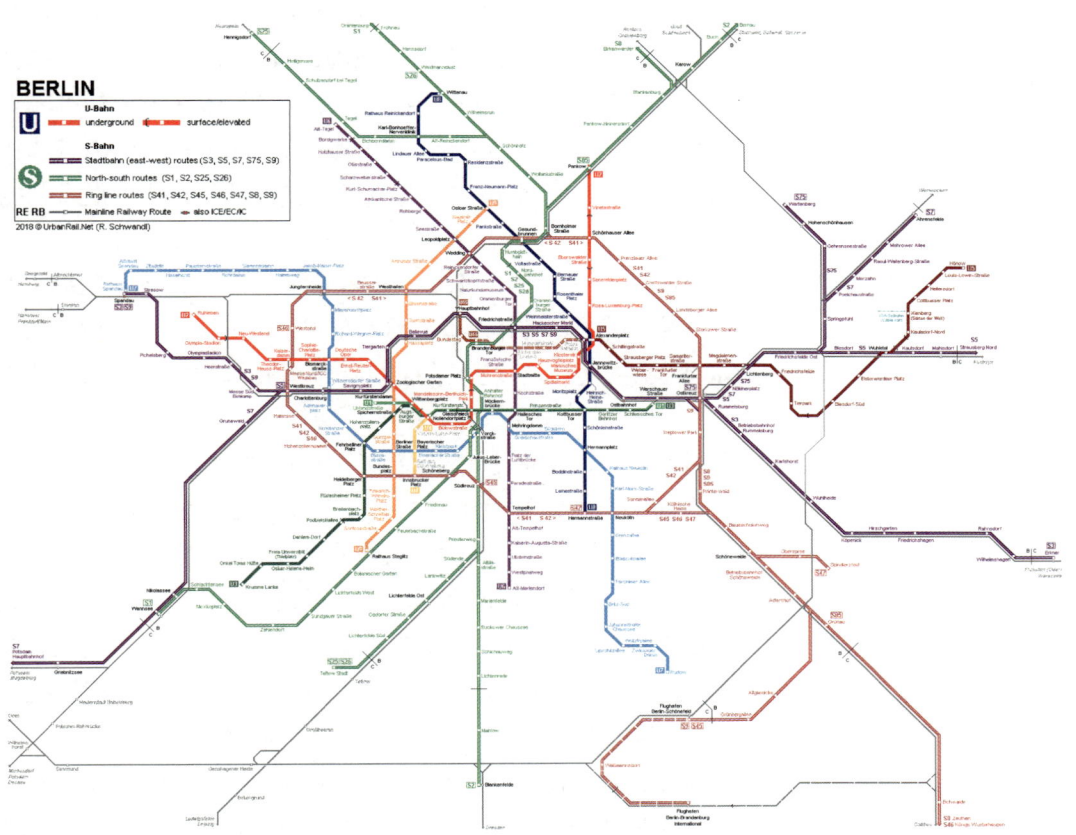

图 2.10　柏林城市轨道交通网络(含地铁与市郊铁路)示意图
(资料来源:https://www.urbanrail.net/eu/de/b/berlin.htm)

柏林发达的城市轨道交通网络是历史发展的结果。最初,柏林作为首都,修建了通往全国各地的铁路,每条铁路在柏林都有自己的始发站。为了方便各个方向的乘客,在第一次世界大战前就修建了连接这些车站的铁路线,并将这些线路向市民开放,成为一种市内交通工具,这就是德国最早的 S-Bahn。目前已投入运营的 S-Bahn 有 16 条线路,总长 326 km。柏林的 S-Bahn,隶属于德国铁路公司 Deutsche Bahn,但其运营是与 BVG 紧密联系在一起的,事实上许多车站都是 S-Bahn 和 U-Bahn 共用的。

为满足客流需求,柏林修建了一条城市联络环线,用于联络各郊区副中心和分担市中心的客流,目前 S-Bahn 环线已经开通;在柏林大区内不久便可实现 70 km 范围内的乘客可以在 1 h 内到达柏林市中心,发车间隔为 1 h;150 km 范围内的乘客可以在 2 h 内到达柏林市中心,发车间隔为 2 h。

2.3.6 经验总结

分析以上国际大都市的市域(郊)铁路发展情况,可以看出,随着国外大城市与市区范围的扩大,人口往外扩散居住,市区和郊区之间的人口流动量巨大。国外大城市采用地铁和市域(郊)铁路满足城市客流需求,地铁系统服务于市区范围,市域(郊)铁路服务于郊区范围。国外大城市市域(郊)铁路和市区轨道交通的衔接方式,东京包括终止于外围和直通运营两种,伦敦包括终止于外围和贯穿市中心两种。在市域(郊)铁路的目标速度选择上,国外大城市的市域(郊)线路速度较快,能够较好地满足城市居民日常快速通勤的需求。

(1) 大规模发展市域(郊)铁路是支撑大都市圈、城市群经济人口活动的必经之路。市域(郊)铁路可以有效构筑城市多中心结构,疏解人口和城市非核心功能,塑造良好的城市形态。而市域(郊)铁路的技术特点决定了其是最好的通勤交通工具,应成为都市圈、城市群的主体交通方式。

(2) 基于既有国铁路网发展市域(郊)铁路是成本最低、见效最快的选择,但需解决国铁与城市规划、交通部门、地铁企业在合作体制机制、技术、运营和商业互联互通方面的制度性障碍。同时,构筑合理的枢纽结构是发展市域(郊)铁路的基础,必须大幅减少长途客运和货运对市内线路和枢纽能力的占用,外迁普速客运和货运系统。

(3) 互联互通是市域(郊)铁路发展的前提。纵观国外的发展经验,市域(郊)铁路之间或其与其他轨道交通之间的互联互通可以充分基于旅客出行需求,采用直通运营、可变编组、快慢车结合等多样化运输组织模式实现多线互联互通运营,以发挥线网的规模效应。

(4) 只要规划科学,政策得当,商业模式合理,大城市的市域(郊)铁路在中远期会有极强的盈利能力,依托市域(郊)铁路网发展多元化产业是轨道交通运营企业发展的战略方向。

2.4 国外面向互联互通的快慢车组合运行模式

快慢车组合运行是市域快线互联互通的一种常用运行组织模式,国外部分市域快线系统具有组织快慢车组合运行的经验,下面将分别以东京、巴黎、伦敦、纽约、费城为例进行分析。

2.4.1 东京主要线路的快慢车组合运行模式

1. 东京京成线

京成线起始于东京都上野城市副中心,终止于东京成田国际机场,连接千叶县船桥市、佐仓、成田市的骨干路线。线路全长约 69.3 km,共设置 42 座车站,平均站间距约 1.7 km。线路最高运行速度为 110 km/h。京成线(本线)采用 5 种快慢车组合运行方式,分别为快速特急(停 13 站)、特急(停 17 站)、通勤特急(停 20 站)、快速(停 27 站)、普通(停 42 站),其中 Skyliner 和 Access 特急经京成本线和成田机场线,其余运行线路则只经京成本线。京成线(本线)线路走向如图 2.11 所示,京成线快慢车组合运行模式和配线布置如图 2.12、图 2.13 所示。

2. 东京都营浅草线

都营浅草线是东京地下铁路线之一,由东京都交通局经营。线路从东京都墨田区的押上站至大田区的西马达站,全长 18.4 km,共设置 20 座车站。全程行车约 35 min,最高运行速度为 70 km/h。浅草线上运行的列车按速度分为两种类型:普通列车(停 20 站)和机场特快列车(停 8 站)。这种快慢车组合运行模式如图 2.14 所示。

3. 东京都营新宿线

都营新宿线由东京都交通局经营。线路从东京都新宿区的新宿站至千叶县市川市的本八幡站,全长 23.5 km,共设置 21 座车站。全程行车约 40 min,最高运行速度为 75 km/h。新宿线上运行的列车按速度分为两种类型:普通列车(停 21 站)和急行列车(停 8 站)。这种快慢车组合运行模式如图 2.15 所示。

4. 东京京王线

京王线起始于东京都新宿区重要的换乘站——新宿站,终止于东京都八王子市明神町的京王八王子站。线路全长约 37.9 km,共设置 32 座车站,平均站间距约 1.22 km。京王线上运行的列车按速度分为 6 种类型:特急列车(停 7 站)、准特急列车(停 9 站)、急行列车(停 14 站)、区间急行列车(停 19 站)、快速列车(停 22 站)、普通列车(停 32 站)。这种快慢车组合运行模式如图 2.16 所示。

2.4.2 巴黎 RER B 线的快慢车组合运行模式

法国巴黎的 RER B 线(大区快线)是法兰西岛城际列车线中一条贯通巴黎市郊南北走向的线路,其线路图如图 2.17 所示。该线北段连接戴高乐国际机场的二号航站楼站和巴黎北站,南段连接巴黎北站和圣雷米列雪福斯站。线路全长约 80 km,共设置 47 座车站,平均站间距约 1.7 km。整段 RER B 线中,只有 Massy-Palaiseau 站有四股道,部分中间站如 Aulnay-sous-Bois 站和 Orsay-Ville 站为三股道,其余中间站均为双股道,列车开行过程中不存在越行现象。

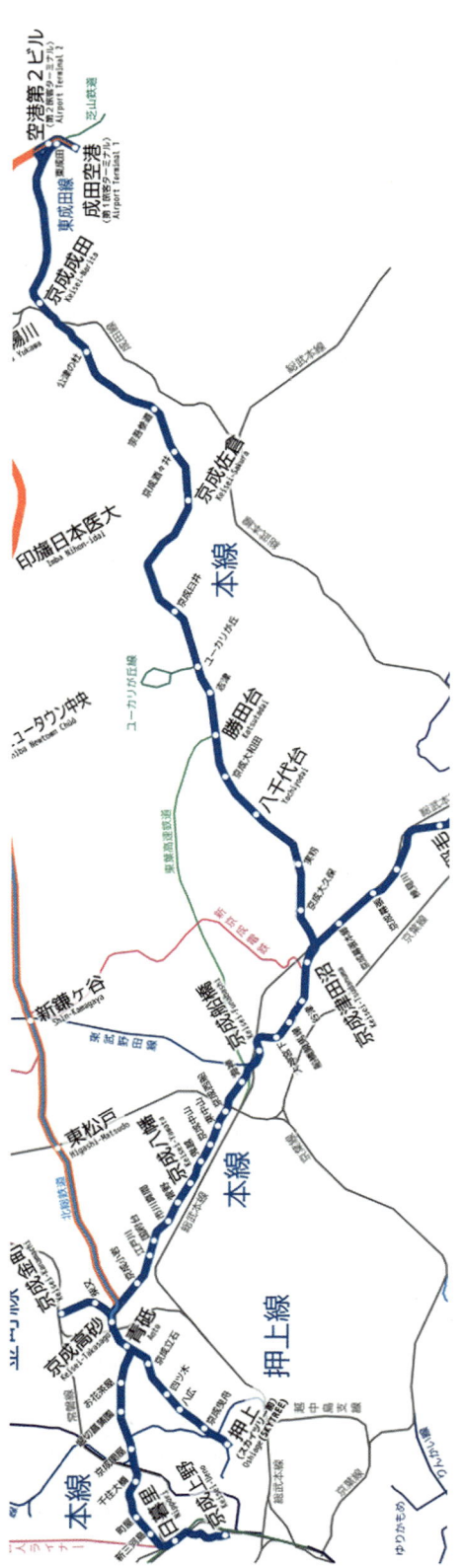

图 2.11 京成线（本线）线路走向图

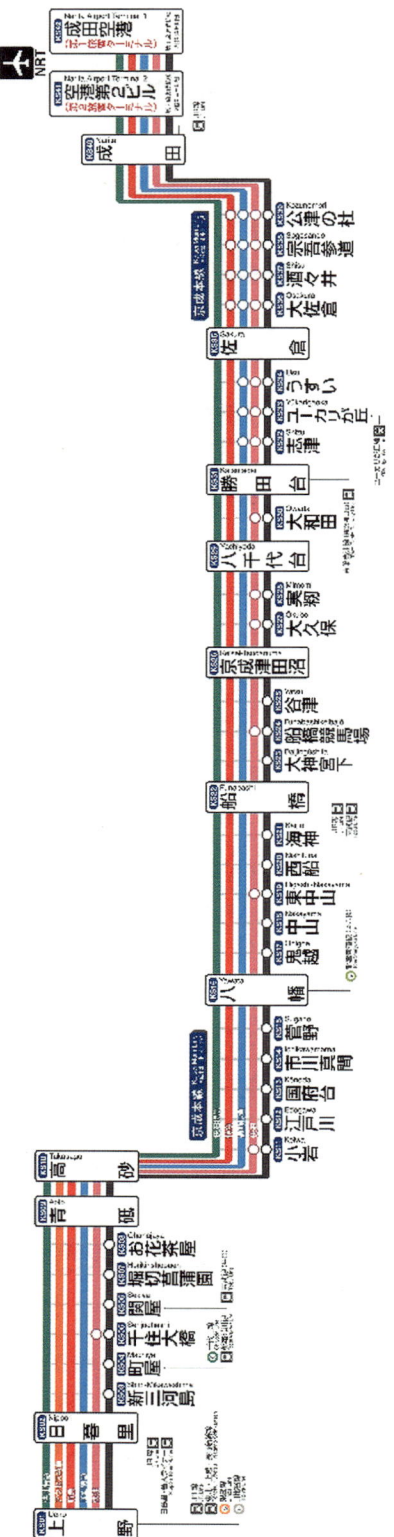

图 2.12 京成线 5 种快慢车组合运行模式

(资料来源：https://zh.wikipedia.org/wiki/%E4%BA%AC%E6%88%90%E9%9B%BB%E9%90%B5#/media/File: Keisei_Electric_Railway_Linemap.svg)

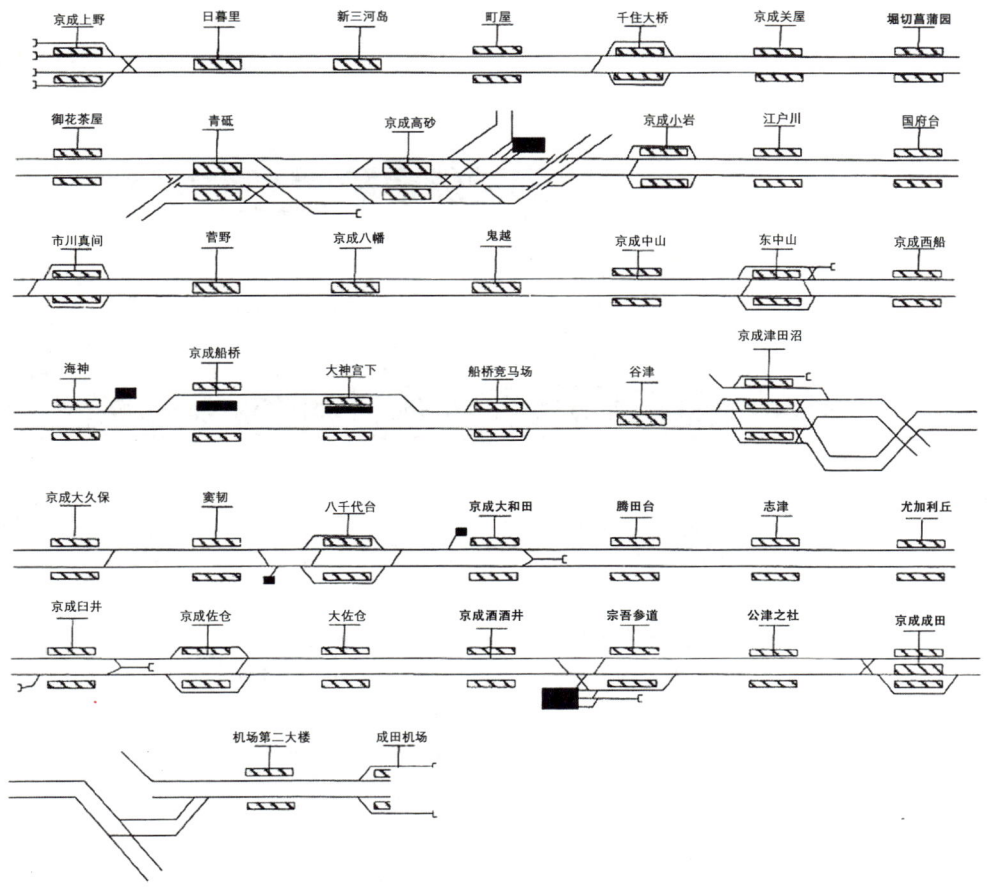

图 2.13　京成线各车站配线布置图①

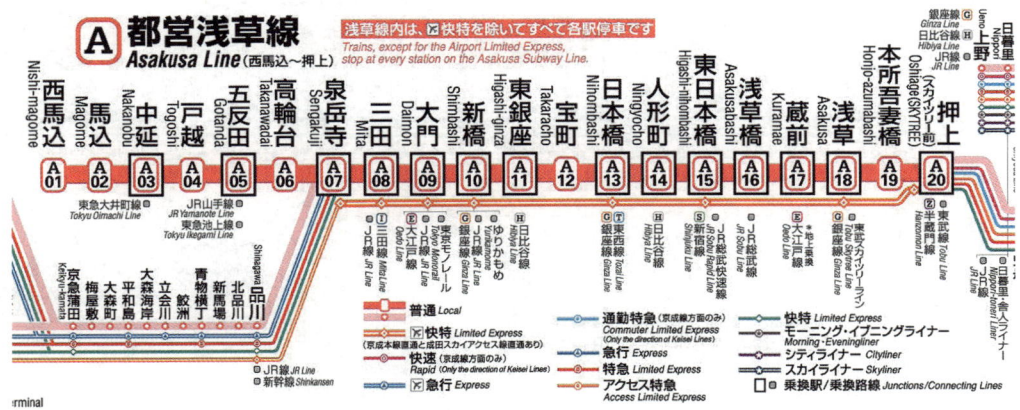

图 2.14　都营浅草线快慢车组合运行模式

（资料来源：https://ameblo.jp/elegant-02/entry-12801339256.html）

---

① 刘丽波,叶霞飞,顾保南. 东京私铁快慢车组合运营模式对上海市域轨道交通线的启示[J]. 城市轨道交通研究,2006(11)：38-41.

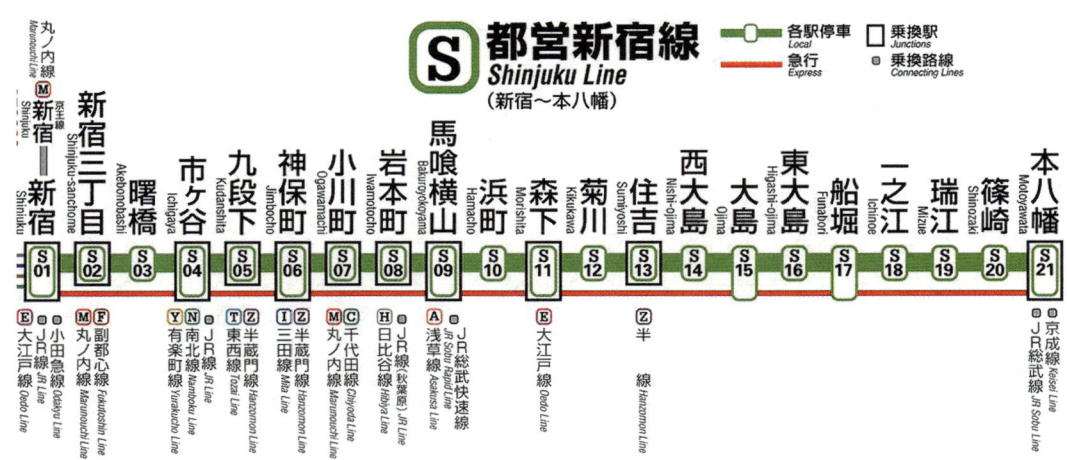

图 2.15 都营新宿线快慢车组合运行模式

（资料来源：https://www.zhihu.com/question/40440123）

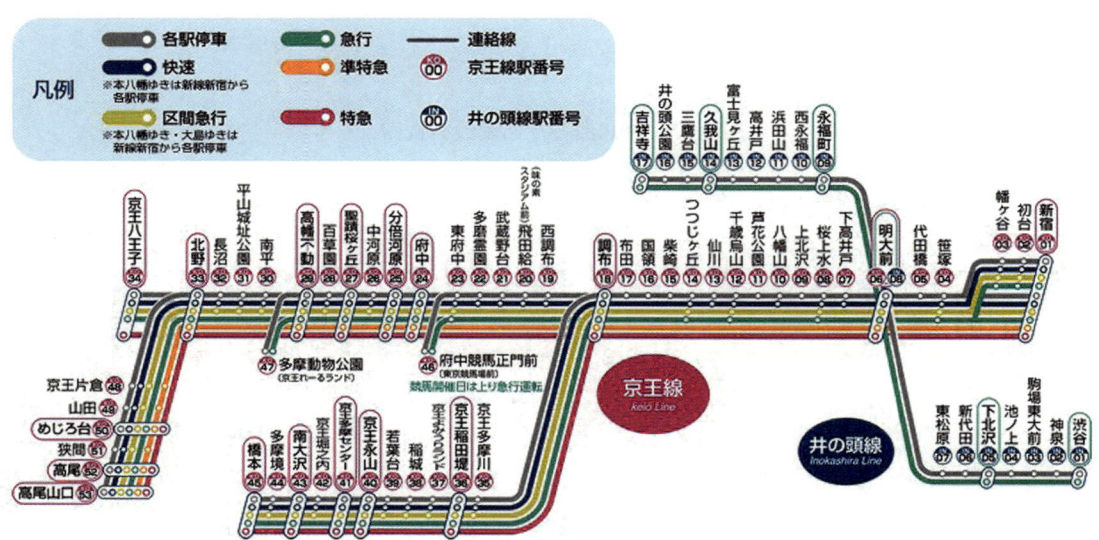

图 2.16 京王线快慢车组合运行模式

（资料来源：https://www.zhihu.com/question/21653609）

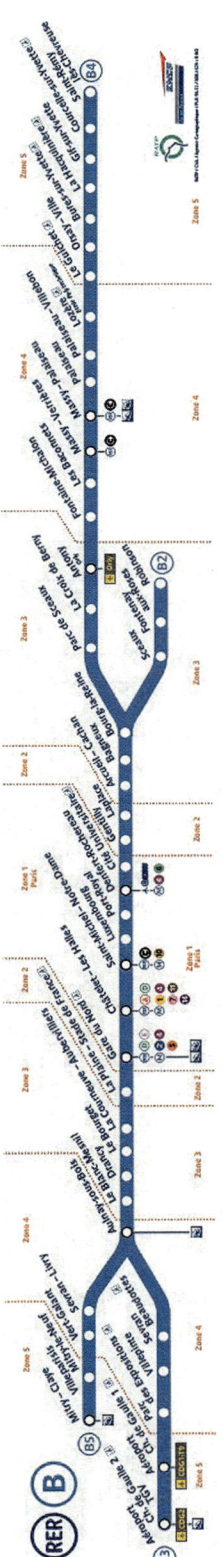

图 2.17 巴黎 RER B 线线路图

(资料来源:https://transitmap.net/rer-b-eiffel/original-line-diagram-of-rer-b/)

RER B线总体呈现中心城地区站点分散、郊区站点集中的特点。在中心城地区，RER B线只设有巴黎北站(Gare du Noud)等几座车站，平均站间距较大，平均旅行速度为50 km/h；在郊区，RER B线采用跨站运营和站站停运营相结合的方式，并根据区域以及时间的差异，对停靠站点以及始终站点的布置进行调整，分为多种班次。其班次由四个英文字母组成，首字母代表本班列车的终点站，第二位字母代表本班列车停靠的一些要站。特殊班次(站站停)，首字母表示终点站，第二位字母表示始发站，最后两位均为Z。

图2.18所示为巴黎RER B线工作日时刻表(局部)，绿色标注的是慢车典型班次，红色标注的是快车典型班次，均从戴高乐机场二号航站楼(Aéroport Charles-de-Gaulle 2 TGV)开往拉普拉斯(Laplace)。在戴高乐机场二号航站楼至巴黎北站(Gare du Nord)的区段中，慢车班次如PIER、PIST、PINA为站站停，运行时间为36 min。快车班次如KARI、KALI、KANE只在戴高乐机场一号航站楼(Aéroport Charles-de-Gaulle 1)停靠，快车首列在8:54出发，末班在15:51出发，运行时间均为32 min，比慢车运行时间快4 min。这种快慢车组合运行模式既缩短了长距离出行乘客的出行时间，也满足了近郊乘客的出行要求。

慢车 快车

MISSION CIRCULATION	PIER	KARI	SORI	PIER	KARI	SORI	PIER	KARI	SORI	PIER	KARI	SORI	PIER	KARI	SORI	PIER	KARI	SORI
Aeroport Charles de Gaulle 2 TGV	9 12	9 24		9 29	9 36		9 42	9 54		9 59	10 06		10 14	10 21		10 29	10 36	
Aeroport Charles de Gaulle 1	9 14	9 26		9 32	9 38		9 44	9 56		10 02	10 09		10 17	10 24		10 32	10 39	
Parc des Expositions	9 20			9 37			9 50			10 07			10 22			10 37		
Villepinte	9 23			9 39			9 53			10 09			10 24			10 39		
Sevran-Beaudottes	9 26			9 42			9 56			10 12			10 27			10 42		
Mitry-Claye			9 26			9 41			9 56			10 11			10 26			10 41
Villeparisis			9 30			9 45			10 00			10 15			10 30			10 45
Vert-Galant			9 33			9 48			10 03			10 18			10 33			10 48
▼ Sevran Livry			9 36			9 51			10 06			10 21			10 36			10 51
Aulnay-sous-Bois	9 30		9 40	9 46		9 55	10 00		10 10	10 16		10 25	10 31		10 40	10 46		10 55
Blanc-Mesnil	9 32		9 42	9 48		9 57	10 02		10 12	10 18		10 27	10 33		10 42	10 48		10 57
Drancy	9 34		9 44	9 50		9 59	10 04		10 14	10 20		10 29	10 35		10 44	10 50		10 59
Le Bourget	9 37		9 47	9 53		10 02	10 07		10 17	10 23		10 32	10 38		10 47	10 53		11 02
La Courneuve-Aubervilliers	9 41		9 50	9 56		10 05	10 11		10 20	10 26		10 35	10 41		10 50	10 56		11 05
La Plaine-Stade de France	9 44		9 53	9 59		10 08	10 14		10 23	10 29		10 38	10 44		10 53	10 59		11 08
Gare du Nord	9 50	9 53	9 59	10 05	10 08	10 14	10 20	10 23	10 29	10 35	10 38	10 44	10 50	10 53	10 59	11 05	11 08	11 14

慢车 快车

MISSION CIRCULATION	PIST	KALI	SOSO	PINA	KANE	SOME	PINA	KANE
Aeroport Charles de Gaulle 2 TGV	15 14	15 21		15 29	15 36		15 44	15 51
Aeroport Charles de Gaulle 1	15 17	15 24		15 32	15 39		15 47	15 54
Parc des Expositions	15 22			15 37			15 52	
Villepinte	15 24			15 39			15 54	
Sevran-Beaudottes	15 27			15 42			15 57	
Mitry-Claye			15 26			15 41		
Villeparisis			15 30			15 45		
Vert-Galant			15 33			15 48		
▼ Sevran Livry			15 36			15 51		
Aulnay-sous-Bois	15 31		15 40	15 46		15 55	16 01	
Blanc-Mesnil	15 33		15 42	15 48		15 57	16 03	
Drancy	15 35		15 44	15 50		15 59	16 05	
Le Bourget	15 38		15 47	15 53		16 02	16 08	
La Courneuve-Aubervilliers	15 41		15 50	15 56		16 05	16 11	
La Plaine-Stade de France	15 44		15 53	15 59		16 08	16 14	
Gare du Nord	15 50	15 53	15 59	16 05	16 08	16 14	16 20	16 23

图2.18　巴黎RER B线工作日时刻表(局部)

(资料来源：https://www.ratp.fr/en)

2.4.3　伦敦大都会线的快慢车组合运行模式

伦敦大都会线主线起始于贝克街(Baker Street)，终止于山上哈洛(Harrow-on-the-Hill)，含有城市环线(Aldgate-Baker Street)、Uxbridge支线(Harrow-on-the-Hill-Uxbridge)、Northwood支线(Harrow-on-the-Hill-Moor Park)、Watford支线(Moor Park-

Watford)、Amersham 支线(Moor Park-Amersham)。线路全长约 66.7 km,共设置 34 座车站,平均站间距约 2.02 km。伦敦大都会线线路股道配线图如图 2.19 所示。

大都会线的轨道在温布莱公园站(Wembley Park)由两条分为四条,列车按速度的不同分为三种类型:快车(Fast)、半快车(Semi-fast)、慢车(Slow)。快车的路线位于外侧,快车服务(仅往 Amersham 或者 Chesham)及半快车服务(仅往 Watford 或者 Uxbridge)皆不在普勒斯顿路站(Preston Road)及 Northwick 公园站停靠。在高峰时间段,Watford 支线与 Amersham 支线也不在温布莱公园站停靠。过了山上哈洛站后,路线分为慢车及快车两线。快车路线的轨道与国铁路线共用。在山上哈洛和 Moor Park(不含)之间的车站,皆只有慢车月台,仅慢车及半快车(一般驶至 Watford)可停靠。在 Moor Park 站,轨道再次分岔,快车路线继续沿主线驶向 Amersham,慢车路线则转往 Watford。

在工作日中,Amersham 支线和 Chesham 支线在早晚高峰开行快车(行车间隔为 32 min),平峰时则只开行慢车;Watford 支线和 Uxbridge 支线在早晚高峰开行半快车和慢车(行车间隔为 32 min),平峰时则只开行慢车。在周末,Amersham、Chesham、Watford、Uxbridge 等支线均只开行慢车。大都会线快慢车组合运行模式如图 2.20 所示,大都会线行车间隔如图 2.21 所示。

2.4.4　纽约地铁 1 号线与 2 号线的快慢车组合运行模式

纽约地铁部分线路全天 24 小时运行,部分线路按时段运行。纽约地铁配线图(局部)如图 2.22 所示。纽约地铁一共有 26 条纵横交错的线路,这些线路的运行模式各不相同,具体分为四种类型:普通站站停列车(Local Service)、快速列车(Express Service)、跳站快速列车("Skip-Stop" Express Service)、往返通勤列车(Shuttle Service)。

现以其中两条线路为例,对其运行模式介绍如下:

(1) 1 号线为普通列车,发车间隔分别为 3～5 min、4～6 min、5 min、6 min,运营时间为早上 8:00 到夜晚 24:00。1 号线在工作日和节假日的运营方案是一致的。1 号线快慢车的开行方案如图 2.23 所示。

(2) 2 号线为快速列车,发车间隔分别为 4～6 min、5～7 min、6～8 min、7～8 min、7～9 min、8 min、10 min、12 min。运营时间为早上 8:00 到夜晚 24:00。2 号线在工作日和节假日的运营方案也是一致的。2 号线快慢车的开行方案如图 2.24 所示。

2.4.5　费城橙线的快慢车组合运行模式

费城的橙线(Broad Street Subway Line)采用了快慢车开行方案。橙线主线起于蕨岩站(Fern Rock),终于派特森站(Pattison),全长 16.2 km,共设置 22 座车站,除了蕨岩站以外全部位于地下。另有一条宽脊支线(Broad Ridge),长 2.3 km,共设置 2 座车站。橙线按速度分有四种类型的列车:普通车(LOCAL train,停 22 站),快车(EXEPRESS train,停 8 站),宽脊直线列车(BRORD RIDGE SPUR train,停 8 站),活动专车(SPECIAL train,停 8 站)。这种快慢车组合运行模式如图 2.25 所示。

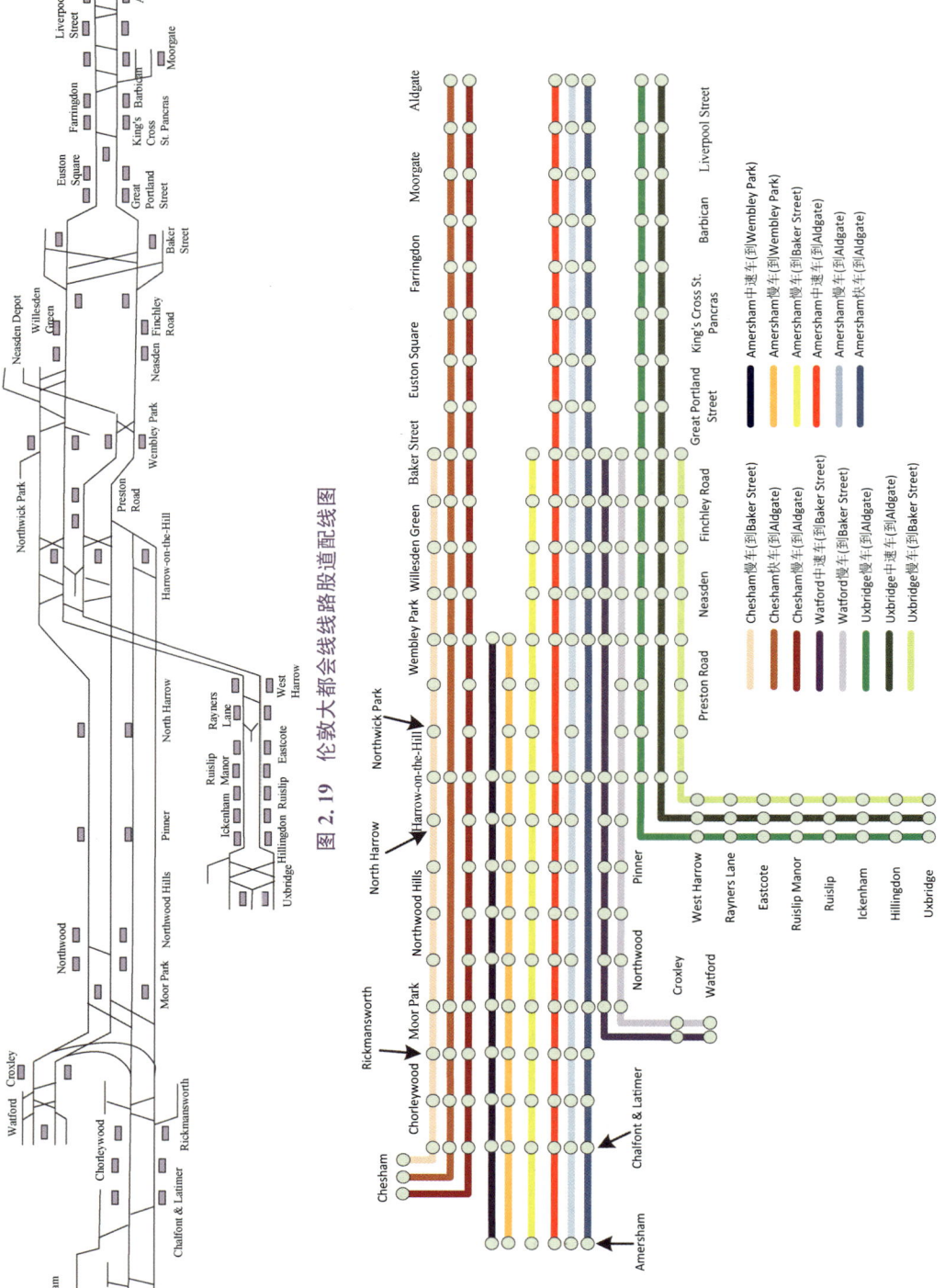

图 2.19 伦敦大都会线线路股道配线图

图 2.20 伦敦大都会线快慢车组合运行模式

SUMMARY OF TRAIN SERVICE INTERVALS				
(Intervals may be wider than those quoted early morning and late night)				
	MONDAYS TO FRIDAYS			
	Morning Peak (SB service) mins	Midday Off-Peak mins	Evening Peak (NB service) mins	20.30 to Finish mins
Chiltern: Aylesbury - Marylebone	14 - 20	30	11 - 22	30
Amersham Line - Fast 快车	32	-	31 - 33	-
Amersham Line - Semi Fast 中速车	32 - 33	-	32 - 33	-
Amersham Line - Slow 慢车	-	30	-	30
Chesham Line - Fast	31 - 32	-	27 - 33	-
Chesham Line - Slow	-	30	-	30
Watford Line - Semi-fast	6 - 15(d) 提前2min 到达	-	5½ - 11(d)	-
Watford Line - Slow	15 - 17	15	32	15
Uxbridge Line - Semi-fast	32	-	-	-
Uxbridge Line - Slow	4½ - 13	7½	5 - 11	7½
All Stations (Harrow-on-the-Hill - Baker Street)	5 - 5½	3½ - 4	5 - 6	3½ - 4
Fast (Harrow-on-the-Hill - Baker Street)	5 - 5½	-	5 - 6	-
Through City Service	2½ - 3(b)	5 - 10(a)	2 - 5	5 - 10(a)
Baker Street - Aldgate	2 - 3(b)	2½ - 5(b)	2 - 3(b)	2½ - 5(b)

图 2.21 伦敦大都会线行车间隔

（资料来源：https://tfl.gov.uk/）

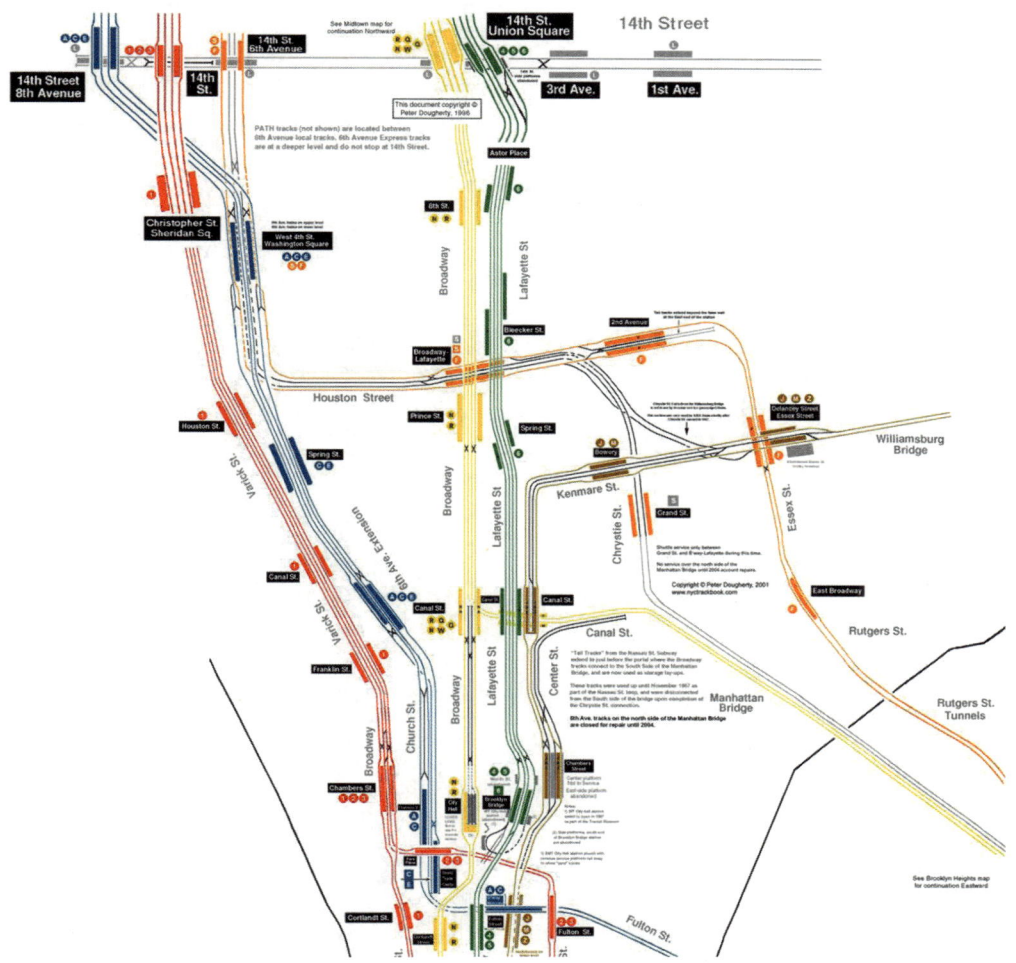

图 2.22 纽约地铁配线图(局部)

（资料来源：https://www.nycsubway.org/）

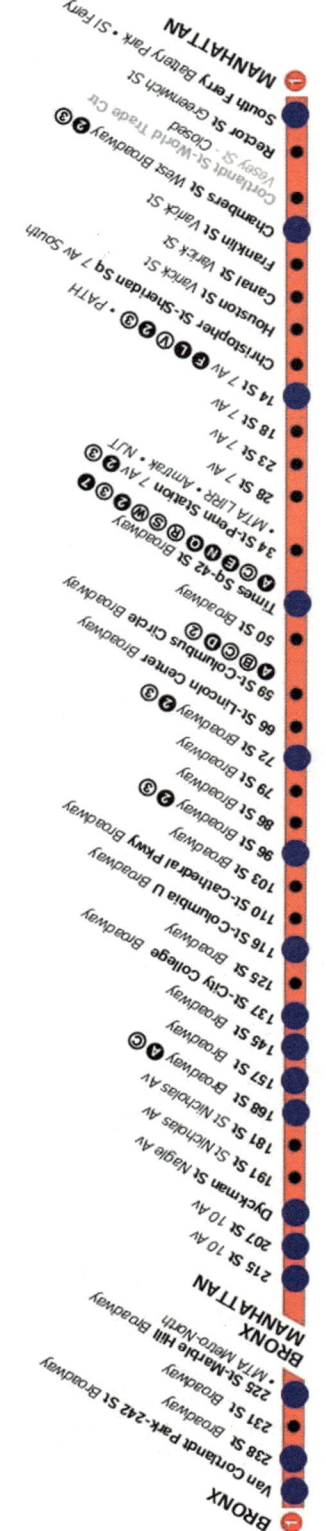

图 2.23 纽约地铁 1 号线快慢车开行方案

(资料来源:https://www.nycsubway.org/)

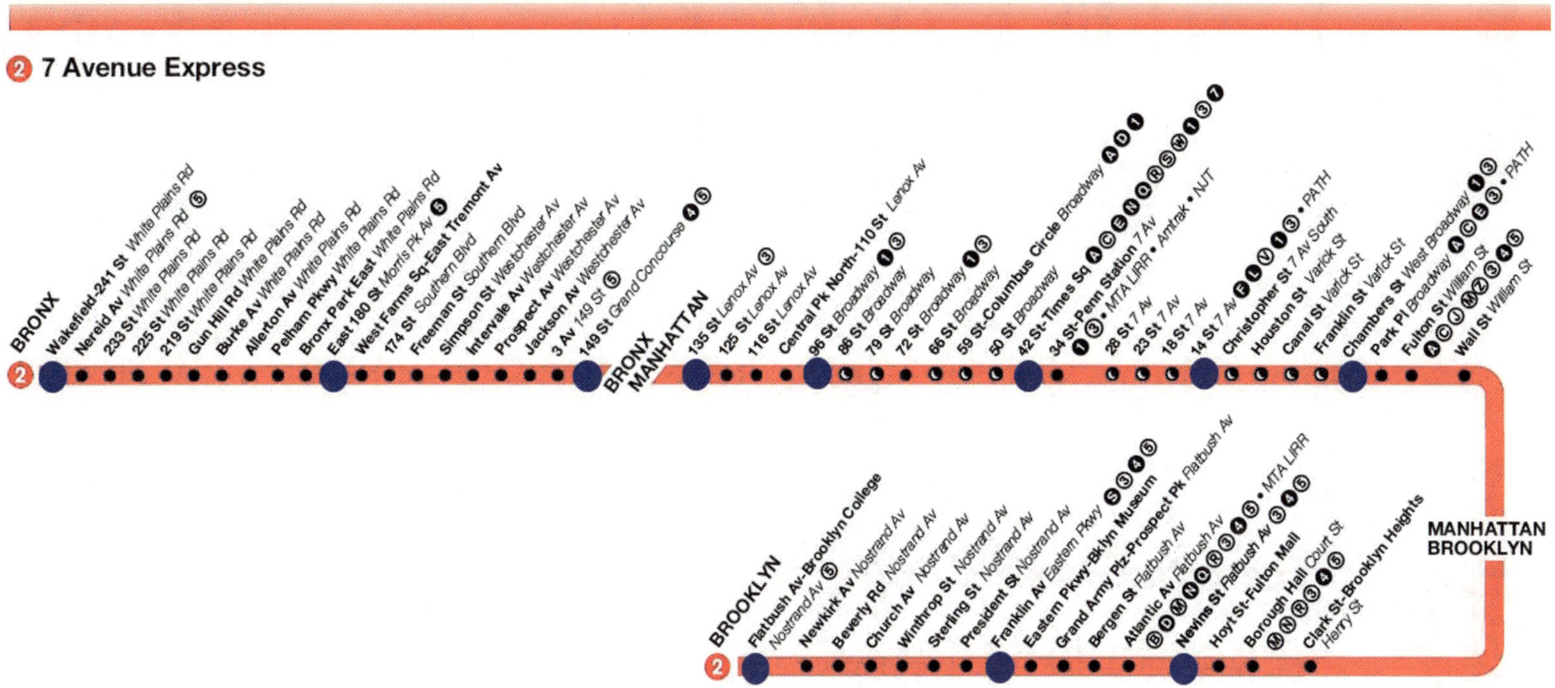

图 2.24 纽约地铁 2 号线快慢车开行方案
（资料来源：https://www.nycsubway.org/）

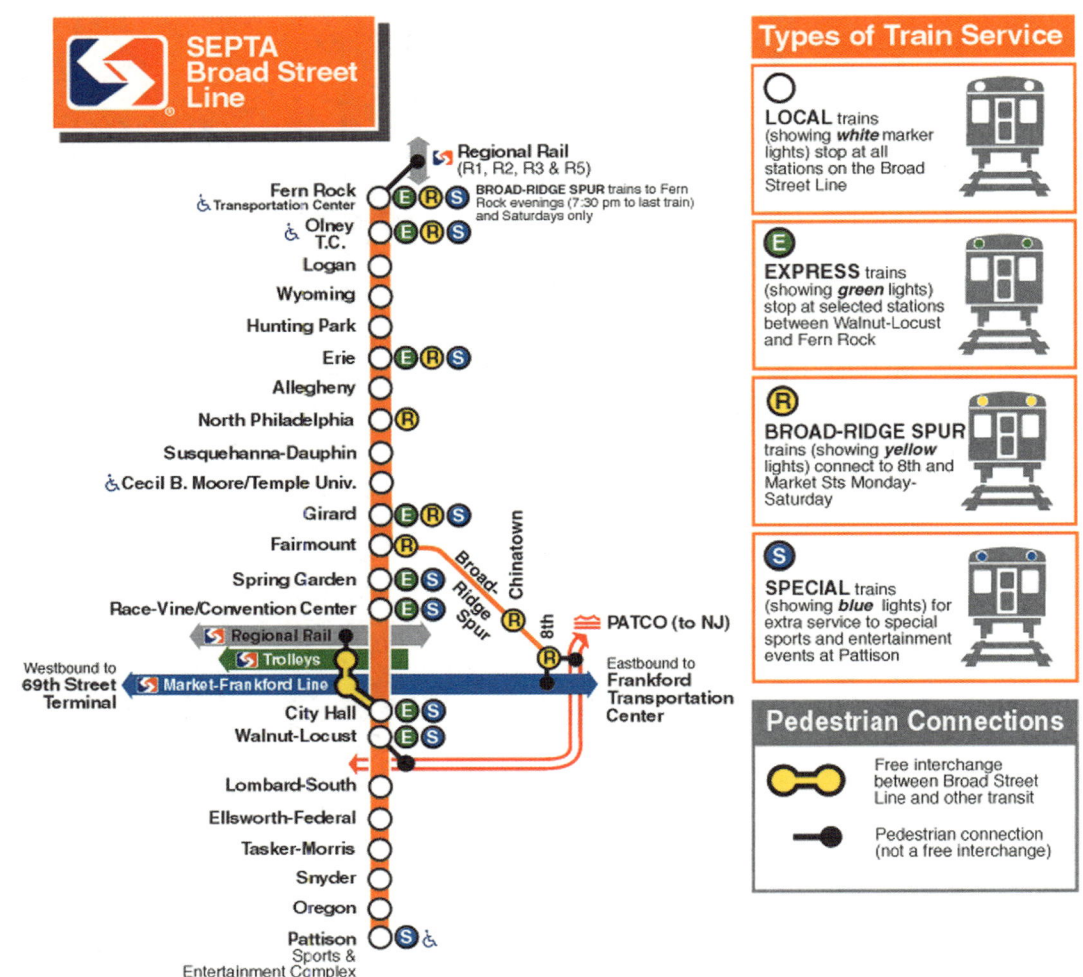

图 2.25　费城地铁快慢车组合运行模式

(资料来源：https://iseptaphilly.com/blog/nrgstation)

2.4.6　经验总结

从上述国外城市轨道交通线路组织快慢车组合运行的经验中，可以发现：

(1) 快慢车组合运行开行方案主要有两类。第一类是快车通过提高运行速度来缩短旅行时间；第二类是列车在区间的运行速度保持一致，快车通过减少停站数量来缩短旅行时间。在城市轨道交通系统中，第二类方式较为普遍，如东京的京成线、都营浅草线、京王线，伦敦的大都会线，巴黎的 RER B 线以及费城的橙线等。

(2) 在没有设置越行站的线路上也可以组织开行快慢车。在行车间隔大的条件下，快车可以有条件地选择某些车站跳站通过，以提高旅行速度，但前后行列车的先后顺序不发生变化(即快车不会越行慢车)。例如，巴黎的 RER B 线就在不同区段与不同时间段内开行了部分跳站停的快车。

(3) 区间正线股道数量对快慢车开行的影响。根据区间股道的数量不同,快慢车开行方案有较大差异。当区间为两股道时(如东京的京成线),列车越行过程必须在越行站实现。但如果区间有四股道时,列车越行过程可以在区间进行,快慢车的开行过程相互干扰少(如伦敦的大都会线部分区段以及纽约的大部分线路)。

(4) 快慢车组织形式的多样性。快慢车列车开行方案以客流需求为基础,快车的停站方案具有多样性,在同一时段的不同列车其停站方案可能不同,在同一天不同时间的同类型列车其停站方案也可能不同。

2.5 我国市域(郊)铁路的发展现状与规划

2017年6月,国家发展改革委联合交通运输部等多部门发布《关于促进市域(郊)铁路发展的指导意见》(发改基础〔2017〕1173号),要求根据中华人民共和国国民经济和社会发展第十三个五年规划纲要和《城镇化地区综合交通网规划》的要求,有序推进市域(郊)铁路发展,并公布了第一批试点项目(表2-1)。

表2-1 市域(郊)铁路第一批试点项目

序号	项目名称	所在省(区、市)	项目类型	备注	开通时间
1	副中心线(北京西站至通州站)	北京	利用既有铁路开行列车	正在推进相关工作	2017-12-31
2	S5线(黄土店站至怀柔北站)	北京		正在推进相关工作	2017-12-31
3	金山铁路(莘庄站至金山卫站)	上海		试运营	2012-09-28
4	天津至蓟州	天津		试运营	2015-04-30
5	北京至蓟州	北京、天津		正在推进相关工作	—
6	天津至于家堡	天津		试运营	—
7	诸暨至杭州东	浙江		试运营	—
8	宁波至余姚	浙江		试运营	2017-06-13
9	福田至深圳坪山	广东		试运营	2017-01-05

(续表)

序号	项目名称	所在省（区、市）	项目类型	备注	开通时间
10	温州S1线一期工程（温州南至半岛）	浙江	利用既有线新建铁路	国家批复规划，已开工	—
11	虹桥机场至浦东机场	上海	新建铁路	拟纳入城市轨道交通建设规划报批后实施	—

资料来源：《关于促进市域(郊)铁路发展的指导意见》。

根据以上指导意见与试点项目，各城市也纷纷对管辖区域内的市域(郊)铁路进行了规划。

(1) 北京。《北京市"十三五"时期交通发展建设规划》提出要推动京津冀交通一体化发展，构建以轨道交通为主的客运走廊，强化国家干线铁路、城际铁路、市域(郊)铁路和城市轨道的高效衔接。推动建设市域(郊)铁路网络，围绕有序疏解北京非首都功能及京津冀区域产业布局，推进市域(郊)铁路建设，加强中心城与新城及北京周边主要城镇之间快速交通联系，重点推动北京东北、南部平原地区的市域(郊)铁路建设。

(2) 上海。上海市规土局会同市发改委、市交通委、申通集团等相关部门于2016年4月在召开的2016年两会建议提案办理专题座谈会上提出上海轨道交通总长度有望达到3个"1000 km"，其中包括市域铁路(干线铁路、城际铁路)1 000 km，与地铁、轻轨形成互补，共同为上海市域内的中长距离出行提供交通服务。

《上海市综合交通"十三五"规划》提出在市域(郊)铁路方面的两个发展方向。一要大力完善新城交通体系，进一步加强新城自身交通体系建设，构建新城与中心城、新城之间、新城与近沪地区多层次交通联系通道，研究利用既有铁路资源开行市域列车，建设市域(郊)快速轨道交通骨干网络；二要加快完善机场集疏运系统，深化研究机场快线，推进连接两场的市域(郊)快速轨道交通线路建设，进一步做好轨道交通、地面公交与航班的衔接服务，巩固提升亚太航空枢纽港地位。

(3) 成都。《成都市综合交通运输"十三五"规划》提到要推进成灌(彭)铁路、成蒲铁路等市域(郊)铁路的公交化运营，推动实现安检互信和票制协同；积极利用成绵乐城际、成渝客专、遂成铁路等既有铁路富余能力，增加动车开行对数和境内停靠列车的数量，创新开行铁路公交化列车服务城市通勤交通模式。

以下选取几条具有代表性的市域(郊)铁路进行简单介绍。

1. 上海金山线

金山铁路是上海市境内第一条部、市合作，在原有单线铁路基础上，通过新建复线、提速既有线路等改建成为开行动车组的市域铁路。线路自上海南站至金山卫站全长56 km，设8个办客站，铁路等级为国铁Ⅰ级，设计速度为160 km/h，自动闭塞。项目总投资约40.8亿元。工程于2009年8月开工，2012年9月28日建成通车。

金山铁路连接上海徐汇、闵行、松江、金山四个区,该铁路建设增强了金山、松江等郊区城镇与中心城区的交通联系,对于完善城市综合交通网络、方便交通出行、提高郊区出行质量、推动城乡一体化和城市集约化发展具有积极的作用。

金山铁路自开通以来,不断优化完善列车运营模式。2018 年,CRH-6 型动车组已上线运行,工作日开行动车组 37 对,双休日和节假日开行动车组 36 对,采取一站直达、大站停和站站停三种运行模式,运行时间分别为 32 min、42 min 和 60 min。金山铁路在全国首创铁路火车票和公共交通卡兼容的票务系统。票价执行优惠政策,起步价 3 元,全程 10 元。列车上实行全程不对号,不限定具体车次与座席。自开通以来,日均客流从开行初期的 1.3 万人次,增至 2018 年的逾 3 万人次,共计发送旅客超过 5 000 万人次,年平均增长 15%。

2. 北京 S2 线

北京市目前由中心城区和周围 10 个卫星城镇组成,面积约 16 411 km^2,截至 2022 年常住人口约 2 184 万人。按照规划,北京将在 2020 年建设 6 条市郊铁路,分别通往北京的东部、东北部、西部、西北部、南部和西南部。其中,第一条市郊铁路为 2008 年 8 月 6 日开通运营的北京北到延庆的 S2 线。该线全长 82 km,是通过既有的京包铁路、京通铁路和康延支线改造建成的,共有 14 座车站,平均站间距为 5.9 km,全程约需 1 h 20 min。S2 线本是为了输送通勤客流,但因站点设置距居民聚集区域较远,所以通勤客流较少,反而探亲、出游和购物的客流占比较大,占总客流的 66.5%。

3. 广州市域快线

广州率先在 2005 年底开通了 3 号线首通段,2006 年底开通了 3 号线一期工程(广州东站—番禺广场)。这是国内第一条采用最高运行速度 120 km/h 车型的市域快线,实现番禺至中心区(番禺广场—体育西路)30 min 通达,旅行速度达到了 50 km/h。这种模式最大的特点是中心区外围采用大站间距,充分发挥了速度优势,为市民提供长距离的快速出行。开通以来,3 号线客流实现迅猛发展,2021 年 8 月,3 号线日均客运量约 150 万人次,平均运距约 9.9 km,客运密度约 22.2 万人·km/(km·d),形成了以地铁站点为中心的高强度开发和交通接驳。

经过多年的运营实践,在后续的规划建设中,广州进一步完善了市域快线网络,在 3 号线与 13 号线形成南北和东西十字快线的基础上,增加了 14 号、21 号、18 号、22 号线,分别形成往从化、增城、南沙方向放射的市域快线,并在各线路中全面采用了快慢车组合运行模式,为乘客提供了差异化的出行方式,实现了外围组团至中心区更为快速的联系。

4. 温州 S1 线

2011 年 7 月 11 日,温州市市域铁路 S1 线的一期项目获浙江省发改委立项批复。该项目西起桐岭站,经温州南站向东至机场、灵昆半岛二站,全长 52.2 km,速度目标值为 120 km/h,全程运行时间预计可控制在 50~70 min。S1 线是温州市域铁路网中重要的一条主干线,贯通鹿城区、瓯海区、龙湾区、瓯江口新区等各大组团,是温州火车南站、温州西站、城市公交中心站、温州机场等不同交通站场的纽带。温州市市域铁路是我国具有创新性、引领性以及先行先试意义的轨道交通项目。国家发改委提出要求,要将温州作为市域铁路建设先行先试城市,建设成为市域铁路全国示范工程。

  我国虽在北京、上海、广州等地进行了发展市域铁路的尝试,但效果并不显著。主要原因是国家层面缺乏顶层设计的引领,缺乏发展规划的指导;在规划、设计、建设和运营等方面,缺乏系统的规范、标准体系,全国各地可谓百花齐放。近年来,为解决我国大城市公共交通问题,市域铁路的发展越来越受到关注,国家部委也相继出台了一些文件,越来越多的地方政府也开始编制市域铁路规划,尝试市域铁路的建设。这些都为我国市域铁路的快速、健康发展创造了基础和条件。

3 | 互联互通条件下市域快线的线路配线方案及能力分析

市域快线线路应按其在运营中的作用分为正线、配线和车场线。配线包括联络线、到发线、车辆基地出入线、折返线、停车线、渡线和安全线等。市域快线的折返站、接轨站和越行站的基本要求、配线方案和能力分析都应该适应互联互通运行的要求。本章重点研究各类车站在互联互通条件下的配线方案，以及基于CBTC的市域快线追踪间隔时间的计算方法，分析不同越行站的站型选择对通过能力的影响。

3.1 折返站

终点站折返线可采用站前折返或站后折返方式;当按运营要求设置中间折返线时,可采用站后折返或站前第三线折返方式。折返线形式应根据系统设计能力、工程实施条件、发车停车数量、运营故障救援等综合确定。

折返线与停车线设置应符合下列规定[1]:

(1) 折返线应根据行车组织交路设计确定,起点、终点站和中间折返站应设置列车折返线。

(2) 折返线布置应结合车站站台形式,可采用站前折返或站后折返形式,并应满足列车折返能力要求。

(3) 远离车辆段或停车场的尽端式车站配线,除应满足折返功能外,还应满足故障列车停车、夜间存车和工程维修车辆折返等功能要求。

(4) 折返线、故障列车停车线有效长度(不含车挡长度)应根据信号制式、行车组织等要求确定。

3.1.1 折返站的基本要求

折返站配线形式与折返能力直接相关,通过增设道岔和股道来增加平行进路,可以有效提高折返能力,但会提高造价。由于相互衔接的交路下的列车折返方式比较复杂,车站设置不但要考虑满足不同交路的折返要求,又要方便旅客换乘,因此,衔接交路条件下的车站设置不同于终点式的折返站,也不同于开行大小交路嵌套的折返站。

列车折返站的配线在正常运营时主要用于折返列车,其折返配线根据车站位置和折返能力的不同有若干不同的形式。一般情况下,终点站所采用的折返形式比较灵活,以站前或站后两种形式的折返配线为主。中间折返站位于线路中间,配线的设置既要考虑折返能力的要求,还要考虑折返列车与正线列车的合理运行顺序和间隔。折返配线的形式多种多样,在具体工程中应根据运营需求和工程实施的可行性综合考虑,既要满足基本运营需求,又要保持一定的灵活性。

对于共线运营的线路,由于受多类交路的相互影响与制约,终端折返站应能满足不同运行间隔以及长时间折返停留的要求。在国外共线运营的线路中,终端站的折返大多以站后折返或混合折返为主。图 3.1—图 3.4 为德国汉堡地铁 1 号线和慕尼黑地铁 3 号、6 号线的线路走向和车站配线示意图,从图中可以看出,这些线路的终端折返站和接轨站的设计都很复杂。需要说明的是,汉堡地铁 1 号线主支线列车在早高峰前和晚高峰后采用共线段重联运行、支线分开运行的模式,这种开行方式有效地解决了共线段通过能力的问题(目前高峰共线段间隔 5 min)。

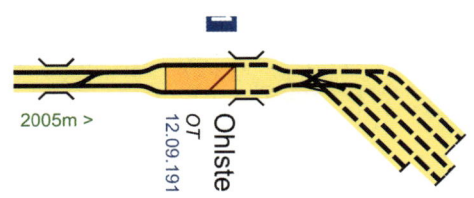
图 3.1　汉堡地铁 1 号线 Ohlste 终点站配线示意
（资料来源：https://www.gleisplanweb.eu/）

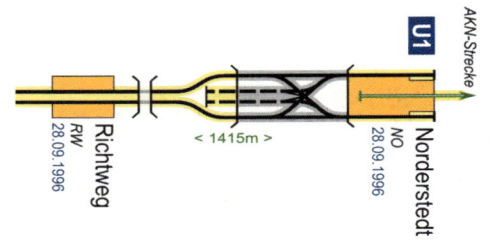
图 3.2　汉堡地铁 1 号线 Norderstedt 终点站配线示意
（资料来源：https://www.gleisplanweb.eu/）

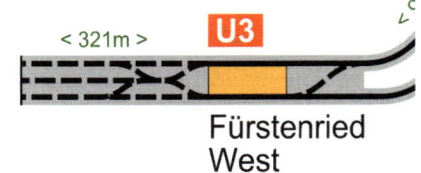
图 3.3　慕尼黑地铁 3 号线 Moosach 和 Fürstenried West 终点折返站配线示意
（资料来源：https://www.gleisplanweb.eu/）

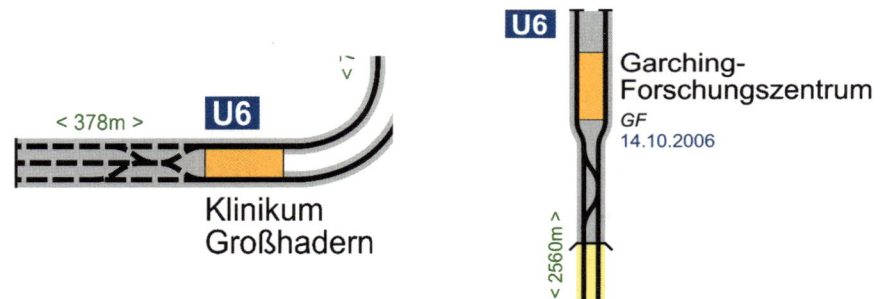
图 3.4　慕尼黑地铁 6 号线 Klinikum Großhadern 和 Garching-Forschungszentrum 终点折返站配线示意
（资料来源：https://www.gleisplanweb.eu/）

3.1.2　折返站的配线方案

配线的合理设置是保证折返站列车安全运行、提高折返效率和运营组织灵活性的重要保证。折返线的主要功能是组织列车折返，实现列车的循环周转运行。折返线应根据行车组织交路设计而确定，起、终点站和中间折返站应设置列车折返线，折返线布置应结合车站站台形式，并综合考虑车站地形、工程造价等因素，同时应满足列车折返能力要求。

按折返形式不同，城市轨道交通线路中折返站的基本站型可分为站前折返、站后折返、环形折返和混合折返四种。图 3.5 所示为柏林、巴黎、伦敦、莫斯科和上海这 5 个城市最为常用的几种折返站布局形式。

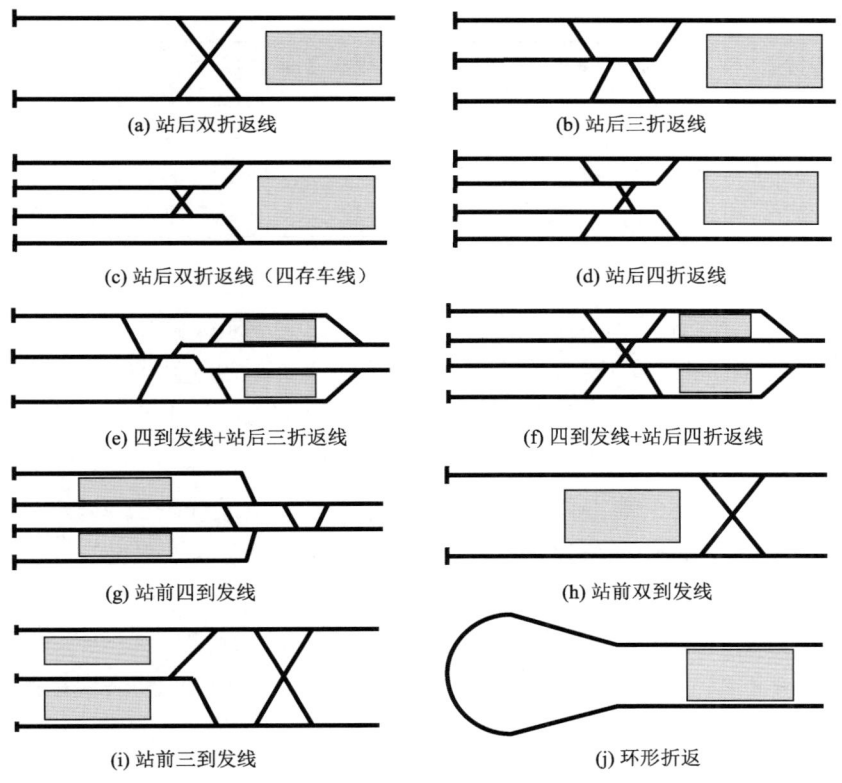

图 3.5 国内外折返站基本站型图示

能力适应性、工程实现难易度、经济性、运营灵活性、发展适应性是评估折返站设计方案的 5 个关键指标。能力适应性指折返能力在满足基本折返作业的基础上，应对突发客流或故障的适应能力。工程实现难易度指配线设计方案建设的难易程度，比如对地形条件的要求、线路的复杂程度等。经济性指车站的占地、建设和维护成本。运营灵活性指配线设计适应不同运输组织方案和运营调整的能力。发展适应性指折返站配线满足目前其在线路中的定位和未来线路发展需要的能力。

图 3.5 所示的站型布置在能力适应性、工程实现难易度、经济性、运营灵活性、发展适应性等方面都有其各自的特点。按优良程度由低到高为差、一般、较优、优对各项指标进行评价，可以得出上述几种典型站型的评价，如表 3-1 所示。

表 3-1 几种典型折返站站型的评价

类型	站型描述	代表城市	能力适应性	工程实现难易度	经济性	运营灵活性	发展适应性
(a)	站后双折返线	上海	一般	较优	优	差	差
(c)	站后双折返（四存车线）	莫斯科、上海	一般	一般	较优	较优	优
(d)	站后四折返线	柏林	优	一般	较优	优	优

(续表)

类型	站型描述	代表城市	能力适应性	工程实现难易度	经济性	运营灵活性	发展适应性
(h)	站前双到发线	上海	差	优	优	差	差
(i)	站前三到发线	伦敦	较优	较优	较优	一般	一般
(j)	环形折返	巴黎	优	一般	差	优	优

由表 3-1 可以看出,站后双折返线的站型(a)虽然在工程实现难易度与经济性上达到优以外,在能力适应性、运营灵活性和发展适应性上表现不佳;站后双折返线(四存车线)的站型(c)较站型(a)多设置了两条存车线,有利于存放备车,在远期发展中也可以延伸作为正线使用,使其在运营灵活性和发展适应性上有很大的提升;站后四折返线的站型(d)相比较站型(c),增设了两组渡线,虽然车站规模有所增加,但四条折返线均可以用来折返或存车,大大提升了折返的能力和运营的灵活性。站前三到发线站型(i)较站前双到发线站型(h)增加了一个站台和一条到发线,因此平行进路的组合数大幅增加,车站大部分接发列车作业的交叉干扰可以疏解,但仍然存在某些列车接发作业车的冲突,因此在运营灵活性和发展适应性上都表现不佳;环形折返站型(j)最突出的优点是将列车的接车与发车作业转化为列车追踪过程,因此在能力适应性和运营灵活性等方面的表现是最优的,但在经济上没有优势。

3.1.3 折返能力

车站折返能力一般是指折返车站在单位时间(h)内能够满足列车折返的最大列车数。车站折返能力由折返站列车接入或发出的最大折返间隔决定。

车站折返能力计算公式为

$$n^T = \frac{3\,600}{\max(h^{in}, h^{out})} \tag{3-1}$$

式中,n^T 为 1 h 内可以折返的列车数,即折返能力;h^{in} 为车站折返过程可以接入的最小间隔时间;h^{out} 为车站折返过程可以发出的最小间隔时间。

1. 折返能力影响因素

折返能力除了与车站的配线方案和信号制式有关外,也与折返方式、折返模式、停站作业时间、技术作业时间、富余时间分配以及到发均衡性等因素有关。

2. 折返能力计算方法

图解法是折返能力分析的基础,针对站前固定折返线折返、站后固定折返线折返、站前交替折返能力计算的方法可以参考《城市轨道交通网络列车运行组织与管理》(同济大学出版社,2018)。

由于市域快线通常采用混合型的配线方案,其折返能力的计算相对较为复杂。以图 3.6 所示的配线方案为例,假设混合折返时站前站后列车开行比例为 2∶1,混合折返的过程为：列车 1 先经过侧向道岔接 T1，然后列车 2 接入 T2，列车 1 停够停站时间后从 T1 发出，列车 1 离开车站后，列车 3 接入 T1，列车 3 停够停站时间后从 T1 发出，列车 3 离开车站后，列车 2 接入 T1，列车 2 停够停站时间后从 T1 发出，列车 4 先经过侧向道岔接 T1，然后列车 5 接入 T2，从而形成一个循环。

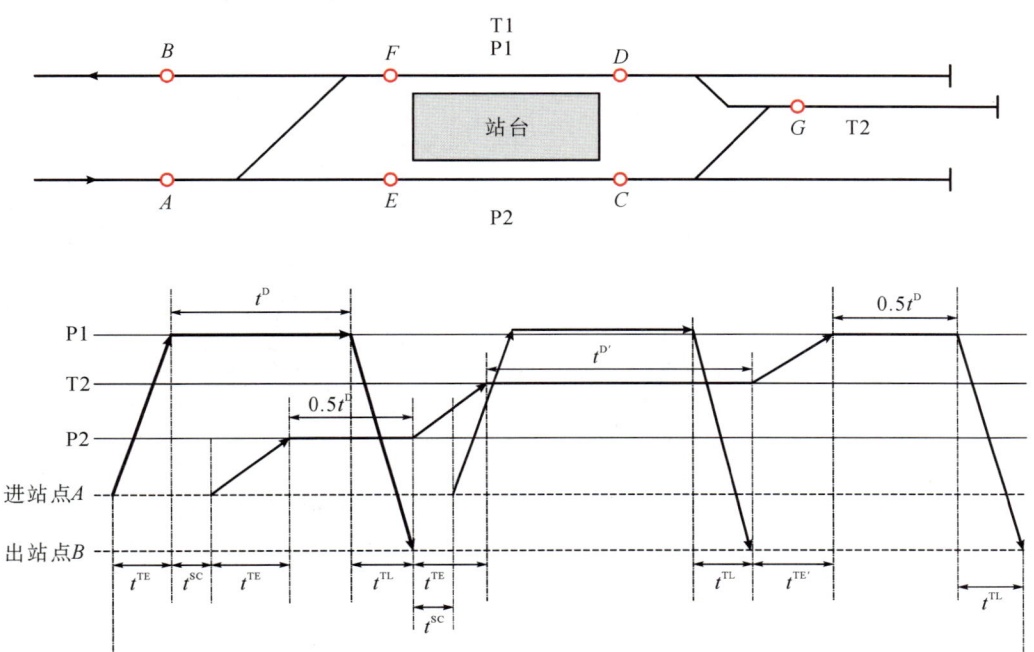

图 3.6　站前站后 2∶1 混合折返模式时间间隔图解法示意

整个作业过程中，列车之间的冲突作业过程都需要满足给定的安全间隔时间 t^{SC}（包括进路解锁、新进路开放和信号确认等时间），假设列车的进站运行过程时间为 t^{TE}，出站运行过程时间为 t^{TL}，停 T1(折返)作业时间为 t^{D}，停 T2(折返)作业时间为 $t^{D'}$，T2 进入 P1 的运行过程时间为 $t^{TE'}$，则站前站后 2∶1 混合折返的周期计算公式为

$$T = 2t^{SC} + 2t^{TE} + 3t^{TL} + t^{TE'} + 2.5t^{D} \qquad (3-2)$$

站前站后 1∶1 混合折返的过程如图 3.7 所示，详细的折返过程为：列车 1 先经过侧向道岔接 T1，然后列车 2 接入 T2，列车 1 停够停站时间后从 T1 发出，列车 1 离开车站后，列车 2 在完成技术作业后接入 T1，列车 2 停够停站时间后从 T1 发出，列车 3 先经过侧向道岔接 T1，然后列车 4 接入 T2，从而形成一个循环。

整个作业过程中，列车之间的冲突作业过程都需要满足给定的安全间隔时间 t^{SC}（包括进路解锁、新进路开放和信号确认等时间），假设列车的进站运行过程时间为 t^{TE}，出站运行过程时间为 t^{TL}，停 T1(折返)作业时间为 t^{D}，停 T2(折返)作业时间为 $t^{D'}$，T2 进入 P1 的运行过程时间为 $t^{TE'}$，P2 进入 T2 的运行过程时间为 t^{TE}，则站前站后 1∶1 混合折返的周期计算公式为

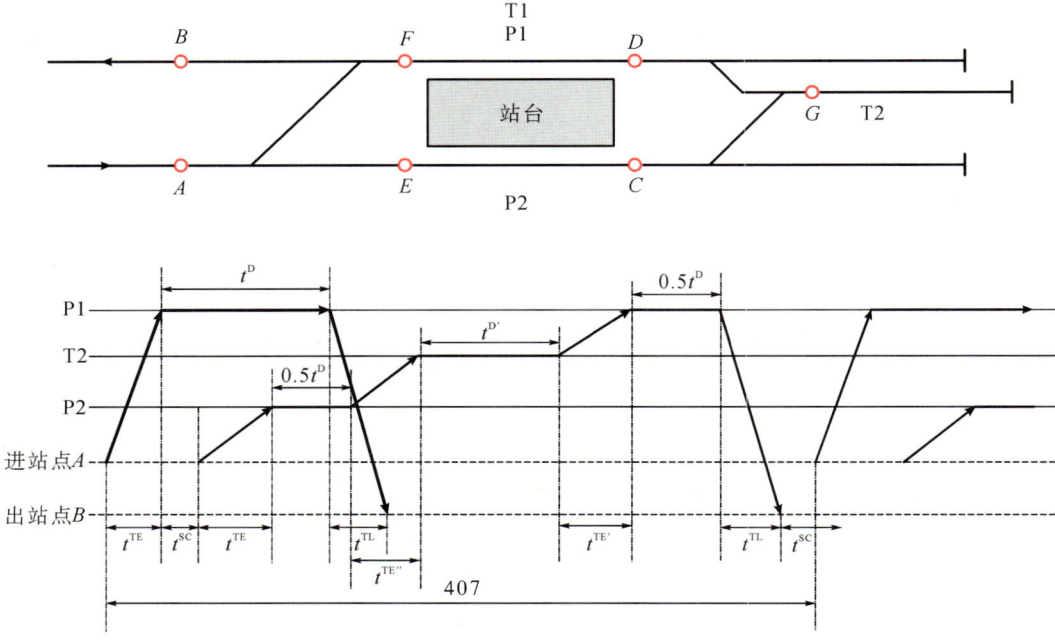

图 3.7 站前站后 1∶1 混合折返模式时间间隔图解法示意

$$T = 2t^{SC} + 2t^{TE} + t^{TL} + t^{TE'} + t^{TE''} + t^{D} + t^{D'} \tag{3-3}$$

3. 市域快线折返能力加强措施

市域快线通常采用快慢车运营组织方案,当行车密度较高时,车站的折返能力往往会成为限制通过能力的关键。加强市域快线列车折返能力的措施主要如下。

1）改变折返方式或折返模式

改变折返方式或折返模式包括：将站前折返方式改成站后折返方式,将固定折返线折返改成交替折返,将固定折返改成站前站后混合折返等。

2）改造折返线的配线形式

折返线的配线形式与折返能力直接相关,通过增加道岔和股道来增加平行进路可以有效增加折返能力。如将单一的站后折返形式改成站前站后混合的折返形式,减少线路两端折返站对全线通过能力的限制,可以在很大程度上提高折返能力,如图 3.8 所示。

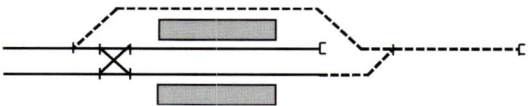

图 3.8 站前折返改造成混合折返的站型

3）修建折返能力更大的折返站

虽然车站配线设计优化已经在相关的设计规范中加以规范,但目前我国大多数线路折返站主要还是从如何减少建设成本的角度来设计的,对折返线在运营过程中运输调整的灵活性和远期能力的适应性考虑还存在不足。城市轨道交通折返站配线设计与线路客流特征和线路的开行方案密切相关,在线路设计和运营初期阶段是很难预估未来客流的变化的。车站作为城市轨道交通系统的一项关键固定设备,是一项百年大计的工程,其规模与配线方式的选择需要在设计时进行充分认证评估,充分预留发展的空间。

国外如德国、英国、法国、俄罗斯等的城市轨道交通系统发展历史非常长,受客流与运输组织条件的影响,一些线路的车站也经历了信号升级和线路改造的过程,但大部分线路的车站仍然保留着100多年前的设计方案[7]。

折返能力最大的车站通常设计成混合型折返站,如站后+站前、环形+站前、环形+站后等,这些车站除了具有车站规模较大和占地面积较大的特点外,在能力适应性、运营灵活性和发展适应性方面也具有突出优势,如柏林地铁的 Alt-Tegel 站(图 3.9)和巴黎地铁的 Porte des Lilas 站(图 3.10)就是这种类型。随着我国城市轨道交通客流量的猛增,部分线路行车密度越来越高,在这些线路上使用混合折返站型最为合适。

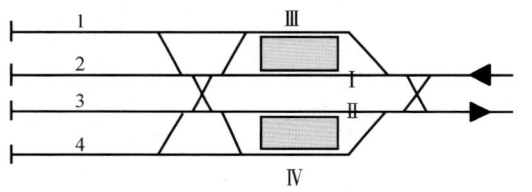

图 3.9 柏林地铁 Alt-Tegel 站(站后+站前混合站型)的配线示意

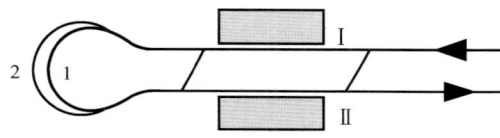

图 3.10 巴黎地铁的 Porte des Lilas 站(环形+站后+站前)的配线示意

4)改变站台结构

改变站台结构是将站台设置成一岛一侧式站台,如图 3.11 所示,增加旅客上下车通道,缩短乘客上下车总时间,加速列车的折返周转。该措施一般适用于地面线路情况,由于土建工程量较大,是否必须采用该措施应在与其他扩能方案的技术经济比较后确定。

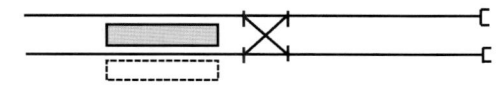

图 3.11 改变站台结构的示意

5)改变折返站控制方式,压缩进路时间

(1)优化折返站的道岔与轨道电路设计。例如将渡线道岔按两个单动道岔设计、将站内轨道电路分割等;这些措施能减少列车等待进路空闲情况,缩短列车的折返时间。

(2)折返站采用自动信号设备。根据列车折返情况自动进行道岔转换、排列进路、信号开放及进路解锁等作业,减少列车在折返作业中办理转线或接车进路时间,从而提高折返效率。

6)优化调度组织

优化调度组织是指在实际运行中,由列车调度员调整发车时间,将一部分列车提前发向区间,清出发车线。当前行列车已经清空出发站线,而续行列车还未进入折返线或在折返线停留过程中时,可将折返线上预置的周转列车发出。

7）调整司机轮换方式

调整司机轮换方式要在折返站设置替换司机。站前折返时，在列车进站后，替换司机直接到尾端驾驶室接管列车；站后折返时，在列车进站后，替换司机直接到尾端驾驶室跟随列车进入折返线，列车到折返站停稳后，替换司机再接管列车，原来在前端驾驶的司机跟随列车出折返线到站台后下车休息。这种轮换方式可以消除司机更换驾驶室行走时间的消耗，缩短列车在折返线的作业停留时间，从而提高折返能力。

8）采用自动折返

在具备自动折返的线路上，站后折返模式下，由列车自动完成折返，也可以有效缩短折返的技术作业时间，提高折返能力。

3.2 接轨站

接轨站是指连接主线与支线的轨道交通车站，其基本特征是将主线与支线进行联通，从而形成联通型轨道交通网络。事实上，从车场连接正线的车站也属于接轨站的一种类型。接轨站在互联互通的线路中具有重要的地位，其配线设计的方案对列车开行以及运营调整方案有较大的影响。

3.2.1 接轨站的基本要求

线路接轨应符合下列规定[3]：

（1）新线与既有线接轨，应保证主要去向的列车不改变运行方向通过接轨点。

（2）新线、新建岔线不应在区间内与正线接轨。当互联互通的线路在区间内与正线接轨时，在接轨地点应设置车站。

车辆基地与正线的连接站也是一类接轨站，车辆基地出入线设置应符合下列规定[3]：

（1）出入线宜在车站端部接轨，在接轨点外应具备一定停车条件。

（2）出入线应按双方向进路设计，与双方向正线联通，并避免与正线平面交叉。

（3）车辆基地的出入线数量应与正线间的收车、发车作业进行运行组织和能力验算，保证正线高峰小时的设计运能。

（4）出入线应设置双线，规模较小的车场，其工程实施确因受条件限制时，在不影响功能和行车能力的前提下，可采用单线双向设计。

在接轨站的行车组织应注意以下几点：

（1）由于列车要通过接轨站跨线运行，因此共线接轨站站型设计相对要求较高，车站设计也可能相对较复杂，且接轨站可能成为通过能力的瓶颈。

（2）在接轨站，当一条线路上的列车发生延误时，要尽量保持另一线路上的列车正常运行。

（3）车站作业应及时，必要时应组织车站快速作业，压缩停站时间，提前或推迟延误列车的发车时间等，减少列车延误，尽量恢复列车正点。

（4）当一条线路上的列车由于车辆、设备故障或其他原因而不能正常运行，造成站台上乘客拥挤时，应采取扣车措施，即将另一线路上的列车扣在附近的各个车站，以缓解接轨站的压力。

（5）接轨站行车组织方式复杂。针对不同客流特点，需设计不同的合理运营方案。由于共线运行时，轨道交通网络系统的能力主要取决于共线区段线路的通过能力，因此会造成线路列车运行的不均衡。在接轨站存在交叉干扰时，相关线路上的列车运行相互影响较大。

（6）客运组织工作复杂。非共线区段列车运行间隔较长，将影响到非共线客流的出行。共线运行区段的客运组织工作相对复杂，为保证乘客能够有方便的乘车、换乘条件，采用共线运营的线路车站应设置清晰的乘客导向标志和信息公告系统。同时，采用共线运营的线路，其售检票系统应互相兼容，方便乘客一票出行。

接轨站设置需在满足能力要求下，合理组织客流、车流，充分利用线路运输能力。具体原则如下：

（1）满足各方向列车同时接发车要求。为了提高接车能力，考虑到列车到站时刻重叠，接轨站需要增加可接发列车的配线，满足同时接发列车的要求。

（2）满足线路设计输送能力要求。由于接轨站作业的复杂性，作业时间较长，两线输送能力受接轨站通过能力的制约，接轨站应适当增设配线，尽量缩短列车在站作业时间，实现站线能力的协调。

（3）节省工程投资。车站投资占项目投资比重较大。接轨站一般设置在市区，在建筑用地和空间占用上受到制约因素更多，因此，接轨站布置既要求满足运营需求又要力求工程节省。

（4）方便旅客旅行，提高客运服务质量，减少旅客换乘次数。

（5）创造良好的行车组织条件，保证共线运营行车畅通。

（6）应考虑对周围环境的影响，尽量降低接轨站设置对周围居民生活环境的不利影响。

3.2.2 接轨站的配线方案

接轨站的配线方案与接轨站的联通方向和数量有关，互联互通条件下基本的接轨站可分为 Y 形接轨站和 X 形接轨站。

1. Y 形接轨站

Y 形车站是指一条主线分叉为两条支线的车站，如图 3.12 所示，能实现一个方向与另外两个方向的贯通运行，其实质是一条线路的终点站与另一条线路的中间站对接，一般应用于 Y 形线路中,在国内外较为常见,主要配线形式有一岛一侧三线车站和双岛四线车站。

一岛一侧三线车站规模较小,可满足 30 对/h 的设计能力,缺点是支线无独立运营的条件,必须开行 Y 形交路,支线的设计能力较低,主要案例有北京燕房线的饶乐府站。

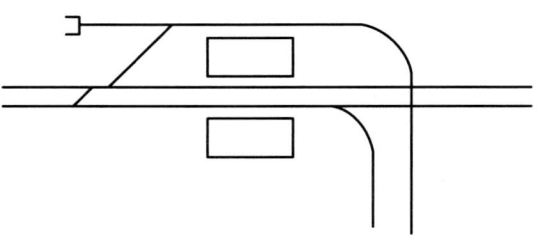

图 3.12 一岛一侧三线车站配线

双岛四线车站主要有支线带站后折返线和支线不带站后折返线两种形式,如图 3.13、图 3.14 所示。前者相比后者工程规模更大一些,但是可满足支线独立运行条件。双岛四线车站相比一岛一侧三线车站的优势在于必要时支线可从接轨站往其他方向延伸,可拆分为两条独立运营的线路,提高支线的运输能力。例如,杭州地铁 9 号线九堡东站至临平站段已建成,目前并入 1 号线运行,采用 Y 形交路能较好地适应运营初期核心区客流大、临平段和下沙段客流小的特点,待杭州地铁 9 号线二期建成后,再拆分为两条线路。

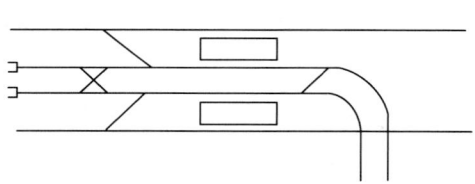 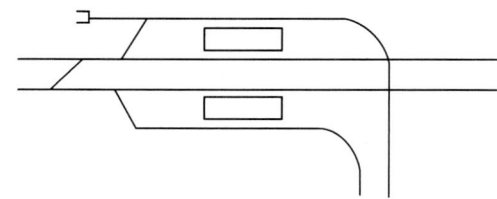

图 3.13 双岛四线车站配线(支线带站后折返线)　　图 3.14 双岛四线车站配线(支线不带站后折返线)

2. X 形接轨站

X 形车站是指两条线路相互交叉的车站,能实现两个方向与另外两个方向的相互贯通运行,其实质是一条线路的中间站与另一条线路的中间站对接,其复杂性远超 Y 形车站。例如,上海地铁 3 号、4 号线采用共线运营,接轨站的形式仅采用侧式车站,运营能力受限于共线段,远远无法满足客流需求。双岛四线车站是规模较小的 X 形车站,通过在接车端或发车端设置交叉渡线可实现列车跨线运营,而列车实现跨线需占用道岔,道岔的通过能力有限会限制这两条线路的设计能力,如图 3.15—图 3.17 所示。

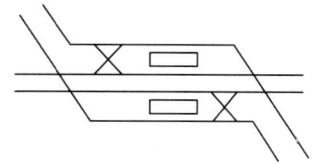 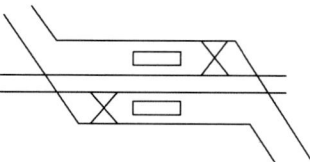 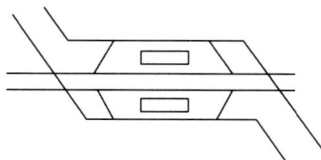

图 3.15 交叉渡线形(发车端)　　图 3.16 交叉渡线形(接车端)　　图 3.17 八字渡线形

在双岛四线车站基础上,增加四条到发线,形成四岛八线车站,可有效提高列车的通过能力。每个岛式站台两侧的发车方向都相同,乘客不至于坐错方向。其缺点是车站规模大、施工难度较高。车站形式可以是平行的四岛八线,也可以是叠落的两个双岛四线,如图3.18所示。

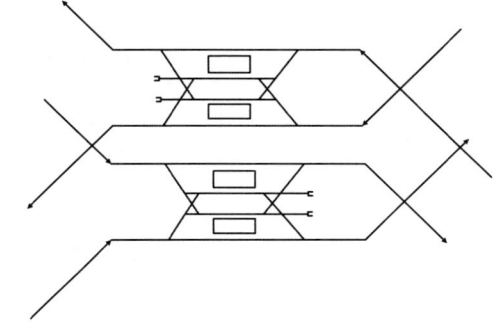

图3.18 四岛八线车站配线

3.2.3 接轨站能力

1. Y形接轨站

(1) 一岛一侧三线车站。一岛一侧三线车站实质上是一条主线拆分为两条支线的节点,因此主线的通过能力为两条支线通过能力之和。

(2) 双岛四线车站。不管支线是否带站后折返线,双岛四线车站支线汇总至主线,和主线通往支线的作业过程相同,设计能力也相同。双岛四线车站支线汇总至主线的作业过程与一岛一侧车站相同。

2. X形接轨站

(1) 交叉渡线形(发车端)X形车站。在这种车站形式下,任何方向的接车进路都较为方便,但是发车进路需要占用道岔区,四个方向的进路相互干扰,从而影响车站的通过能力。

(2) 交叉渡线形(接车端)X形车站。这种车站形式与交叉渡线型(发车端)X形车站相反,任何方向的发车进路都较为方便,但是接车进路需要占用道岔区,四个方向的进路相互干扰,从而影响车站的通过能力。

(3) 八字渡线形X形车站。八字渡线形X形车站的发车端和接车端都有单渡线。三个方向的列车集中在外侧股道上停车,对车站的列车通过能力造成较大影响。

(4) 四岛八线X形车站。四岛八线X形车站相比前三种车站形式,增加了四条到发线,可保证任何方向的列车均有其专有的股道可停车,停车期间对其他列车的运行不造成干扰,因此列车的通过能力得到大幅提高。

将两种Y形车站、四种X形车站进行对比分析,可得到表3-2的结果。

表3-2 不同互联互通接轨站型对比

站型	Y形车站		X形车站			
	一岛一侧	双岛四线	交叉渡线形(发车端)	交叉渡线形(接车端)	八字渡线形	四岛八线
车站规模	较小	一般	一般	一般	一般	较大
联通方向	三个方向分别互通		东西方向均可互通			

(续表)

站型	Y形车站		X形车站			
	一岛一侧	双岛四线	交叉渡线形（发车端）	交叉渡线形（接车端）	八字渡线形	四岛八线
行车方向	岛式站台交替发车,均通往主线方向;侧式站台存在两个方向列车	一个站台两侧均往主线方向,另一个站台两侧分别往两个支线方向	站台两侧均能通往两个方向	站台两侧分别通往两个方向	站台一侧只通往一个方向,另一侧能通往两个方向	站台两侧均通往同一方向
区间停车风险及行车干扰因素	无风险,行车干扰因素少	无风险,行车干扰因素少	风险小,行车干扰因素较多	风险大,行车干扰因素较多	风险大,行车干扰因素多	风险较小,行车干扰因素较少
客流组织	相对简单	简单	复杂	相对简单	相对复杂	简单
接发车均衡性	均衡	均衡	极不均衡	极不均衡	极不均衡	较均衡
通过能力	支线通过能力为主线的一半	支线通过能力为主线的一半	四个方向通过能力相等	四个方向通过能力相等	四个方向通过能力相等	四个方向通过能力相等

3.3 越行站

越行站设置到发线供快车通过正线时慢车停放避让使用,一般选择客流量较小且工程条件较好的车站,一方面满足车站客流出行要求,另一方面避免在地下站设置越行线,以降低工程投资、减少工程实施难度。

到发线设置应符合下列规定[1]:

（1）开行大站快车或有越行作业需要的车站需设置到发线。

（2）到发线设置应根据客运量、列车开行方案和行车组织方式等因素确定,有折返列车作业的中间站还应满足办理折返列车作业的要求。

（3）到发线有效长度范围内不应设置道岔。

（4）到发线不宜设在地下车站内。

3.3.1 越行站的设置原则

市域快线快慢车混合运行模式设计,需遵循以下规定[3]:

（1）对快慢车开行方案做不同开行比例的包容性设计,在为后期运营预留灵活性的基础上,合理确定快车停靠站。

（2）应对不同快慢车开行比例的方案,通过运行图铺画来确定越行站,调整发车间隔,使各次快车的越行站集中于少数几座车站。

（3）任何一趟慢车被快车越行的次数不宜过多。

（4）越行站宜采用双岛四线型，兼顾故障车待避功能。

3.3.2 越行站站线的布置形式

采用共线共轨的快慢车模式，同方向的快车、慢车运行在同一条轨道上，但二者的速度不相等，因而若发车间隔较短，那么后行快车便可能越行前行慢车。为满足列车越行作业的要求，降低越行对线路通过能力的影响，因此需要在适当的车站设置越行线。

因为实施快慢车模式后，快车和慢车的速度会不一致，所以就可能存在后行快车越行前行慢车的情况。为了解决快车越行慢车的问题，可以考虑以下两种解决办法。一是可以调整快慢车的发车间隔，使得快慢车不会发生越行，但是这样会降低线路的通过能力，同时导致乘客的候车时间延长，降低了轨道交通的吸引力；二是允许快车越行慢车，这样可以尽量降低越行造成的通过能力损失。根据越行发生的区域可将越行分为区间越行和车站越行。为了减少增设越行线的工程造价，在没有足够客流量支撑的情况下会转而采取车站越行，只要在车站修建越行线便可以让快慢车完成越行作业，起到减轻线路通过能力损失的作用。越行站相比普通的中间站在功能上更完善，能实现双向或者单向的列车越行作业，因此车站需配备一定数量的配线。按越行站的股道数量，可将其分为三线越行站和四线越行站。

三线越行站按照站台数量及车站布局又可细分为双岛式站台、双侧式站台和一岛一侧式站台，图 3.19(a)所示为双侧式站台布局，该类型车站只能在同一时段内满足单方向的快慢车间的越行，可以实现快车、慢车乘客在车站乘降并且同台换乘的功能。图 3.19(b)所示为双岛式站台布局，该类型车站在发生越行时，先让慢车在侧线待避，等快车正线通过后再安排慢车出站，它还具备快车、慢车乘客同台换乘的功能，但此种站台设置形式

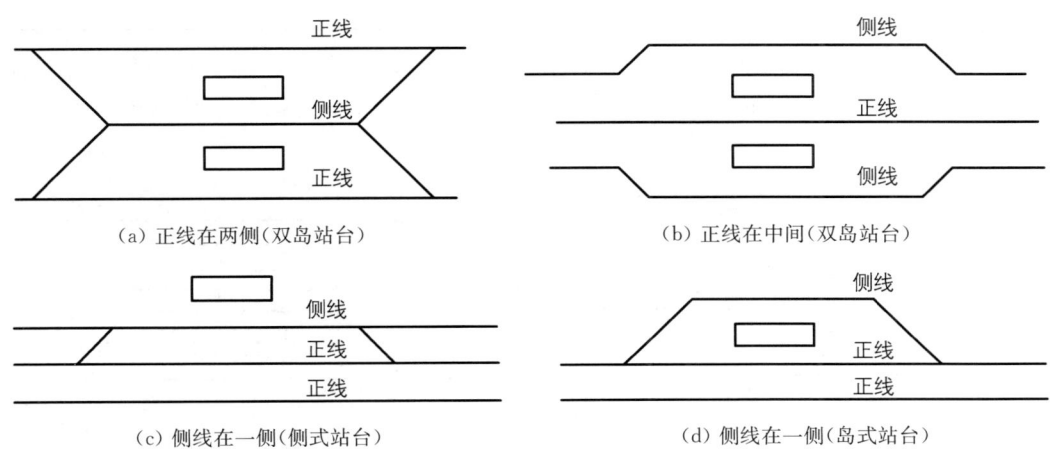

图 3.19 三线越行站布置形式

多用于客流潮汐性明显且设计技术标准要求高的轨道交通线路上,由于车站工程量比较大,因而工程投资也巨大。图 3.19(c)为侧式站台,该类型的车站只能满足单方向列车越行作业的要求,办理越行的作业只能是列车一停一通,也不具备快车、慢车乘客同台换乘的功能。图 3.19(d)所示的车站类型具备快车停站进行旅客乘降以及快车、慢车乘客同台换乘的功能。

三线越行站的配线除了正线之外,只有一条越行线供快慢车越行,同一时段内只能实现单方向的越行,车站的越行效率不高,但是三线越行站由于车站规模较小、车站工程造价比较低,因此它比较适合在车站客流量不大、越行站地形条件差、线路行车量不大的城市轨道交通线路中布置。

四线越行站相较于三线越行站具有越行效率高、功能完善的优点,因而被广泛采用。按照站台的数量及形式,四线越行站可分为单岛式、双岛式和双侧式。在此基础上,按照正线和侧线的相对位置,又可将其分为正线内嵌式和正线外包式。四线越行站的配线设置示意如图 3.20 所示。

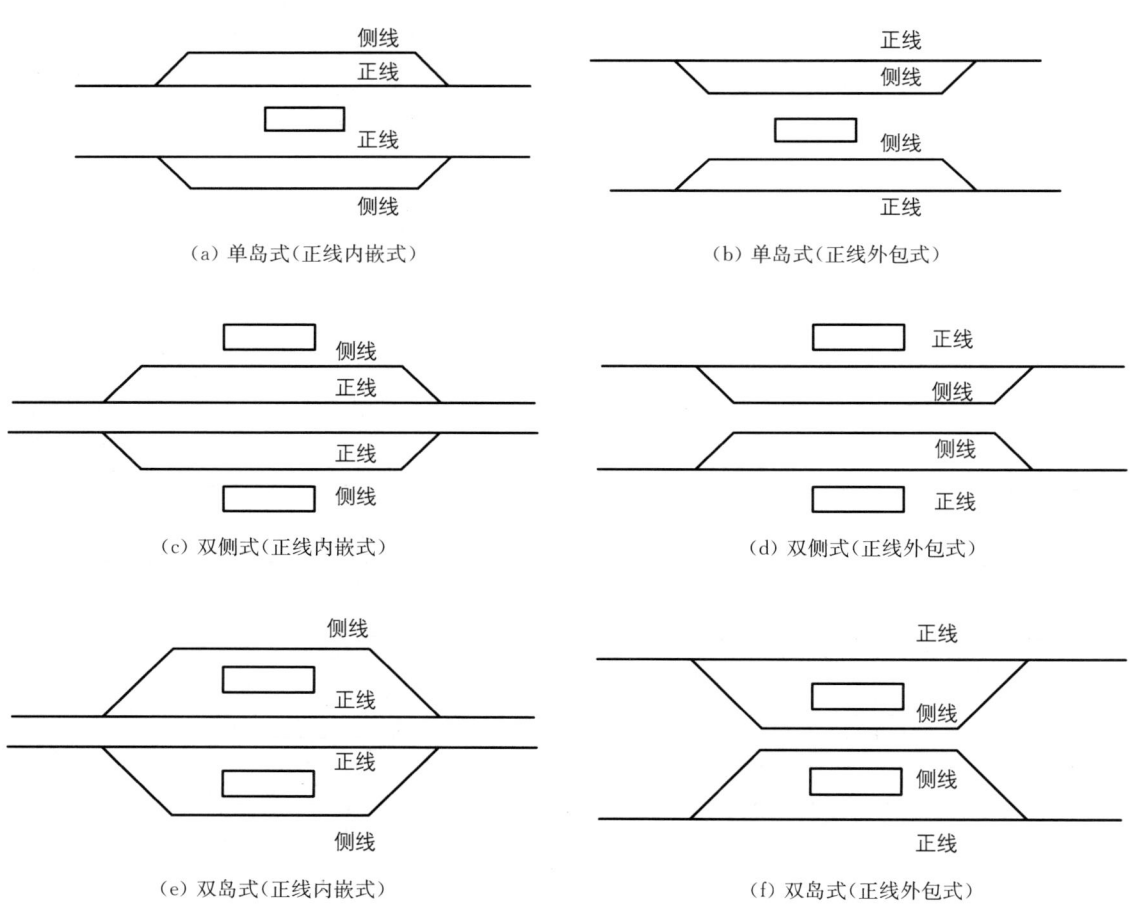

图 3.20 四线越行站布置形式

图 3.20 所示的这六类四线越行站的共同特点是具有双向越行的功能，但是这六类越行站在工程实施的难易程度、车站规模和工程造价、行车组织、轨道养护四个方面有着较大的区别，因此针对不同的角度分析越行站的适应性，能更加合理地设计越行站的配线形式。

(a) 从工程实施的难易程度看，图 3.20(a),(c),(e) 所示属于正线内嵌方案，这种布局形式的车站用地规模较小，同时两正线的距离较近，会增加隧道施工的风险系数，不适宜大型盾构机械施工，特别适用于高架站以及地价特别贵的地面站，而图 3.20(b),(d),(f) 所示属于正线外包方案，这种布局形式的车站用地较多，两正线的线间距较大，便于大型盾构机进行隧道施工，较适合用于地下车站以及地价便宜的地面站。

(b) 从车站规模和工程造价上看，图 3.20(a),(b) 所示的单岛式车站由于只需要修建一个站台，因此车站用地较少，降低了车站的工程量，也节省了越行站的投资；图 3.20(c),(d) 所示为双侧式四线越行站，车站规模适中，因此用地和造价也适中；图 3.20(e),(f) 所示为双岛四线车站，相比前面四种越行站，双岛式车站的规模最大，因而用地面积较大，车站的工程造价较高，同时也增加了车站施工的难度和投资风险。

(c) 从行车组织功能上看，图 3.20(a),(b) 所示的越行站行车组织功能最弱，仅可实现上行列车间越行，但是无法实现快慢车的换乘，且只能实现慢车乘客的乘降和同台换乘，图 3.20(b) 所示的快车通过越行站的速度受到限制；图 3.20(c),(d) 所示的双侧式车站只能实现上、下行列车间的越行，但是无法实现同方向快慢车的换乘，慢车乘客不能实现上、下行列车同台换乘，且图 3.20(d) 所示的快车通过越行站的速度也会受到限制；图 3.20(e),(f) 所示的双岛式车站的行车组织功能最齐全，既可以实现上、下行列车间的越行，乘客也可同站台换乘，车站到发线的利用率高。因此，一般情况下都采用双岛式越行站的布局，其余方案由于行车组织不完善，仅在地形受限情况下采用。

目前国内外快慢车工程案例中的越行站多数都是四线越行站。例如：京成线全线 19 个越行站中仅有 1 个三线越行站；日本筑波快线上 4 个越行站全为四线越行站；上海地铁 16 号线全线共有 5 个越行站，由于地形原因，只有书院站、临港大道站为三线越行站，其余三个越行站均设计为四线越行站。

综上所述，在地形允许的条件下，双岛四线正线内嵌式与正线外包式配线设计方案应当优先在高架车站与地下车站中采用。其余的越行站布局形式或多或少存在功能的缺失，一般只在地形受限等情况下采用。

3.4 基于 CBTC 的市域快线列车追踪间隔时间计算

影响列车追踪间隔时间的主要因素包括列车停站时间、列车运行控制方式、列车间隔距离、列车运行速度(含区间最高运行速度、过岔限制速度、越行过站限制速度等)、接近车站线路的平纵断面、车站是否设置配线和行车组织方法等。CBTC(Communication Based Train Control System)是用高精度的列车定位(不依赖于轨道电路)、双向连续、大容量的车地数据通信,以及车载、地面的安全功能处理器实现的一种连续自动列车控制系统。CBTC 系统包括列车自动监督子系统、车载子系统、区域控制器子系统、连锁子系统以及数据存储单元等。CBTC 系统的列车追踪过程的安全保护原理有两类:不考虑前行列车速度($MB-V_0$ 方式,相对位置方式)和考虑前行列车速度($MB-V$ 方式,相对速度方式)。由于 $MB-V$ 方式考虑了在追踪列车制动过程中前行列车的走行距离,相比于 $MB-V_0$ 方式,其追踪间隔较短,因此效率较高。但是,也正因为 $MB-V$ 方式的列车间隔距离较短,如果前车发生意外而突然停车,会增大行车的危险性,因此目前的 CBTC 系统主要采用的还是 $MB-V_0$ 方式(图 3.21)。本节研究将基于 $MB-V_0$ 方式展开。

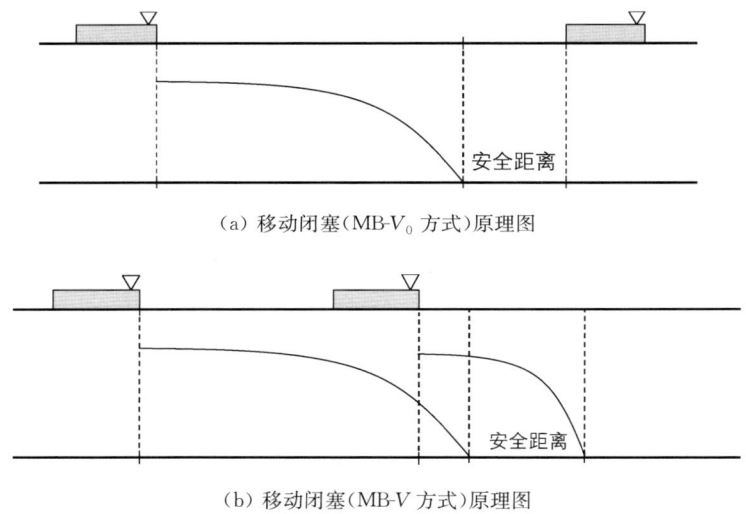

图 3.21 CBTC 系统列车追踪过程的安全保护原理

在开行快慢车的市域快线线路上,根据列车在车站的不同状态,将列车追踪间隔时间分为 7 类,各类型的定义与运行图示如表 3-3 所示。

表 3-3 追踪间隔时间的不同类型定义与图示

追踪间隔时间类型	定 义	图示
同方向区间内追踪间隔时间($I_追$)	列车在区间运行过程中相互不受干扰的最小间隔时间	
同方向发车的追踪间隔时间($I_{发发}$)	自前行列车由车站发出之时起,至由该站再发出另一同方向列车之时为止的最小间隔时间	

（续表）

追踪间隔时间类型	定 义	图示
同方向到站的追踪间隔时间（$I_{到到}$）	自前行列车到达车站之时起，至同方向的后行列车到达该站停车之时为止的最小间隔时间	
同方向发车与到站的追踪间隔时间（$I_{发到}$）	自前行列车由车站发出之时起，至同方向的后行列车到达该站停车之时为止的最小间隔时间	
同方向到站与通过的追踪间隔时间（$I_{到通}$）	自前行列车到达车站之时起，至同方向的后行列车通过该站之时为止的最小间隔时间	
同方向通过与发车的追踪间隔时间（$I_{通发}$）	自前行列车由车站通过之时起，至由该站发出另一同方向列车之时为止的最小间隔时间	
同方向列车通过的追踪间隔时间（$I_{通通}$）	自前行列车由车站通过之时起，至由该站通过另一列同方向列车之时为止的最小间隔时间	

市域快线列车在 MB-V_0 模式下进行区间追踪时，后车的制动目标点为前行列车尾部并保持一定的安全距离，以防紧急事件的发生，前后车的最小安全间隔时间即后行列车与前车在最小安全距离（L）的设定条件下的追踪间隔时间，如图 3.22 所示。由于 CBTC 模式下，列车确认信号的时间小于 1 s，在计算中不考虑该过程，因此 $I_{追}$ 的计算公式为

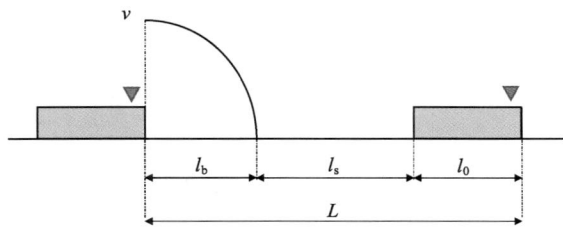

图 3.22 同方向区间内追踪间隔时间计算原理

$$\left.\begin{array}{l} I_{追} = \dfrac{l}{v} = \dfrac{l_b + l_s + l_0}{v} \\ l_b = \dfrac{v^2}{2b} \end{array}\right\} \quad (3-4)$$

式中，l_b 为列车安全制动距离（m）；l_0 为车辆长度（m）；l_s 为安全防护距离（m）；v 为列车正常运行速度（m/s）；b 为平均减速度（m/s²）。

同理可以计算同方向不同股道的发车间隔时间（$I_{发发}$），同方向到站的追踪间隔时间（$I_{到到}$），占用相同轨道时的同方向列车发到间隔时间（$I_{发到}$），同方向列车通发间隔时间（$I_{通发}$）。在市域快线线路上，为了保证站台乘客安全，视不同的车站配线方案，列车通过车

站有可能需要限速运行,因此在计算同方向列车到通间隔时间($I_{到通}$)和同方向列车通过间隔时间($I_{通通}$)时,需要考虑通过列车是否需要限速。

3.4.1 同方向列车到通间隔时间

同方向列车到通间隔时间($I_{到通}$)是指自前行列车到达车站之时起,至同方向后行列车通过车站之时为止的间隔时间,$I_{到通}$包括办理后行列车通过车站作业的时间、道岔转换动作时间和后行列车以区间正常运行速度通过车站的时间,$I_{到通}$在计算时,需要考虑后续越行列车是否限速过站。

(1) 在非限速通过车站的条件下,列车的运行情况如图 3.23 所示,$I_{到通}$的计算公式为

$$\left.\begin{array}{l} I_{到通} = t_c + \dfrac{v - v_s}{a} + \dfrac{L_2}{v_s} \\ L_2 = l_b + l_s + \dfrac{l_p}{2} + \dfrac{l_c}{2} = \dfrac{v_s^2}{2a} + l_s + \dfrac{l_p}{2} + \dfrac{l_c}{2} \end{array}\right\} \quad (3-5)$$

式中,t_c 为列车进路办理及确认时间,主要为道岔动作时间(s);a 为平均加速度(m/s²);l_p 为站台长度(m);l_c 为车站长度(m)。

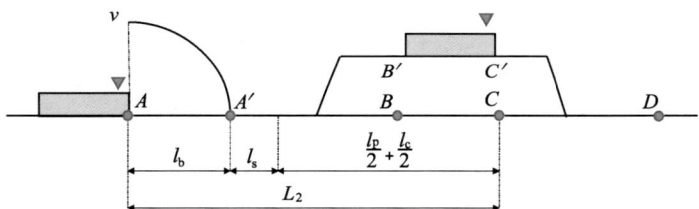

图 3.23 非限速通过车站条件下同方向列车到通间隔时间计算原理

(2) 在限速通过车站条件下,列车的运行情况如图 3.24 所示,$I_{到通}$的计算公式为

$$\left.\begin{array}{l} I_{到通} = t_c + \dfrac{v - v_s}{a} + \dfrac{L_2}{v_s} \\ L_2 = l_b + l_s + \dfrac{l_p}{2} + \dfrac{l_c}{2} = \dfrac{v_s^2}{2a} + l_s + \dfrac{l_p}{2} + \dfrac{l_c}{2} \end{array}\right\} \quad (3-6)$$

式中,v_s 为车站限速(m/s)。

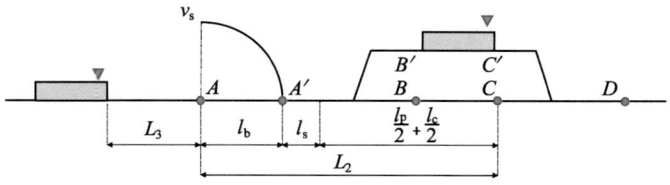

图 3.24 限速条件下同方向列车到通间隔时间计算原理

3.4.2 同方向车站通过间隔时间

同方向车站通过间隔时间($I_{通通}$)指自前行列车通过车站之时起,至同方向后行列车再通过该站之时为止的最小间隔时间,它包括前行列车在车站不同站型条件下的正常快车运行速度运行过程,确保前行列车车尾从车站站台停车点 B 通过至站外出清点 D 的时间内后行列车在制动点 A 外,且假设后行列车也以正常快车运行速度通过车站中心线的时间(办理后行列车通过进路的时间由于不涉及道岔动作可忽略不计)。由于站型设置不同,列车过站有可能需要限速运行(图 3.25),因此在计算 $I_{通通}$ 时也需要区分限速与不限速过站两种情况。

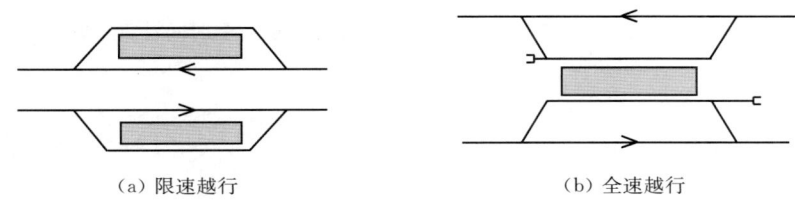

图 3.25 不同站型的越行过程示意图

(1) 在非限速通过车站的条件下,列车的运行过程如图 3.26 所示,$I_{通通}$ 的计算公式为

$$\left. \begin{array}{l} I_{通通} = \dfrac{L_2}{v} + \dfrac{L_1}{v} \\ L_2 = l_b + l_s + \dfrac{l_p}{2} + \dfrac{l_c}{2} = \dfrac{v^2}{2a} + l_s + \dfrac{l_p}{2} + \dfrac{l_c}{2}, \quad L_1 = \dfrac{l_p}{2} + \dfrac{l_c}{2} + l_s \end{array} \right\} \quad (3-7)$$

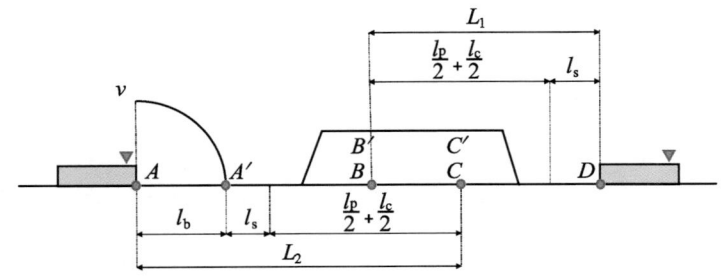

图 3.26 不限制速度通过车站的条件下同方向车站通过间隔时间计算原理

(2) 在限速通过车站条件下,列车的运行过程为在进站前先减速至限制速度(运行了 L_3 距离),然后以限制速度运行至点 D 后再加速恢复至正常速度,如图 3.27 所示,该条件下 $I_{通通}$ 的计算公式为

$$I_{通通} = \frac{v - v_s}{a} + \frac{L_2}{v_s} + \frac{L_1}{v_s}$$

$$L_1 = \frac{l_p}{2} + \frac{l_c}{2} + l_s, \quad L_2 = l_b + l_s + \frac{l_p}{2} + \frac{l_c}{2} = \frac{v_s^2}{2a} + l_s + \frac{l_p}{2} + \frac{l_c}{2}$$

(3-8)

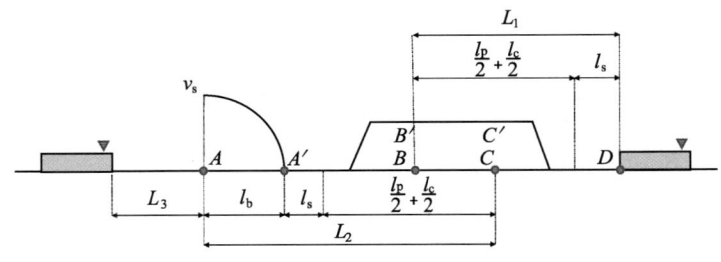

图 3.27 限速通过车站条件下同方向车站通过间隔时间计算原理

4 互联互通条件下的市域快线列车运输组织方案

市域快线运输组织方案的确定是互联互通运行的核心问题，主要包括列车运行交路、停站、编组方案、全日行车计划确定方法以及运行图编制等关键技术。本章重点介绍互联互通条件下的市域快线运输组织方案制订及评估方法。其中，快慢车开行对于市域快线通过能力的利用、服务水平以及运行图编制有较大的影响，在实际运营过程中应充分评估。

4.1 运输组织方案确定的基本原则

市域快线作为城市公共交通网络中的骨架线路,具有大容量、长距离、快速度的优势,可以承担城市范围内的乘客长距离出行需求。因此,以人为本,方便、快速和安全地组织旅客运输,能最大程度地吸引客流,满足乘客的出行需求。同时,合理地设计、安排和使用各项设备的运输能力,保证良好的经济效益和社会效益,是研究运输组织方案的前提。合理的运输组织方案,将直接关系到整个线路的通过能力、效益和安全。

市域快线的运输组织方案主要指在一定的技术设备和客流条件下,列车开行方案的确定、车站设施的配置和使用等。具体内容主要包括列车开行的交路形式、列车开行种类和数量、列车编组和开行间隔以及车底运用方案等。

确定市域快线的运输组织方案应遵守以下基本原则:

(1) 最大程度地满足客流的需要。

客流是确定运输组织方案的基础,客流特点和结构的不同决定了运输组织方案的不同。客流按其产生和消失的地点不同可分为本线客流和跨线换乘客流;按其旅行距离的长短可分为短途客流和长途客流。这些客流的构成和特点都会直接影响运输组织方案。

运输组织方案的确定必须以最大程度地满足客流需求为主要目标,满足不同层次、不同类别客流的需要。合理的运输组织方案应能满足长途客流,兼顾短途客流,方便跨线换乘客流。对于市域快线而言,跨区长途客流量、短途客流量、向心客流量、换乘客流量的大小及客流的潮汐式变化等特点都将对运输组织方案产生很大的影响。

(2) 充分发挥市域快线快速度、长距离的优势,提高列车旅行速度和客运服务质量。

与其他城市轨道交通线路相比,市域快线的最大特点是快速度、长距离,输送的客流则主要为通勤客流和休闲客流,全线客流分布不均衡性较大,因此,在运输组织中,既要考虑运输组织的方便,又要充分发挥线路的特点和优势,采用不同的列车交路及其组合方式,开行的列车应能覆盖主要的客流区段,并尽可能提高列车的旅行速度,减少旅客的出行时间和换乘次数,提高服务水平。

(3) 考虑技术设备的要求。

合理的运输组织方案应充分考虑线路、车站以及其他设备的特点和能力的发挥。同时还应考虑车辆的运用、维修及车底的折返。市域快线的特点决定了线路上运行有多种列车交路,因此车站折返线、存车线等配线的布置形式和数量将对运输组织方案的确定产生十分重要的影响。

(4) 考虑与其他轨道交通线路的衔接、配合。

根据市域快线和其他城市轨道交通线路(地铁、轻轨)衔接预留联络线的设置条件,考虑与其他线路的衔接和配合,以方便旅客的换乘以及未来组织列车共线运行的可能性。同时,还应考虑与市郊铁路、城际铁路以及未来高速铁路等轨道交通线路的衔接和配合。

(5) 考虑列车运行正点和可靠性。

系统日常作业中经常受到各种运行延误、突发事件以及客流波动等随机因素的影响,因此,为保证列车运行正点和可靠性,确定运输组织方案时应考虑合理的运能储备,同时还应根据线路建设运营的不同阶段加强规划和设计设备的能力。

4.2 编组方案

列车编组可分为固定编组和非固定编组两类。固定编组是指在运营时间内列车的编组辆数固定。非固定编组是指在运营时间内列车编组辆数不固定,可以根据客流需求灵活编组,例如:高峰开行大编组,非高峰开行小编组;某一方向开行大编组,另一方向开行小编组;大交路开行大编组,小交路开行小编组等。大小编组也可以通过车辆重联(如3/6重联、4/8重联)来实现。非固定编组方案可以有效提高线路能力的利用效率,减少车辆的运用数量,但对线路的配线条件要求较高,同时加大了运输组织和客运组织的难度。

影响列车编组方案选用的主要因素是客流、通过能力和车辆选型。此外,在进行列车编组方案比选时,通常还应考虑服务乘客水平、车辆运用经济性和运营组织复杂性等影响因素。市域快线远期列车编组方案应根据客流预测规模,结合市域快线通道特征、网络资源共享以及沿线发展的不确定性和客流风险等因素而确定;初期、近期列车编组方案可结合客流预测规模、运输组织方案和运营经济性分析,选择过渡性编组方案。

市域快线主要服务于通勤客流,具有较大的超高峰系数。由于市域快线位于城市外围,线路较长,沿线用地和规划存在较大的发展不确定性,同时地面交通的顺畅程度显著影响沿线居民的出行方式选择。这意味着市域快线沿线的发展和交通状况可能会给市域快线的客流量带来较大的风险。此外,考虑到轨道交通是一项长期工程,主要采用地面和高架敷设方式,并且主要服务于中心城区与周边组团间的出行,规划上往往仅考虑轨道交通通道的单一性。因此,综合考虑各种因素,市域快线的远期规模应控制在不小于6辆编组,以适应未来的发展和需求变化。

车辆定员与车辆的有效载客面积有关,车辆的主要技术规格宜符合规定,每平方米有效空余地板面积站立的人数:运营定员按 $4 人/m^2$,车辆能力核算定员按 $6 人/m^2$。

4.3 交路方案

列车交路规定了列车的运行区段、折返车站以及各交路上列车的开行数量。在线路各区段客流量不均衡程度较大的情况下,采用合理的列车交路,有利于保障服务水平、提高车辆运用效率,避免运能浪费,使行车组织做到经济合理。

4.3.1 交路类型

基于市域快线线路长、客流分布不均衡的特点,列车交路可采用以下几种模式。

1. 全线单一交路模式

全线单一交路模式是指列车在线路的两个终点站间运行,为全线提供服务,如图 4.1 所示。这种交路模式的列车运行组织简单,对中间折返设备要求不高,适用于全程客流均匀、无明显客流断点的情况,这样,全程所有区段运能的浪费情况不大。鉴于市域快线的线路和客流特点,采用此种方案的可能性较小。

环形交路是单一交路模式的一种特殊形式,这类交路的最大特点是列车没有变换方向的折返作业过程,都沿着固定的方向(顺时针或逆时针)循环运行,如图 4.2 所示。环形交路的另一特点是上、下行开行方案可以单独编制(间隔可以不一致),另外在乘车方向上的引导(包括首末班车的提示)也有其特殊性。

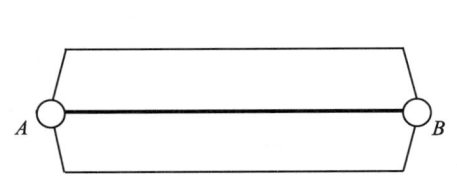

图 4.1 单一交路模式

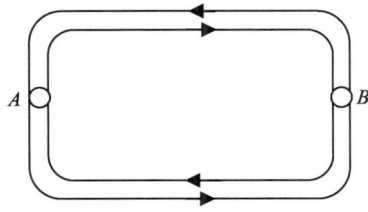

图 4.2 环形交路形式

2. 相互衔接的交路模式

相互衔接的交路模式(图 4.3)是指列车在线路的某一区段内运行,在指定车站折返,它可为某一区段旅客提供服务,能够适应不同客流区段的运输需求,运输组织方便,运营

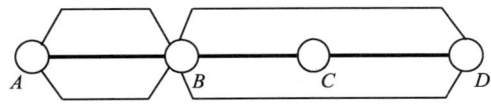

图 4.3 相互衔接的交路模式

比较经济,但要求中间折返站具备两个方向的折返能力和方便的换乘条件。从乘客的角度看,部分长距离出行的换乘次数有所增加,乘客满意度会有所降低。

3. 大小交路嵌套的模式

大小交路嵌套的模式(图4.4)是指线路上大小交路并存的形式。这种组织方案既能满足运输需求,又能提高运营效益,适用于各区段客流量不均衡程度较大、有明显客流断点的情况。但这种模式实际运输组织的难度较大,运输能力会有所降低。因此,应该适当控制全线交路的种类和数量,否则会给列车运行组织、乘客等候时间、运输能力利用等方面带来不利之处。

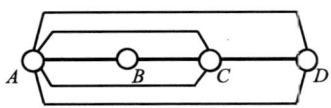 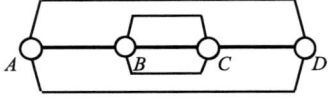 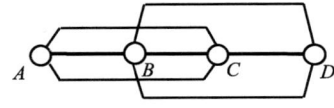

(a) 大小交路嵌套(共线段在两端)　　(b) 大小交路嵌套(共线段在中间)　　(c) 两交路搭接

图4.4　大小交路嵌套模式

4. 组合交路模式

受线路条件和客流特征的影响,某些线路需要开行更为复杂的组合交路,主要由上述三种交路模式组合而成,包括大小交路与Y形交路的组合[图4.5(a)]、大小交路与环形交路的组合[图4.5(b)]、大小共线交路与衔接交路的组合[图4.5(c)]。

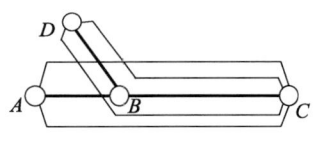 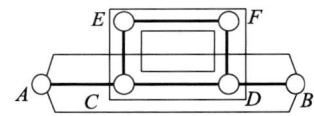

(a) 大小交路与Y形交路组合　　　　(b) 大小交路与环形交路组合

(c) 大小共线交路与衔接交路组合

图4.5　组合交路模式

4.3.2　共线交路

多种交路独立运营模式下,不同交路区段上的列车独立运行,相互干扰少,运输组织以及调度指挥较为简单。而在复杂交路模式下,不同交路区段上的列车共线运行,运输组织较为复杂。

1. 共线交路的定义

共线交路运营是指开行两种或两种以上的交路形式,且至少存在两种交路通过某一相同区段的运营模式。这一相同区段称共线区段,其他区段称非共线区段。共线交路的产生有两种原因,一种是由于联通型的线路结构(如 Y 形线)产生的,另一种是由于客流特征等原因产生的。几种常见的共线交路形式如图 4.6 所示,图中 A、B、C、D、E、F 为折返站或接轨站。

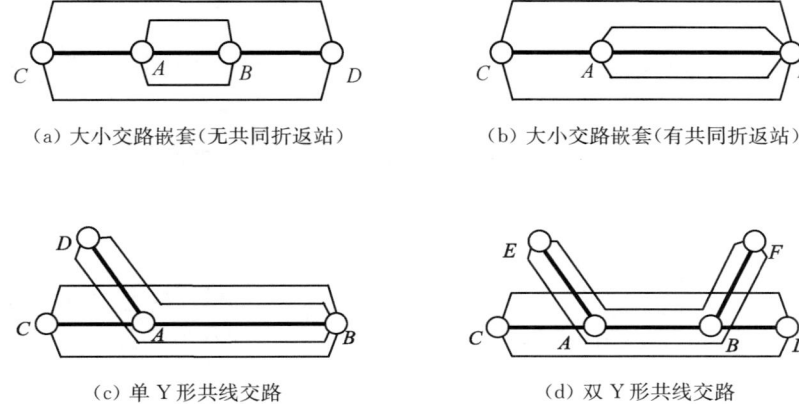

图 4.6 共线交路的常见形式

2. 共线交路车底周转方式

在共线交路列车运行图中,车底周转有两种方式:车底独立运用和车底套跑运用(图 4.7)。套跑运用时,车底周转与交路方式不完全匹配,在某一交路上运用的列车可以承担其他交路列车的运用任务;独立运用时,车底周转与某交路完全匹配,在某一交路上运用的列车不能承担其他交路的运用任务。

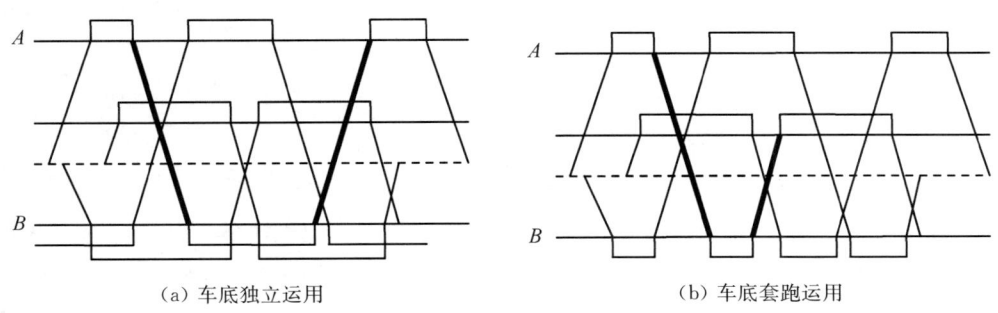

图 4.7 Y 形交路的车底周转方式

但是,车底套跑运用需要具备一定的条件:

(1) 不同交路必须存在一个相同的折返站,这是车底套跑运用的必要条件。

(2) 各交路所在线路、车辆、信号等设备必须具备互通的条件,主要表现在车辆型号、信号制式可以兼容，车站的站台长度等设施与设备也能满足列车互通要求。

4.3.3 交路方案制订

在制订列车运营交路方案时，需要综合考虑客流、运输组织、车站配置等多种因素，且应遵循以下主要原则。

（1）充分考虑客流分布规律，运输能力安排上既要满足客流需求，又要考虑客车满载率等重要经济技术指标。

（2）既要考虑乘客目前的出行习惯，也要从线网发展的角度考虑线路延伸或线网调整时运营交路设置的延续性和匹配性，即运营交路不能反复变更，以减少影响乘客的乘车习惯。

（3）运营交路的设置要以方便大多数乘客出行为目标，最大程度地提高乘客出行的直达性，尽量减少换乘次数。

（4）既要保障行车安全，又要考虑行车组织的灵活性和可操作性。

（5）要考虑折返站的车站配置和折返能力，以确定运营交路折返站的选择。

（6）此外，还要考虑出现作业延误、设备故障等非正常情况下列车运行交路的变化，以及紧急状态下的列车交路计划和应对调整措施的制定。

根据上述原则初步确定可行的运营交路方案集后，需要进一步选出最优或较优的运营交路方案。由于共线交路具有自身的结构特征，因此，选择交路方案时还需要考虑以下因素：

（1）主要行车设备的功能。根据线路折返条件、信号系统等提供的功能和车辆允许速度，制定行车交路和运行周期。如果上线列车数有限，应按"以车定运"的原则组织运营，充分利用设备功能，优化行车、服务组合，追求运营服务水平优质化。

（2）行车组织的可行性。需要确定困难区段的区间通过能力和折返站的折返能力。Y形交路要设置两条有重合的行车交路，如果行车间隔不成倍数关系，就可能造成两条交路的行车组织产生间断性重合（即在同一站点两列车要同时到发）。

（3）客运服务的优质性。运输能力的安排要最大程度地满足客流预测的需求，尽可能减少换乘次数，以提高乘坐的直达性。

（4）客运组织的难易程度。运营交路重合段对各车站站台的客流引导、广播和导向等方面的要求较高，因为上述内容会直接影响车站客运组织的工作量和效果；运营交路折返站的站台服务条件（如站台空间），将直接影响交路终点站的清客能力。

（5）交路方案实施的连续性、长期性和可持续性。行车设备功能条件的实现情况将对运营交路方案实施的连续性、长期性产生直接影响；同时，需要考虑本线及线网的发展，使运营交路保持相对的稳定性，不但方便乘客、有利于培育客流，而且会增强运营交路的延伸能力。

以Y形交路为例，典型运营方案主要包括独立分段运营、分别直通型、混合型（直通加折返)三种,如表 4-1 所示。

表 4-1 Y 形交路的典型运营方案

运营交路方案	运营交路设置	运营交路示意图
独立分段运营	① A ⇔ D ② B ⇔ C	注：交路①、②独立运行
分别直通型	1) 有共同折返站： ① B ⇔ D ② B ⇔ C	注：两交路一端相同
分别直通型	2) 无共同折返站： ① B ⇔ C ② E ⇔ D	注：两交路端点不同
混合型	① B ⇔ C ② E(B) ⇔ D ③ A ⇔ D	注：上述两种交路混合开行

(1) 独立分段运营方案。

独立分段运营交路的两交路只有一个相交点,无共线段,其接轨站点为主线上的某一中间站。

这种运营方案的客流组织工作相对简单,从车站方案上考虑换乘方便即可;而在行车组织上,关键问题是要做好接轨站点(车站 A)的基础设施配置,包括站台和主、支线的位置安排等,以满足车站 A 既能停车通过又有折返功能的需求。

独立分段运营方案的缺点是实施的长期性、连续性较差,这种交路运营方案适合于线路客流分布比较均衡的轨道交通线路。

(2) 分别直通型方案。

分别直通型交路方案在独立分段运营交路的基础上存在共线段,且于一节点处分离,如表 4-1 中所述的方案 1)和方案 2),分别为主、支线有共同折返站和无共同折返站的形式。

这种交路方案,主、支线存在共线段,其对线路设施设备的要求相对较高,行车组织及可靠性相对较好。方案1)有共同折返站的形式对于接轨点(车站B)的折返能力要求比较高,进而对折返设备的配置也有较高要求;方案2)无共同折返站的形式,则将两交路的折返分离,一定程度上提高了折返能力的利用率。

分别直通型方案能够方便乘客出行,增大出行吸引范围,充分利用线路的通过能力,减少基础设施和车辆设备投资。但是,当干线列车和支线列车的数量或发车间隔不均衡时,会造成共线区段列车运行相互交叉干扰,影响通过能力。该方案适合于中间共线断面客流量高于其他断面的线路。

(3) 混合型方案。

混合型方案是独立分段运营方案和分别直通型方案的结合,不同于二者的是,混合型方案交路的数量有所增加。由于交路的增多,混合型方案对线路设施设备的要求更高,行车组织安全性和可靠性更好,但是行车组织的难度增加。这种方案适合于客流分布不均衡且相对复杂的轨道交通线路。

在实际运营过程中,需要根据线路及车站的实际情况,选择合适的交路,并制订交路运营的具体方案。

4.4 停站方案

市域快线可根据需求,开行一站直达、大站直达、交错停站、站站停等类型的列车。列车的停站方案可以多样化。影响列车停站方案比选的主要因素为站间OD客流特征、乘客服务水平、线路配线条件、运营经济性和运营组织复杂性等。

列车停站时间应根据车站上下车客流量、列车车门数量、车门开关时间、列车运行间隔需求等因素综合确定[2]。市域快线宜合理控制车站的停站时间,确保系统运输能力的实现。停站时间宜控制在 40 s 以内;当停站时间达到 45 s 时,应核算停站时间对系统运能的影响;对停站时间超过 45 s 的车站宜采用岛侧式站台布置形式。市域快线的快慢车间的最小追踪间隔宜控制在 60 s 以内,慢车的停站待避时间不宜大于 180 s[3]。

4.4.1 停站方案的类型

列车停站方案可分为两种,即站站停车和非站站停车,其中非站站停车包括交替跳站停车和跨站停车。

1. 站站停车

站站停车,即列车在全线所有车站停车,这是最为传统也是最常用的停站方案。该方案下,列车开行种类简单,乘车最为方便。

2. 交替跳站停车

在不具备越行条件的线路上,为了提高列车旅行速度,避免快慢列车的旅行时间差带来的越行问题,城市轨道交通线路可以采用交替跳站停车的方案。交替跳站停车方案又称为A/B跳站方案,是指将线路上开行的列车分为A、B两类,全线的车站分为A、B、C三类,其中A、B类车站按相邻分布的原则设置,C类车站按每隔2个、4个或6个车站设一个车站的原则设置;A类列车在B、C类车站停车,在A类车站通过;B类列车在A、C类车站停车,在B类车站通过,即A类车和B类车交替跳站运行,如图4.8所示。

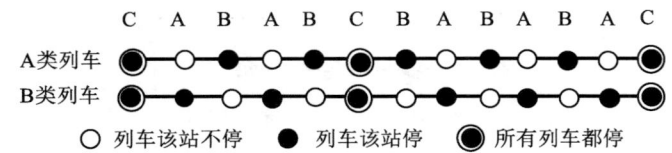

图4.8 交替跳站的停站方案

交替跳站的停站方案中,A、B两类列车的停站次数基本相同,因此可以有效避免越行,还可以提高旅行速度,但由于A、B两类车站的列车到达间隔加大,在此上车的乘客的候车时间会有所增加。此外,在A、B两类车站间上下车的乘客可能需要在C类车站换乘,会增加换乘时间并带来不便。因此,交替跳站停车方案比较适用于C类车站上下车客流较大且乘客平均乘车距离较长的情形。

3. 跨站停车

跨站停车方案是指根据客流需求,在线路开行不同种类的停站列车(如一站直达、大站直达、选择停站等)。通常情况下,开行跨站停车需要考虑开行什么样的停站列车、列车是否会越行、在什么位置越行、越行多少次等问题。

开行跨站停列车能提高列车的旅行速度,缩短旅行时间,提高车底的周转效率,为长距离旅行的乘客提供更高水平的服务;但是,由于列车跨站运行,被跨车站的乘客的服务水平有所下降,平均等待时间增加,还有可能会降低线路的通过能力。因此,跨站停车对折返站折返线的数量以及折返方式提出了更高要求。

跨站停车可以采用的停车方案包括以下四种。

1) 列车区段停车方案

区段停车方案是在长短交路的情况下采用的,一般来说可以有两种方案:一是长交路列车在短交路区段外每站停车作业,但在短交路区段内不停车通过,而短交路列车在短交路区段内每站停车作业,其中间折返站又是乘客换乘站;二是长交路列车在短交路区间内每站停车作业,而部分在短交路区段外站站停,部分列车不停车通过。两种方案如图4.9、图4.10所示。

与站站停车方案比较,区段停车方案中的长交路列车在某区段内不停车通过,列车停站次数的减少,使长交路列车的停站时间及起停附加时间的总和相应减少,提高了列车旅

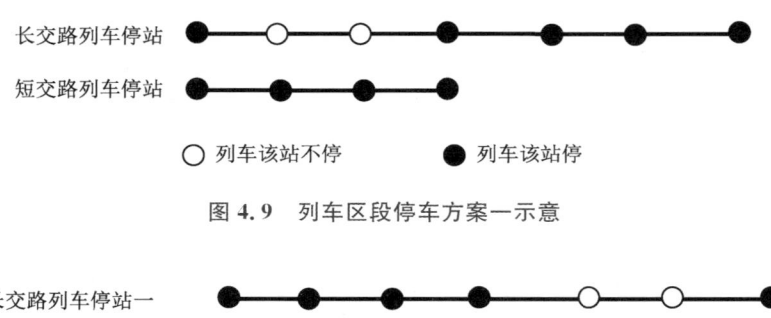

图 4.9 列车区段停车方案一示意

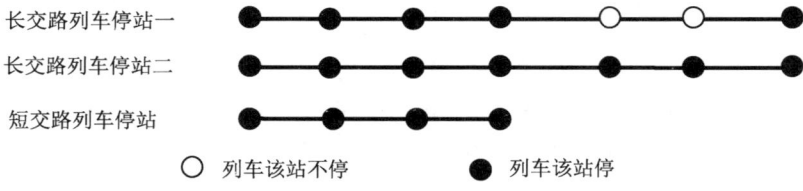

图 4.10 列车区段停车方案二示意

行速度,压缩了列车周转时间。因此,采用区段停车方案,有利于压缩长距离出行乘客的乘车时间。此外,在高峰小时开行列车对数与列车编组辆数一定的条件下,提高列车周转效率有利于减少车辆运用,进而降低运营成本。

但是,区段停车方案也存在若干问题:在行车量较大的情况下,有可能会产生列车越行情况,部分乘客会增加换乘时间,而在被跨越车站上车的乘客会延长候车时间。

2) 部分列车跨多站停车方案

部分列车跨多站停车方案是指线路上开行两类长交路列车,即普速站站停列车和快速跨多站停列车,快速列车只在线路上的主要客流集散站停车,在其他站则安排通过,如图 4.11 所示。

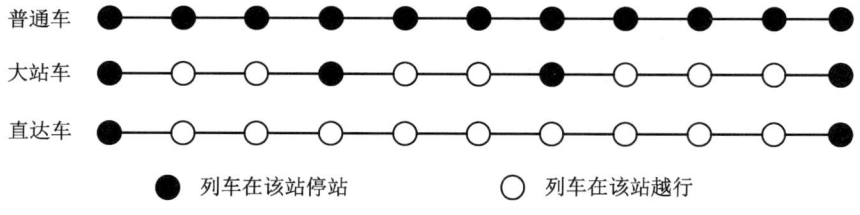

图 4.11 部分列车跨多站停车方案示意

部分列车跨多站停车方案在提高跨多站停车列车旅行速度的同时,避免了跨站停车方案存在的部分乘客需要换乘的问题,做到既能提高运营经济性又不降低对乘客的服务水平。此外,该停车方案的运用比较灵活,运营部门可以根据客流特征,按不同比例确定快速列车的开行对数,比较适用于连接市区和郊区的长距离市域快线。该停车方案存在的问题是:在线路通过能力利用率比较高的情况下,采用该停车方案通常会引起快速列车越行慢速列车;如果不安排列车越行,则只能以损失线路通过能力来保证追踪列车间隔时间。

这种方案条件下,快车与慢车的旅行时间相差很大,因此这样的组织方案适用于具备越行条件的线路。

3) 站站停与跨站停车组合方案

站站停与跨站停车组合方案是前几种方案的组合形式,即开行站站停跨一站组合或跨两站组合的方式,如图 4.12 所示。

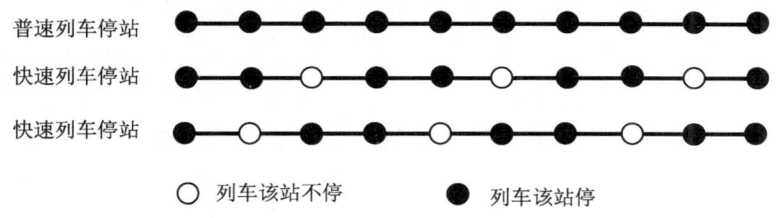

图 4.12　部分列车跨多站停车方案示意

该运输组织方案的特点是既开行了站站停的慢车,又开行了跨站运行的快车,相对 A/B 类列车跨站停方案提高了线路的服务水平,但是如果线路不具备越行的条件,该方案也会浪费线路的通过能力。

4) 设快车专用线的快慢车组合运行方案

该方案条件下,线路通常由三线或四线组成,如图 4.13、图 4.14 所示。快车和慢车有自己独立运行的线路,因此,快、慢列车之间没有干扰,运输组织灵活,行车组织相对简单,服务效率较高,但土建费用和工程投资较大。纽约部分线路上的列车开行属于该类型。

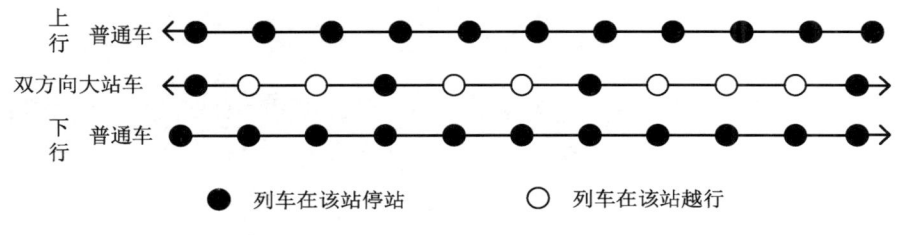

图 4.13　快车专用线的三线方案

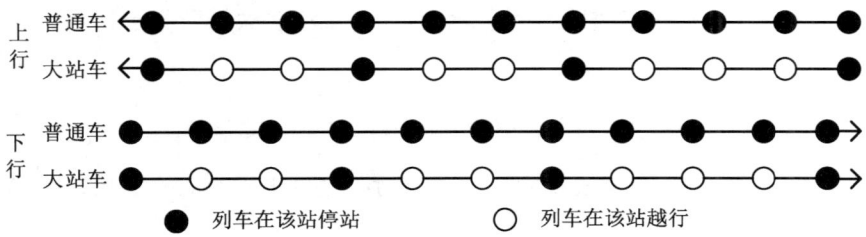

图 4.14　快车专用线的四线方案

4.4.2 停站方案的选择

市域快线一般线路较长,且承担乘距较长的客流比重也较大,若采用仅开行站站停列车的模式,则会因列车频繁停站而延长旅客的乘车时间,对该部分客流的吸引力将会越来越小。为了减小列车频繁停站对客流吸引能力的影响,满足不同乘客的出行需求,市域铁路应考虑同时开行部分站点不停站的快车,提供差异化和高品质服务。但开行快车时,因需越行则要求车站增加到发线,并且降低站站停列车的旅行速度;因速差使列车发车间隔不均衡,形成的非平行运行图则不能实现系统的最大能力。为此,市域铁路运输组织模式应根据客流特征,结合线路长度和车站的设置条件,对运营效率和费用等进行综合比较后再确定是否开行快车。

越站快车较站站停列车旅行速度高,形成了非平行运行图,不但加大了列车行车间隔,降低了线路设计通过能力,还产生了列车间隔的不均衡性。为了均衡行车间隔和提高设计通过能力,需组织快车越行站站停列车的行车组织方式。线路行车总量及其快慢车比例、快车的停站方案等是影响越行到发线分布的主要因素,待避列车停车到发线的分布宜按站站停行车间隔不大于 10 min 的原则,并结合车站工程条件设置[2]。

4.4.3 快慢车开行综合评价

1. 旅行时间价值

开行快车后,部分乘客能获得旅行时间的节省,而部分乘客需要增加绕行与换乘时间,反而需要耗费更多的旅行时间。因此,旅行时间价值可以用式(4-1)表示:

$$P_1 = \left(\sum_{i=1}^{N} t_i^1 - \sum_{j=1}^{M} t_j^2\right) \cdot V_1 \tag{4-1}$$

式中,N 为可以获得时间节省的乘客数量;M 为不可以获得时间节省的乘客数量;t_i^1 为该乘客可以获得的节省时间(含平均候车时间);t_j^2 为该乘客浪费的时间(含平均候车时间);V_1 为旅行时间价值换算系数。

2. 车底数量节省价值

开行跳站列车后,如果保持发车间隔不变,则可以节省车底数量,但是,如果缩短发车间隔(即提高服务水平),车底数量可能会增加。因此,车底数量节省价值可以用式(4-2)表示:

$$P_2 = (N_1 - N_2) \cdot V_2 \tag{4-2}$$

式中,N_1 为站站停时需要的车底数量;N_2 为开行跳站列车后所需的车底数量;V_2 为车底数量节省价值换算系数。

3. 综合价值

开行跳站列车后的综合价值为

$$P = P_1 + P_2 \tag{4-3}$$

如果 P 的值为正,则表明该方案条件下开行快车是可行的,反之表明是不可行的。是否需要开行快车,与列车的停站方案(停哪些车站,以及开行多大的列车间隔等)是密切相关的。因此,在制订快慢车方案时,需要认真综合考虑车站的 OD 客流量、客流流向、车底运用数量以及开行间隔等因素。

4.4.4 快慢车越行的要素分析

1. 快慢车速度差

列车是否越行、越行地点以及越行次数均与快慢车的速度差有关。速度差越大,列车发生越行的可能性以及发生越行的次数也就越大。

2. 列车停站次数与停站时间

由于列车停站次数与停站时间不同,也会造成快慢车旅行时间不一致,从而导致快慢车的旅行时间差不一致。列车的停站次数越多,停站时间越长,慢车与快车的旅行时间差越大,列车发生越行的可能性以及发生越行的次数也就越大。

3. 列车在始发站的发车均衡程度

列车在始发站的发车均衡程度影响列车的越行次数和越行地点,因此,调整列车在始发站的发车均衡程度可以改变列车的越行次数、越行地点和越行时间。

4. 区间旅行时间的不均等程度

区间旅行时间的不均等程度是指区段内不同区间的运行时间的差异性程度。区间运行时分的差异越大,不均等程度越大。区间旅行时间的不均等程度对列车的越行地点和越行时间有影响。

5. 间隔时间

间隔时间包括发发间隔、到到间隔、到通间隔、发通间隔、通到间隔、通通间隔等。这些时间的大小对越行地点和越行时间有影响。

4.4.5 快慢车越行产生的影响分析

1. 列车运行方式变化

(1) 被越行慢车旅行时间增加。

慢车被快车越行一次时,被越行慢车的旅行时间会增加,增加的大小与列车在越行站的到发间隔时间以及停站时间 $t_{停站}$ 有关,如图 4.15 所示。

(2) 通过能力有所损失。

在区段内,快车与慢车的组合开行会造成通过能力的损失,损失的大小与快慢车在区段的旅行时间差、区间不均等程度、始发站的发生均衡程度有关。

(3) 车辆运用数量变化。

开行快慢车后,由于快车减少了旅行时间,在不发生越行时,车辆运用数量会减少,但

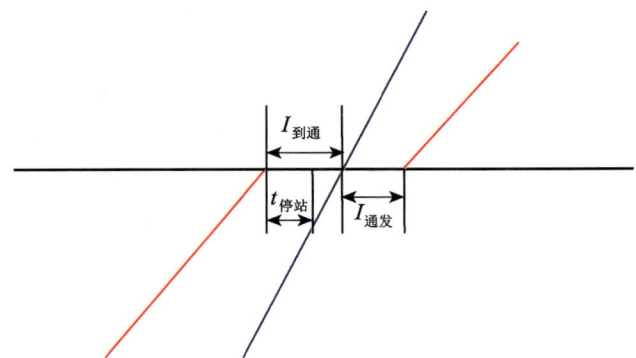

图 4.15　发生一次越行后的旅行时间增加图示

如果发生了越行,慢速列车的旅行时间会增大,因此,车辆运用数量能否节省取决于快车减少的旅行时间是否大于慢车增加的旅行时间。

(4) 列车折返。

开行快慢车后,列车到达终到站很难达到均衡,部分列车在终到站进行折返作业时停留时间可能会比较长,因此,这对折返站折返线的数量以及折返方式有了更高的要求。

(5) 列车运行图与客流的匹配性提高。

快慢车组合运行的原因之一就是客流的时空差异性,即某一时段或全天时段的乘客出行 OD 集中于某些站点之间。而采用快慢车组合运行方案,目的就在于降低"小客流"站点的能力浪费,同时又提高长距离乘客的出行效率,使列车开行方案更加符合乘客的出行特征,提高列车运营的服务水平和效率。

(6) 列车进站发到间隔大大缩短。

在普通的站站停运营线路上,车站不具备供列车越行的配线,因此列车运行必须严格按照发到间隔时间。而对于快慢车线路,车站具备越行股道,前后两列车进站后可使用不同的停站股道,因此后行列车到站受前行列车发车的时间间隔约束大大降低,即前后两列车的发到间隔大大缩短。

2. 乘客乘车方式的变化

(1) 乘坐列车选择的计划性突出。

对于普通的站站停列车,各列车的运行方式均一致,因此乘客对时刻表的关注度并不高,错过一列车只需等待下一列车。然而,对于快慢车组合运行列车,注重快速性的乘客偏好选择快车以缩短旅行时间,乘客会基于列车时刻表,有计划地选择最合适的快车并及时进站乘车,一旦错过一列快车,等待下一列快车的时间可能成倍增加。因此,开行快慢车的线路,乘客对于公布详细时刻表的要求较高。

(2) 列车正晚点要求更高。

由于在快慢车组合运行的条件下,乘客会更有计划地依据列车时刻表选择相应的列车,因此其对列车时刻表及正晚点的关注度会有所提高,从而对列车正点率有更高的要求。

3. 列车等级的变化

(1) 列车服务等级不同。

快慢车组合运行中,快车(大站停或直达车)与慢车(站站停)的旅行速度不同,且慢车会被快车越行,因此就出现了列车服务等级的差异。

(2) 快车选择的优先性。

在同样满足出行需求的条件下,快车速度优于慢车,会大大缩短旅行时间,因此长距离出行的乘客会优先选择快车,以减少旅行时间,提高出行效率。

(3) 延误发生时快车应享有优先权。

由于快车具有优先级,因此其在列车运行延误调整的过程中也需要优先考虑,以达到最佳的延误调整效果。

4.4.6 快慢车组合运行通过能力分析

1. 平行运行图(站站停列车)通过能力

平行运行图上,任何一个区间的列车运行线,总是以同样的铺画方式一组一组地反复排列,这种一组列车占用区间的时间称为运行图周期 $T_周$。

$$T_周 = I = \max\{I_追, I_到到, I_发发, I_通通\} \tag{4-4}$$

式中,$I_追$ 为按两列车在区间追踪运行条件计算的追踪列车间隔时间(s)。

因此,站站停列车的平行运行图通过能力计算公式如下:

$$n = \frac{3\,600}{T_周} = \frac{3\,600}{I}(列/h) \tag{4-5}$$

2. 非平行运行图(快慢车)通过能力

对于非平行运行图,其运行图周期需要单独确定。

非平行运行图的通过能力计算方法即先确定单位时间内可以铺画多少个运行周期,然后乘以该类型运行周期内所包含的列车对数或列数,因此非平行运行图通过能力计算方法如下:

$$n = \frac{3\,600}{T_周} \times n_周 (列/h) \tag{4-6}$$

式中,$n_周$ 为一个运行周期内所包含的列车数(列)。

如图 4.16 非平行运行图所示,其每个周期中的列车数 $n_周 = 2$。

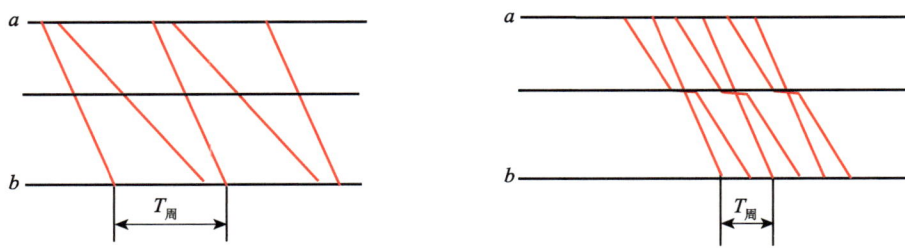

图 4.16 非平行运行图运行周期示意

4.5 全日行车计划

4.5.1 计划编制

全日行车计划是营业时间内各小时开行的列车数计划,它是编制列车运行图和确定车辆运用的基础资料。全日行车计划编制的主要影响因素包括营业时间内的分时最大断面客流量、列车定员数和车辆满载率,以及希望达到的服务水平。

1. 计算分时开行列车数

在列车定员数和车辆满载率一定的情况下,开行列车数主要是由该时段内的最大断面客流量决定的,如式(4-7)所示:

$$n_i = \frac{p_{i,\max}}{p_{列} \cdot \beta} \tag{4-7}$$

式中,n_i 为分时开行列车数;$p_{i,\max}$ 为最大断面客流量;$p_{列}$ 为列车定员数;β 为车辆满载率。

2. 计算分时行车间隔

由于各时段的客流量存在差异,所需的列车数就不一样,因此各时段的列车行车间隔也不相同。

$$I_i = \frac{3\,600}{n_i} \tag{4-8}$$

式中,I_i 为列车行车间隔。

3. 确认交路的开行比例

如果交路之间存在共线区段,各交路之间的开行比例应根据表 4-2 确定。如果交路之间没有共线区段,则各交路可以独立计算。

表 4-2　共线交路运行间隔的匹配关系

$b = \dfrac{t_{D\text{-}C}}{t_{A\text{-}C}}$	D-C 平均间隔	A-C 平均间隔	共线段间隔	开行比例	图示
$0.75 \leqslant b \leqslant 1$	$t_{D\text{-}C}$	$t_{D\text{-}C}$	$\dfrac{t_{D\text{-}C}}{2}$	1∶1	
$1 < b \leqslant 1.5$	$t_{A\text{-}C}$	$t_{A\text{-}C}$	$\dfrac{t_{A\text{-}C}}{2}$	1∶1	
$1.5 < b < 3$	$t_{D\text{-}C}$	$\dfrac{t_{D\text{-}C}}{2}$	$\dfrac{3}{4}t_{D\text{-}C}$	1∶2	
$1/3 \leqslant b < 0.75$	$\dfrac{t_{A\text{-}C}}{2}$	$t_{A\text{-}C}$	$\dfrac{3}{4}t_{A\text{-}C}$	2∶1	
$b \geqslant 3$	$t_{D\text{-}C}$	$\dfrac{t_{D\text{-}C}}{3}$	$\dfrac{2}{3}t_{D\text{-}C}$	3∶1	

4. 最终确定全日行车计划

在计算得出分时开行列车数和行车间隔的基础上,应检查是否存在某段时间内行车间隔过长的情况。如果行车间隔过长,会增加乘客的候车时间,降低服务水平,不利于吸引客流。另外,行车间隔的确定应检查车底数量与折返站列车折返能力是否相适应。

4.5.2　行车间隔

市域快线主要有两种运营管理模式。一是普通城市轨道交通采用的等间隔运营模式,二是国铁采用的时刻表运营模式。这两种模式要结合客流需求、出行特征、高峰或平峰时段的行车间隔等综合考虑确定。同时,对于一条线路的不同区段,也可采用不同的运营模式。

市域快线在高峰时段行车间隔较小,采用普通城市轨道交通的等间隔运营模式能够满足客流出行对服务水平的需求。但在平峰时段,客流规模大幅度下降,当采用等间隔运营模式时,为保证基本的行车间隔服务水平,则车厢满载率较低,运营经济性差;若加大行车间隔,提高运营经济性,则服务水平会降低,不利于吸引客流;二者之间存在一定的矛盾。为此,在平峰时段,当行车间隔大于 10 min 时,为减少乘客等待时间,可借鉴采用类似国铁运营管理的时刻表发车运营模式。

4.6　运行图方案

列车运行图是用以表示列车在城市轨道交通线路的区间运行及在车站到发或通过时

刻的技术文件,规定了各次列车占用区间的顺序、列车在每个车站的到达和出发(或通过)时刻、列车区间的运行时间、列车在车站的停站时间以及车底交路等,是组织列车运行的基础。

4.6.1 运行图类型

由于市域快线在不同时期有不同的变化规律,为了适应不同的客流特点会编制不同类型的列车运行图,如工作日(某些线路还会区分周五与其他工作日)、双休日、节假日以及特殊时期(如大型体育活动、大型展览会等),如表4-3所示。

表4-3 市域快线列车运行图的类型及特点

类型	特点	客流变化图
工作日	一天中客流波动明显,一般会形成5个时间段,早晚高峰客流最大,列车出入库频繁	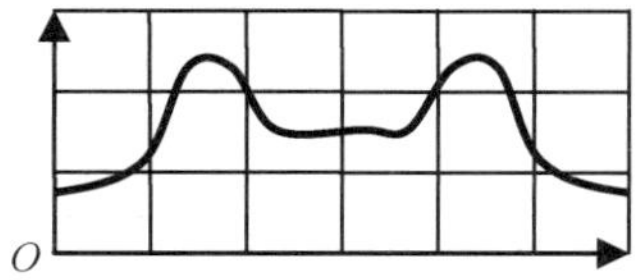
双休日	一天中客流波动不明显,列车出入库不频繁	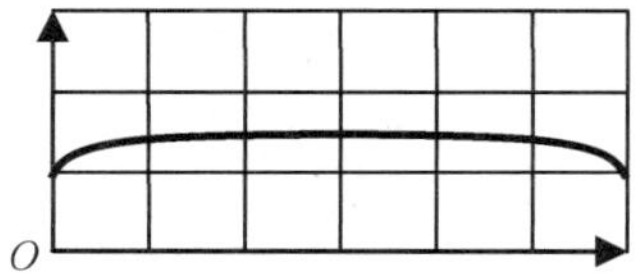
节假日	一天中客流波动不明显,但客流量都较大,列车出入库不频繁	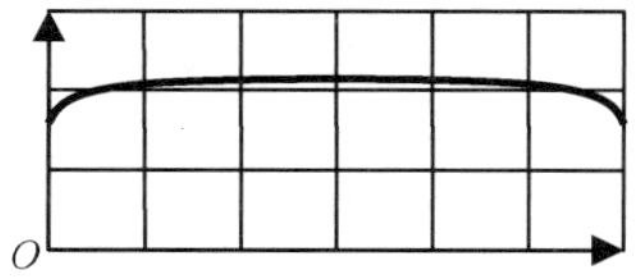
特殊时期	一天中客流波动十分明显,客流会在某一时间段内密集到达或密集离开,可能会形成几个超高峰时间段,列车出入库非常频繁	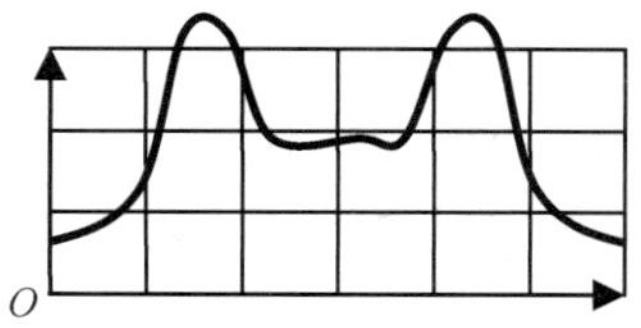

4.6.2 运行图编制

在新线投入运营,既有线路技术设备、客运量或行车组织方法发生较大变化时,均需要进行列车运行图的重新编制。

1. 编制要求

列车运行图编制应符合下列要求:

(1)确保行车安全:列车运行图应符合《铁路行车组织规则》等行车规章的有关规定,严格遵守行车作业程序和各项时间标准。

(2) 合理运用设备：列车运行图应流线结合，充分利用线路通过能力。在满足客流需求的同时，注意提高列车满载率和旅行速度，充分利用线路通过能力，合理分配冗余时间，确保运行图有一定的抗干扰能力。

(3) 优化运输产品：列车运行图应根据客流特点，开行列车间隔、编组辆数、列车交路和旅行速度不同的列车。列车运行图应合理规定列车到达换乘站时刻，减少乘客换乘时间；合理规定运营非高峰时段的列车间隔，减少乘客候车时间，此外需要考虑与其他交通方式的衔接。

(4) 配合站段工作：运行图编制应充分考虑折返站、换乘站的客运组织工作的要求，在线路成网后，尤其要充分考虑线路能力与首末班车时刻的衔接。

2. 列车运行图编图资料准备

需要准备的运行图编制资料有开行方案类、能力类、时分类和其他要求等。

(1) 开行方案类，包括全日行车计划、列车编组方案、列车交路方案和列车停站方案。

(2) 能力类，包括运用车数、线路通过能力、车站折返能力、列车出入段能力、换乘站设备能力和车站存车线能力。

(3) 时分类，包括区间运行时分、列车停站时间、折返时间、折返出发间隔时间、出入段作业时间、追踪间隔时间。

(4) 其他要求，包括运营时间、首末班车要求、分时最大断面客流量、乘务员安排、换乘衔接、与其他交通方式的衔接等。

3. 编制流程

市域快线列车运行图需要重点考虑间隔的匹配、车底的运用等问题。编制运行图时，需要先定义底图结构，然后选择基准交路，根据开行间隔的要求计算不同交路需要开行的比例，根据不同交路的车底运用方式（套跑还是非套跑）分别计算车底运用数量并铺画方案运行图，然后铺画出入库线并定义好首末班车与换乘节点的衔接方案，最后计算相关指标并输出运行图，详细的铺画流程如图 4.17 所示。

4. 运行图编制的关键问题

除了需要注意上述的理论与规则外，编制市域快线列车运行图还需要关注以下几个方面的问题。

1) 互联互通条件下的拓扑结构定义

拓扑结构是列车运行图编制的基础，运行图的底图结构是线路拓扑结构的表示形式，合理的底图结构形式不仅能使运行线直观、顺直，还能更好地反映列车之间的相互关系以及车底的周转关系。

互联互通条件下，所有线路的拓扑结构需要统筹考虑。以 Y 形线路为例，支线区段可以与主线独立排列。底图结构的定义形式与各交路列车开行数量有关，图 4.18(a) 适用于 D-C 交路开行列车数量较 A-C 交路大的情况，图 4.18(b) 适用于 A-C 交路开行列车数量较 D-C 交路大的情况。

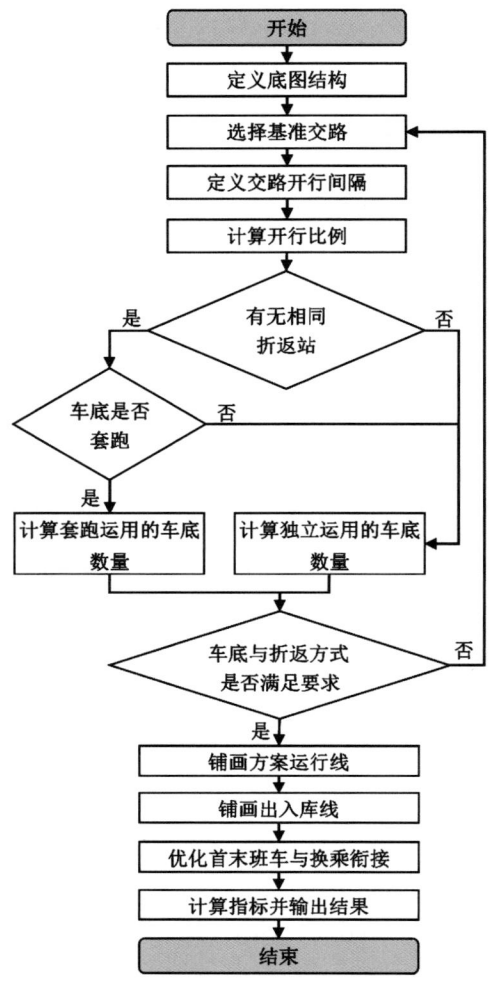

图 4.17 共线交路列车运行图编制流程图

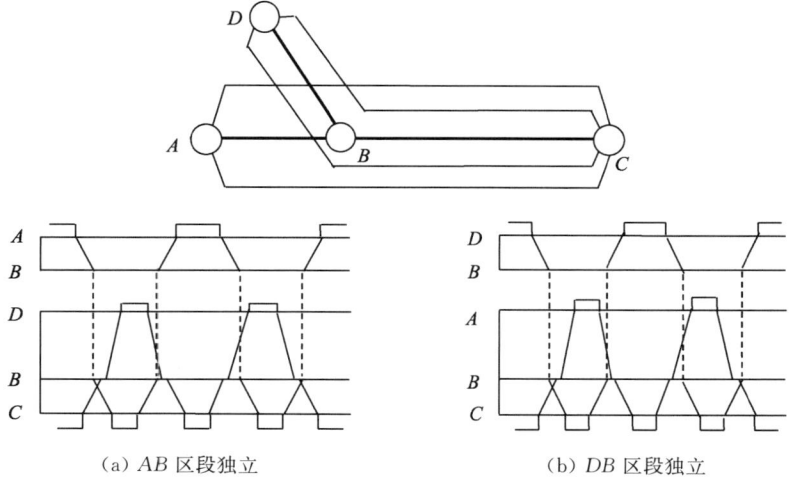

(a) AB 区段独立 (b) DB 区段独立

图 4.18 Y 形线路的底图结构定义方法

如果线路的车辆基地通过出入库线与正线连接，该类线路的拓扑结构实质上类似于"主线+支线"的模式，可以把出入库线当作支线来处理。因此，车站底图结构的定义需要考虑车场中心线的摆放位置。车场放置的位置有两种形式：一是车场放到最下面，与主线独立，如图 4.19(b)所示；二是车场与 BC 区间合并放置，如图 4.19(c)所示。由于出入库列车的数量不多，为了比较直观地表示列车出入库过程与其他列车的接续关系，常采用第二种形式。

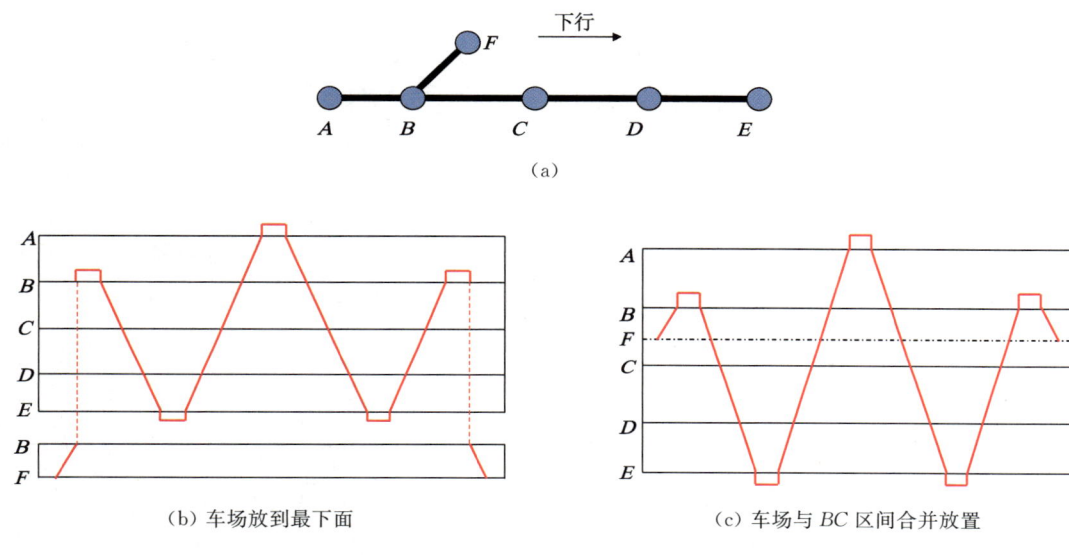

图 4.19　带车场线的底图结构定义方法

2) 车底运用数量和行车间隔的匹配

受到需要的车底数量（N^{TD}）、需要开行的列车间隔（t^{IN}）、最小的车底运用周期（T^R_{min}）和折返条件等限制，实际开行列车间隔（t^I）、实际车底数量（N^{TA}）以及实际车底运用周期（T^R）间存在着相互制约、相互影响的关系。为了在既有设备条件下最大程度地满足不同时间段内的客流需求，编图时应采用下述方法[5]：

(1) 当 $N^{TA} \geqslant N^{TD}$ 且 T^R_{min}/t^I 的值不为正整数时，要使等式 $N^{TD}=T^R_{min}/t^I$ 成立，有两种办法：第一种办法是放大运用周期，即把运用周期放大至 t^I 的整数倍，这样就导致列车在两折返站的折返时间比实际要求的折返时间要大。第二种办法是保持周期不变，缩小运行间隔，这就导致运行图上列车铺画的实际运行间隔比要求的运行间隔要小，设在时间段内第 j 列与第 $j+1$ 列车之间的实际运行间隔为 t^I_j，则

$$\left.\begin{aligned}t^I_j &= \operatorname{int}\left(\frac{T^R}{N^{TD}}\right), j=1, 2, \cdots, N^{TD}-1 \\ t^I_{N^{TD}} &= T^R - \operatorname{int}\left(\frac{T^R}{N^{TD}}\right) \cdot (N^{TD}-1)\end{aligned}\right\} \quad (4-9)$$

(2) 当 $N^{TA} < N^{TD}$ 时,需要根据可运用的车底数来计算最小的发车间隔,如果要保持运行间隔的均衡,这时必然要牺牲所有列车的运行间隔。但是,如果要保证在一个周期里的某些列车间隔与 t^I 一致,则可采用牺牲周期里其余列车的间隔来保证,即需满足下列公式:

$$\left.\begin{array}{l}t_1^I \cdot N_1^{TA} + t_2^I \cdot N_2^{TA} = T^R \\ N_1^{TA} + N_1^{TA} = N^{TA}\end{array}\right\} \tag{4-10}$$

式中,N_1^{TA} 为保持 t_1^I 间隔的车底数量(列);N_2^{TA} 为剩余的车底数量(列);t_1^I 为列车的间隔时间(min);t_2^I 为剩余列车的间隔时间(min)。

共线交路的车底套跑运用较独立运用时的车底周转更灵活,不仅可以加快车底的周转速度,节省车底数量,还能提高共同折返站的接发车能力。图 4.20 所示为共线段间隔和大小交路开行比例相同的两套运行图方案。图 4.20(a)所示为车底独立运用方案,需要 7 组车底;图 4.20(b)所示为套跑运用的方案,仅需要 6 组车底。

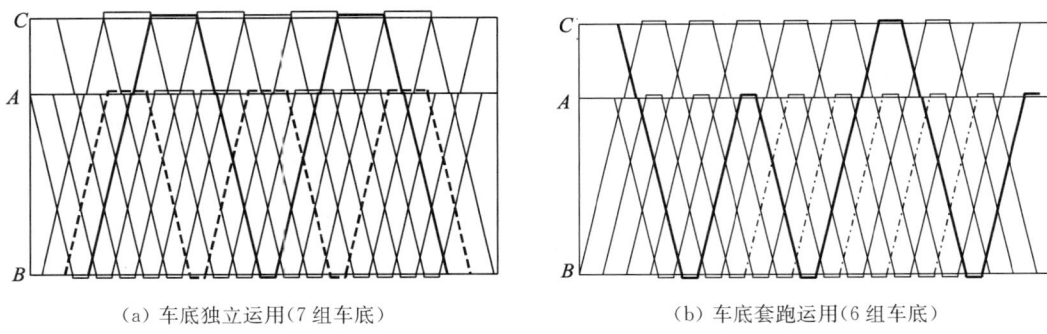

(a) 车底独立运用(7 组车底)　　　　(b) 车底套跑运用(6 组车底)

图 4.20　共线间隔与开行比例相同条件下的不同车底运用方式

共线交路车底运用数量取决于各独立交路的运行周期和车底的运用方式,可以以各独立交路的车底数量之和来估算,但这种方法不精确,因为在共线交路的运行条件下,车底运用与共线段行车间隔、不同交路列车的开行比例、共线段及非共线段运行时分、折返站的折返时间标准以及车底的运用方式(独立或套跑运用)等因素关系密切。精确的计算方法可以建立车底独立及套跑运用条件下的车底运用多目标非线性混合整数规划优化模型,得到车底运用数量最少和运用方式最优的方案,详细的模型建立方法请参考文献[8]。

3) 列车首末班车时刻的优化

列车首末班车是城市轨道交通列车运行图铺画过程中需要重点考虑的条件,对于共线交路运行图,除了要考虑首末班车与网络其他线路的有效衔接外,还需要考虑同一线路不同交路首末班车的要求,尤其对于大、小交路嵌套的运行图,铺画时一般考虑首班车与末班车都采用长交路,这样便于乘客记住该线首末班车时刻。

4) 列车在换乘车站的衔接

在共线交路运行图中,除了要考虑列车在换乘站与其他线路列车或其他交通工具的有效衔接外,还需要考虑乘坐不同交路的乘客换乘的要求。尤其是在 Y 形或双 Y 形线路中,不同交路乘客的换乘一般都在同站台换乘,因此需要重点考虑接轨站(包括接入与接出站)乘客换乘的需求,尽量减少乘客在站台的停留时间。

5) 车场的有效利用

如果线路存在多个车辆段或车场,开行共线交路时,列车的出入库方式会存在多种形式,车辆段或车场的运用要以运用灵活与经济为首要原则。

6) 列车延误的影响

受线路条件制约,共线交路列车运行过程中,某一交路列车的延误有可能影响到其他交路的列车。在共线段内,由于列车密度大、行车间隔小,延误的传播速度与影响范围往往比较大。因此,在共线交路列车运行图编制过程中,可以通过设置合理的区间运行缓冲时间、停站缓冲时间以及折返缓冲时间来降低延误影响。

4.6.3 运行延误调整

列车运行延误是在执行列车运行图过程中受到各种因素影响,造成列车进入区间(车站)或在区间(车站)运行过程中偏离(滞后)计划运行轨迹的综合表现形式。运行延误的传播是指在前行列车发生初始延误的条件下,引起后行列车或其自身的后效延误现象。这是由于列车运行图中运行线间或线群间缓冲时间不足或调整措施不当而引起的。城市轨道交通系统列车运行延误及其传播具有直接性、快速性、双向性等特性。为了降低列车运行延误所带来的影响,需要采取有效措施以尽快恢复列车正常运行。

1. 延误调整原则与目标

快慢车组合运行比普通的站站停列车行车组织更加复杂,因此其运行延误调整也相对复杂,其主要原则与目标如下:

(1) 基于计划运行图进行延误调整。由于快慢车开行线路的列车前后关系在计划运行图中已经明确,延误调整时需要以计划运行图为依据,延误发生后尽量不改变列车越行地点和列车运行秩序。

(2) 优先考虑快车。由于快车对全线的影响较大,延误发生后,需要优先对快车进行重点考虑,并做到慢车调整与快车调整相协调。

2. 调整方法

根据快慢车组合运行的基本特点,快慢车运行延误调整的主要方法有:

(1) 赶点运行策略。保持运行秩序与越行地点不变,慢车可以利用缓冲时间提高旅行速度或减少停站次数赶点,以缓解运行延误带来的影响。

（2）改变列车运行秩序。快慢车组合运行时的越行地点会受到快车与慢车之间的运行时分差异影响，当延误发生时，可通过改变运行秩序或越行地点来降低延误的传播速度及影响。

（3）快车改慢车开行。当发生较长时间延误时，可以考虑将快车改变为站站停的慢车，一方面可以利用快慢车之间的时间差来抵消部分延误，另一方面快车改慢车可以减少被延误车站的乘客积压情况，降低其对延误传播的影响。

（4）采用特殊策略。在一些特殊的条件下，可以考虑采用跳停、扣车、取消列车等特殊策略。

4.6.4 规格化周期运行图

规格化周期运行图（也称节拍运行图），是指基本运行图的各个周期时间段内，列车运行线铺画都具有相同的模式。其主要的特点是每个周期内各类列车都具有相同的开行数量；同类列车在同一车站都有相同的到发（或通过）和停站时间，以此形成一个相对固定的基本运行图模式。规格化运行图在铺画时，首先取定一个时间段（比如 1 小时），将这个时间段上列车间的相互关系，即列车的运行顺序、运行时间、越行及待避地点等都用一定的图样形式固定下来，并尽可能使该时间段内铺画的列车对数最多，线路通过能力的损失最小。然后依照改时间段的列车运行方式，按时间顺序逐段地重复铺画，直到铺画出完整的列车运行图。

考虑工作日市域快线主要以通勤客流为主，对运输组织的准点和规律化要求较高，特别在早高峰期间，固定的开行间隔和易于识别的开行规律与规则，为乘客乘车带来极大的方便。表 4-4 为慕尼黑线路 S2(Petershausen 至 Erding,7:00—9:00)的工作日时刻表，是一个典型的规格化运行图。在 7:00—8:00 的这 1 小时内，共有 3 趟列车出发，其中前两趟班次相隔 20 min 从车站 Petershausen 出发，终点为车站 Erding，第三趟班次则是从车站 Petershausen 出发，终点为车站 Markt Schwaben。在随后的 2 个小时内，线路 S2 在小时时间段周期内，同类列车在同一车站都有相同的到达时间。

表 4-4 慕尼黑 S2 工作日时刻表

车 站	时 刻								
Petershausen	7:12	7:32	7:52	8:12	8:32	8:52	9:12	9:32	9:52
Vierkirchen—Esterhofen	7:16	7:36	7:56	8:16	8:36	8:56	9:16	9:36	9:56
Röhrmoos	7:19	7:39	7:59	8:19	8:39	8:59	9:19	9:39	9:59
Hebertshausen	7:25	7:45	8:05	8:25	8:45	9:05	9:25	9:45	10:05
Dachau	7:28	7:48	8:08	8:28	8:48	9:08	9:28	9:48	10:08

(续表)

车　站	时　刻							
Karlsfeld	7:33	7:53	8:13	8:33	8:53	9:13	9:33	9:53	10:13
Allach	7:35	7:55	8:15	8:35	8:55	9:15	9:35	9:55	10:15
Untermenzing	7:37	7:57	8:17	8:37	8:57	9:17	9:37	9:57	10:17
……	……	……	……	……	……	……	……	……	……
Poing	8:19	8:39	8:59	9:19	9:39	9:59	10:19	10:39	10:59
Markt Schwaben	8:23	8:43	9:03	9:23	9:43	10:03	10:23	10:43	11:03
Ottenhofen	8:28	8:48	—	9:28	9:48	—	10:28	10:48	—
St Koloman	8:32	8:52	—	9:32	9:52	—	10:32	10:52	—
Aufhausen	8:35	8:55	—	9:35	9:55	—	10:35	10:55	—
Altenerding	8:38	8:58	—	9:38	9:58	—	10:38	10:58	—
Erding	8:42	9:04	—	9:42	10:02	—	10:42	11:02	—

总的来说，规格化运行图具有以下优缺点。

1. 优点

（1）周期性运行图中，每个周期内列车的出发时刻相对固定，列车的开行数量、运行顺序、运行速度、越行或待避车站、车底的接续方案等都基本相同，便于乘客记住列车的开行规律与规则，方便乘客乘车。

（2）在基于规格化运行图的运输组织模式下，可以根据旅客出行特点，在基本运行图上的高峰时段满负荷行车，非高峰时段抽线行车，余下的运行线作为备用线使用，为晚点列车提供很多选择机会，使运行图具有较大的柔性且能被灵活运用。

（3）规格化运行图有利于针对旅客出行特点，结合各种条件，方便计算机自动编制列车运行图，同时有利于提高列车的自动化控制水平及列车运行质量，保证列车有序运行。

2. 缺点

（1）由于周期性运行图中列车的运行线路、运行时间相对固定，不能充分利用线路的通过能力，从而造成能力的浪费。

（2）由于列车的停站方案相对固定，可能不能满足部分旅客的出行要求或为照顾部分旅客需要额外增加停站。

图 4.21 为某线路的一种规格化运行图形式。快车和慢车采用 1∶1 的开行比例，快车与快车、慢车与慢车之间的行车间隔均为 15 min，快车的发车时刻均为每个小时的第 0，15，30，45 min，慢车的发车时刻均为每个小时的第 7，22，37，52 min。

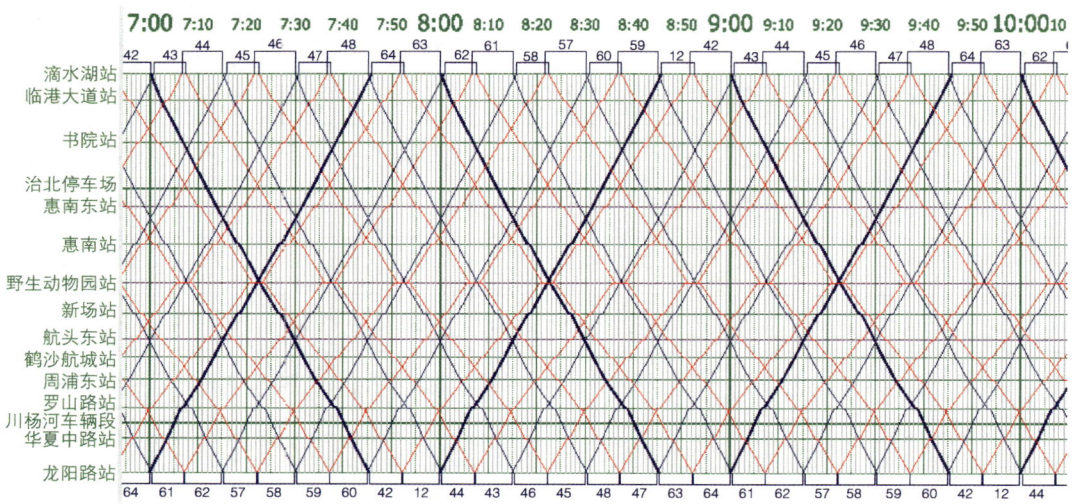

图 4.21　某线路的规格化运行图示意

5 互联互通条件下的市域快线客流组织方案

如何构建运营管理和服务"一张网",实现设施互联、票制互通、安检互认、信息共享、支付兼容,这需要通过市域快线与其他轨道交通方式旅客服务的互联互通来实现。本章重点分析市域快线与其他轨道交通的衔接换乘系统对互联互通服务的适应性,探讨面向一体化出行的多方式互联互通客运组织服务标准以及客运服务方法。

5.1 市域快线换乘系统

5.1.1 换乘站的适应性

1. 换乘站分类

（1）交路衔接换乘站。根据市域快线的特点，采用多种交路衔接运营模式，需要设置不同交路的首末站换乘，必须设有停车、候车、调度以及有关指示标志等措施。

（2）线路换乘站。线路换乘站通常位于通达性高、多条线路交会的路网结点，注重人流组织。

（3）综合换乘枢纽。途经高速铁路客运站的市域快线线路，应该考虑与区域高速客运铁路、城际轨道交通等不同轨道交通方式之间的换乘。

对于市域快线线路，既存在功能单一的某种类型的换乘站，也有集多种功能于一体的换乘站。

2. 换乘方式

轨道交通间的换乘方式与换乘客流量、科学技术水平、施工能力、经济发展水平等因素密切相关，最基本的换乘方式有站外换乘、平行换乘、立交平行换乘、立交换乘、三线及多线立交换乘等，其他形式的换乘方式可由基本形式来组合。不同类型的换乘站应采用相适应的换乘方式。

（1）不同交路间的换乘方式。

根据客流需求，对一条轨道交通线路采用多种交路衔接形式运营时，换乘客流产生在同一条线路上。因此，以方便乘客的换乘为原则，宜采用在同一站台接、发同向不同交路的列车，实现不同交路的同站台换乘，可使乘客换乘更快捷、更方便。

（2）不同城市轨道交通线路间的换乘方式。

换乘方式首先取决于两条线路的走向和相互交织形式，常见的有垂直交叉、斜交、平行交织等多种形式。

同站台换乘一般适用于两条线路平行交织且采用岛式站台的车站形式。乘客换乘时，由岛式站台的一侧下车，跨过站台另一侧上车，即完成了转线换乘，换乘极为方便。

巴黎RER线在设计时都考虑采用了"门对门"换乘方式以方便旅客，缩短换乘时间，唯一不同之处就是，在Chatelet les Halles站的"门对门"换乘是平行式的，旅客只需横跨站台便可完成换乘；而在其他两个站的"门对门"换乘是选用立体式的，也就是旅客只需要上下电梯便可实现"门对门"换乘(图5.1)。

阶梯换乘方式适用于两线车站交叉方式，有"＋""T""L"三种布置形式。阶梯换乘方式

图 5.1　巴黎 Gare du Nord 站 B 线与 D 线的"门对门"换乘

的关键在于阶梯宽度往往因受岛式站台总宽度的限制,通行能力不能满足乘客流量需要,使阶梯换乘方式的适用范围受到局限。一般适用于侧式站台间换乘,或与其他换乘方式组合应用。需要注意上、下层面间的客流组织,更应避免进出站客流与换乘客流的交叉紊乱。

由于场地、线路走向的限制,在两线交叉处,车站结构完全脱离,因此采用通道换乘方式。用通道和阶梯将两车站连接起来,供乘客换乘,连接通道一般设于两站站厅之间,也可直接设置在站台上。这种换乘方式有利于两条线路工程分期实施,预留工程最少,后期线路位置调节有较大的灵活性。

在不同轨道交通线路间换乘方式的实际应用中,往往采用两种或几种换乘方式组合,以达到改善换乘条件、方便乘客使用、降低工程造价的目的。例如:同站台换乘方式辅以站厅或通道换乘方式,使在所有的换乘方向都能实现换乘;阶梯换乘方式在岛式站台中,必须辅以站厅或通道换乘方式,才能满足换乘能力;站厅换乘方式辅以通道换乘方式,可以减少预留工程量;等等。上述组合的目的,都是从功能方面来考虑的,不但要有足够的换乘通过能力,还要有较大的灵活性,为乘客和工程实施提供方便。

(3) 不同轨道交通方式间的换乘。

大容量的城市轨道交通理应作为旅客集散的重要工具,途经铁路客运站的线路车站应该延伸至相应的港站区域,实现城市轨道交通与国铁的有效衔接换乘。这类换乘站连接城市对外和对内交通,通常客流的换乘量较大,换乘相对频繁,应该采用垂直换乘方式,立体布置站台层,通过站厅层或站厅广场实现换乘,建设成具有一定规模的换乘枢纽。

设置两线或多线的共用站厅,或相互联通形成统一的换乘大厅。乘客下车后,无论是出站还是换乘,都必须经过站厅,再根据导向标志出站或进入另一个站台继续乘车。由于下车客流到站厅分流,减少了站台上人流交织,乘客行进速度快,在站台上的滞留时间减少,可避免站台因行车延误造成的拥挤,同时又可减少阶梯等升降设备的总数量,增加站台有效使用面积,有利于控制站台的宽度规模。

3. 站台形式及能力

轨道交通换乘枢纽站内的设施包括站台、人行道、楼梯、自动扶梯等。在多种交路衔接运营模式下,采用不同交路同向的同站台换乘,必然会产生一定量的换乘客流停留在站台等候换乘。因此,在针对不同的换乘站选择站台形式(岛式站台和侧式站台)及确定其能力时,需要考虑以下两方面因素。

(1) 不同交路换乘客流量。

① 岛式站台。

采用岛式站台,则上、下行两个方向,相互衔接的两个交路的列车接发作业都在同一站台上完成,如图 5.2 所示。

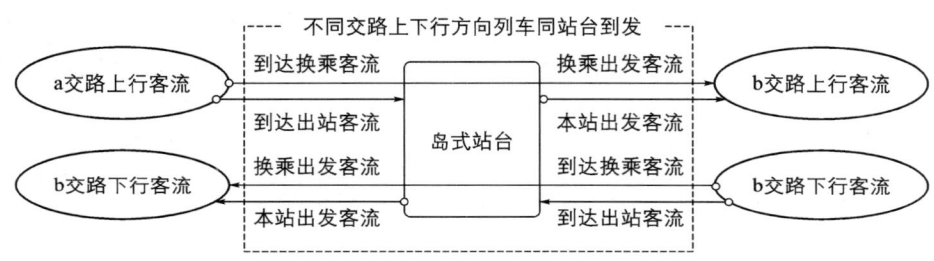

图 5.2 A 站岛式站台客流流动示意图

② 侧式站台。

采用侧式站台,则上、下行两个方向的列车接发作业在不同的站台完成,相互衔接的两个交路同方向实现同一站台换乘,如图 5.3 所示。

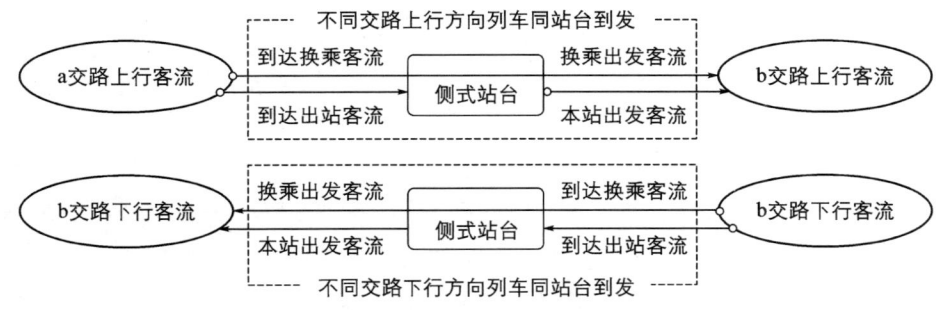

图 5.3 A 站侧式站台客流流动示意图

岛式站台应该满足不同交路两个方向的换乘客流量的需求;侧式站台则只要满足不同交路中一个方向的换乘客流量的需求。

(2) 不同轨道交通方式的换乘客流。

这部分的客流跟高速客运交通的运输组织密切相关,列车的到发时间以及发车频率决定了这部分客流的强度和频率。

表 5-1 不同类型换乘站的换乘方式

换乘站类型	换乘功能	换乘方式	设施要求
交路衔接换乘站	同线路相互衔接交路客流换乘	同站台换乘	换乘站台容量满足本站及换乘客流
线路换乘站	相互交织的不同线路客流换乘	根据线路走向、交织形式采取相应的换乘方式	明确的换乘导向系统
综合换乘枢纽	对外高速铁路与市域快线客流换乘	站厅层或站厅广场换乘	立体站厅层实现不出站换乘

(3) 延误造成的换乘客流积累。

在小交路相互衔接的运营形式下,对于不同交路衔接的车站的站台能力,不仅应按高峰小时客流计算,为实现一定的服务水平,还应考虑一定的富余容量,即考虑由于延误引起的站台上换乘客流的滞留积累,可以根据延误概率和服务水平等级来测算延误累积系数。

5.1.2 换乘的付费和引导

1. 换乘线路间的票制

对于市域快线,在小交路相互衔接形式下,可以采用区段票价制和区域票价制相结合的方式,即同线路换乘采用区段票价制,不同线路换乘采用区域票价制。

(1) 区段票价制:把全线划分为若干区段,按是否在区段内乘车和跨越几个区段乘车制定票价。这种票价制兼顾了乘客的合理车费负担和票务的便利管理,适用于市域快线。

(2) 区域票价制:对于多条线路组成的轨道交通网络,划分若干区域,按是否在区域内乘车和跨出区域乘车制定不同票价。这种票价制适用于存在换乘的线路网络中,有利于乘客的不出站换乘。

2. 乘客引导系统

(1) 智能化的信息导向系统。

当不同轨道交通线路在同一车站内同时换乘时,各种导向标识是完成顺利换乘的重要条件。例如,巴黎换乘站的各种导向标识与导向系统(图 5.4),能较好地指示换乘人流有序移动。乘客信息导向系统正朝着智能化的方向发展,站内设置一套完整而明确美观

(a) 换乘标识　　　　　　　　　　(b) 动态显示预告牌

图 5.4 巴黎车站的换乘标识及动态显示预告牌

的进出动线系统,不仅用各种不同的颜色区分,还有清晰完整的标识和地图体系,可以帮助人们更好地辨识方向,指引旅客搭乘火车、地铁。这是一座先进的智能型车站。建设完善、高效的乘客导向系统,一方面可以避免车站内候车人流拥挤,另一方面避免了游客盲目进入车站候车,节省了乘客候车时间。

(2) 自动化的设施导向系统。

在建设交通枢纽设施时,考虑人流疏散的要求,应该建设一些具有自动导向功能的设施,引导人流的移动。比如,不同线路采用通道换乘方式时,对于长距离的换乘通道可以采用自动导向步行系统(图 5.5),将人流有序地输送到各个车站出入口,避免人流的混乱,达到安全、快速疏导行人的目的。

图 5.5　巴黎夏特莱车站内部的自动人行道

5.2　面向一体化出行的互联互通客流组织服务标准

市域快线与地铁、高速铁路、城际铁路、航空等衔接时,在基本的线路间及方式间衔接换乘的要求基础上,可从服务旅客/乘客一体化出行的角度,对标物理互联互通的服务水平,提出多方式衔接关键枢纽站的互联互通客流组织服务标准和客运组织方法。

现有的客运枢纽站服务标准中,车站换乘服务水平评价标准主要包含以下几个方面:设施布局、票务服务、导乘服务、行车服务和应急服务,如表 5-2 所示。

根据各类评价标准具有不同的性质,将其分为五类性质,这五类性质代表了车站服务水平的五个不同方面,包括便捷性、舒适性、流畅性、一致性和安全性,如图 5.7、表 5-3 所示。

表 5-2 车站换乘服务水平评价标准所包含内容

评价标准	具体内容	评价标准	具体内容
设施布局	换乘距离	票务服务	联票价格
	安检、验票设施		验票衔接
	旅客流线	导乘服务	导向标识
行车服务	换乘能力衔接	应急服务	应急预案
	换乘时间衔接		应急疏导

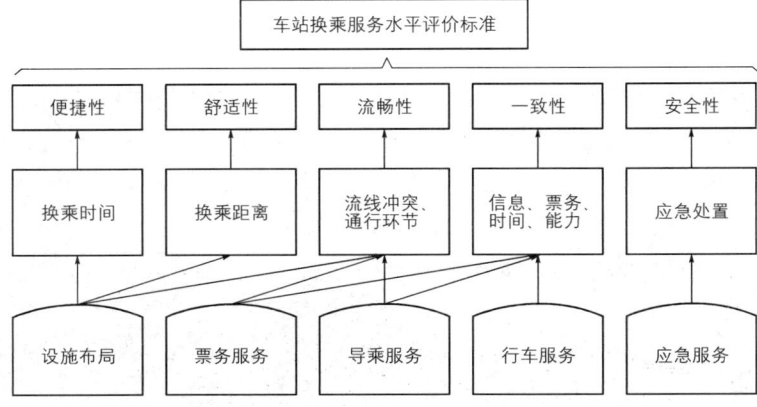

图 5.7 车站换乘服务水平评价标准

表 5-3 换乘枢纽站的换乘服务指标

性质	参数	解释	公式
便捷性	换乘时间 Δt_h	从到达列车下车时刻 t_1 至换乘列车上车时刻 t_2	$\Delta t_h = t_2 - t_1$
舒适性	换乘距离 D_h	从到达列车下车车门位置至换乘列车上车车门位置的距离	
流畅性	流线冲突	在车站内,各方向旅客的换乘路线的交叉点	
	通行环节	各类旅客在换乘过程中所需通过的购票、验票、安检等环节	
一致性	信息发布	换乘列车到达时间、换乘路线等信息的发布和引导	
	票务服务	各线路通用的联票服务	
	换乘班次 T	从旅客进入换乘列车候车大厅的时刻 t_1' 至上车时刻 t_2,所等候的列车班次 T。Δt_f 为换乘列车固定发车间隔	$T = \dfrac{t_2 - t_1'}{\Delta t_f}$
安全性	应急预案	包括各线路在内的配合进行的应急预案	

互联互通换乘标准,指的是轨道交通网络中,在互联互通的背景下,客运枢纽站在换乘方面的综合服务水平所应达到的标准。

一方面,对于现有换乘标准,通过收集资料发现,目前不同地区、不同城市,乃至不同车站,对于换乘服务的细则标准要求都不尽相同(换乘服务细则标准指的是换乘时间、换乘距离、换乘环节等)。北京市率先在 2012 年规定了"地铁同站换乘步行 1 min 以内,节点换乘步行 3 min 以内,其他通道换乘方式走行时间不宜超过 5 min"的换乘要求[2],而上海市和广州市针对地铁换乘迄今未有类似的文件规定。分析其主要原因,是因为轨道交通车站的物理条件不同,各车站的规模、作用在建造之初就已经确定,这造成了A车站的换乘标准不一定适用于B车站。各个车站的物理条件决定了各自的换乘服务中一部分指标的上限和下限。

另一方面,互联互通条件下的换乘服务,在目前的乘客换乘体验的基础上,应具有更高的标准。要实现互联互通背景下的更高换乘标准(表5-4),一是需要对换乘车站的物理设施布局和客运组织环节提出新的标准,要满足互联互通的基本要求,而这部分属于各个车站都可以实现的统一硬性要求;二是针对不同车站,考虑其不同的条件,提高换乘标准中的部分参数指标,这部分属于各个车站因站制宜的灵活要求。

表5-4 换乘枢纽站的互联互通换乘服务标准要求

要求类型	性质	参数	互联互通要求
灵活要求	便捷性	换乘时间 Δt_h	相对减少换乘时间
	舒适性	换乘距离 D_h	相对缩短换乘距离
硬性要求	流畅性	流线冲突	无明显流线冲突造成的客流结块
		通行环节	出行链中一次安检、一次过闸机
	一致性	信息发布	一个信息发布平台
		票务服务	各线路通用的联票服务
		换乘班次 T	换乘仅需一次候车
	安全性	应急预案	各线路间协同的应急预案

因此,针对不同的换乘车站,首先要求硬性上的互联互通标准,即完成旅客全出行链中,"一次购票、一次安检、一次候车、一个平台(信息发布)"的硬性标准要求;其次,在现有表现的基础上,对灵活要求的指标进行一定的优化,相对减少换乘时间,缩短换乘距离,优化换乘流程。

5.3 面向一体化出行的互联互通客运服务基本方法

通过对客运组织方法进一步加以改进,节约乘客在各个出行环节中所花费的时间,从而达到提高互联互通服务水平的目的。面向一体化出行的多方式互联互通的客运组织方法可以总结为"一次购票、一次安检、一次候车、一个平台"。通过达到以上要求,将不同交通方式提供的出行服务进行捆绑,从而使乘客能够一次性获取。

5.3.1 "一次购票"的内涵及实现方法

"一次购票"是指乘客只需一次操作即可获得全部行程的票证。这一目标包括多种实现方式。

德国的"公铁联运""空铁联运"是通过联程票的形式让乘客一次购买多种交通方式的票证,这更适用于跨城市长距离出行。目前在我国较为常见的是采用城市交通一卡通的形式,乘客在事先购买一卡通后可乘坐市内的各种公共交通工具,无需购买不同票证。我国当前发达的移动支付手段同样可以在购票时发挥重要作用。

5.3.2 "一次安检"的内涵及实现方法

"一次安检"是指乘客只需一次安检即可乘坐不同交通工具。实现这一目标的难点在于如何区分已经经过安检的换乘乘客与未经安检的直接进站乘客。此外,不同交通方式的安检等级不同,需要加以协调。

针对这些问题,建议采取类似 VIP 服务的形式,通过物理隔离为选择互联互通服务的乘客提供专用通道。

5.3.3 "一次候车"的内涵及实现方法

"一次候车"是指乘客在换乘过程中候车时间不超过一个发车间隔。这就涉及不同交通方式的衔接问题,包括在到发时刻上的衔接以及在运载能力上的衔接。

无论是物理层面的互联互通还是服务层面的互联互通都可在这一方面发挥重要作用。通过跨线运营,乘客无需中转换乘即可到达不同线路上的目的地;通过改进换乘服务,做到同站台换乘,可以最大限度地减少乘客候车时间。

建议通过建立统一的调度指挥系统,对不同交通方式的到发时刻进行协调,以尽可能地减少乘客候车时间。在客流量较大的站点开行专列或提前限流,可以确保乘客不必等候下一辆车。

5.3.4 "一个平台"的内涵及实现方法

"一个平台"是指乘客可从一个信息平台上获取不同交通方式的全部出行信息。

当前,我国乘客出行规划大多利用各类地图 App 获取出行信息,这些 App 一方面不能确保信息的准确性与可靠性,另一方面也没有做到整合不同交通方式的信息服务,还不能算完善。东京铁路推出了功能极其强大的手机 App,根据出发站和目的站,可确定多个换乘方案,准确地写明所需时间、交通费,以及换乘需要到达的站台,可以帮助乘客顺利换乘。值得我们借鉴。

建议交通系统可以利用自身的资源,建立包括出行方案规划、实时信息提醒、票务预订等功能的信息服务平台,为乘客提供门到门的出行信息服务。

"一次购票、一次安检、一次候车、一个平台"这四大目标的实现,将极大地简化乘客中转换乘环节,极大地节省乘客换乘停留时间,极大地便利乘客出行。多方式的互联互通正是实现这些目的的重要手段,互联互通客运服务水平的提升也使乘客更能享受一体化出行的便利。

6 市域快线实例分析

广州轨道交通18号线和22号线同属市域快线,承担快速连接南沙新区及广州市核心区的功能。其运营定位为速度等级高、断面客流大、服务水平高。两线既要解决广州与南沙"双城"出行问题,又要满足两地通勤及沿线区域客流需要。由于运行初期拟采取22号线与18号线跨线运营,而新一轮线网中多条快线间考虑互联互通运营,因此有必要以22号线与18号线为背景,研究市域快线在物理层面和服务层面互联互通运营的基本模式和方法,为今后互联互通条件下的市域快线运输组织优化提供理论基础和实践依据。

6.1 线路概况

广州市域快线 18 号线自万顷沙站至广州东站,经南沙区、番禺区、海珠区及天河区,全长 62.7 km,共设站 9 座,其中换乘站 8 座,平均站间距 7.5 km。

广州市域快线 22 号线自万顷沙站至白鹅潭站,其中,番禺广场站至白鹅潭站段线路长 30.8 km,共设站 8 座,其中换乘站 4 座,平均站间距 4.2 km。

6.1.1 线路设计特点

1. 时空目标高

(1) 速度等级高。两线承担快速连接南沙新区及广州市核心区的功能,结合综合交通规划目标及南沙新区发展需要,自万顷沙站至广州东站时空目标定位"30 min",若采用传统地铁制式则不能满足该目标。

(2) 断面客流大。18 号线远期最大客流断面为 2.85 万人/h,22 号线为 2.21 万人/h,若采用 8 辆编组的传统城际铁路模式则不能满足该线客流要求,若采用高编组列车则投资将进一步增大。

(3) 服务水平高。两线功能定位为市域快线,既解决广州与南沙"双城"出行问题,又满足两地通勤及沿线区域客流需要。采用高开行对数的大站停＋站站停的组合运营模式,对设计提出了高要求。

2. 系统选型难

推荐 18 号线和 22 号线采用大站停＋站站停的组合运营模式,18 号线(图 6.1)大站列车停靠万顷沙站、横沥站、番禺广场站、冼村站、广州东站,22 号线(图 6.2)大站列车停靠番禺广场站、广州南站、西三站、东沙工业园站、西朗站、白鹅潭站。

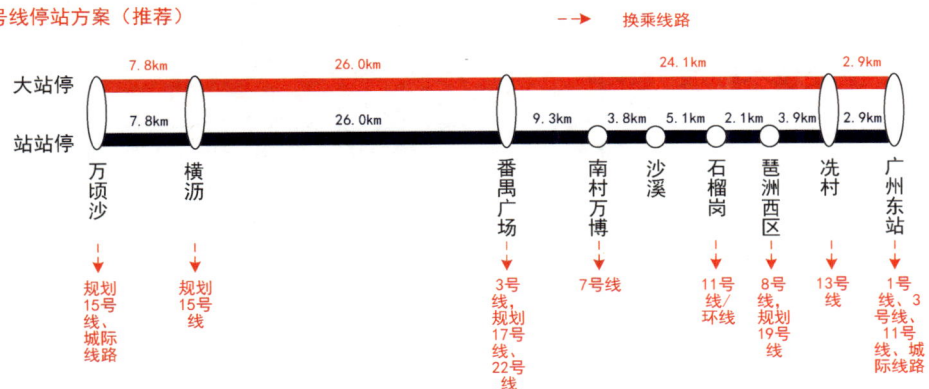

图 6.1　18 号线停站方案

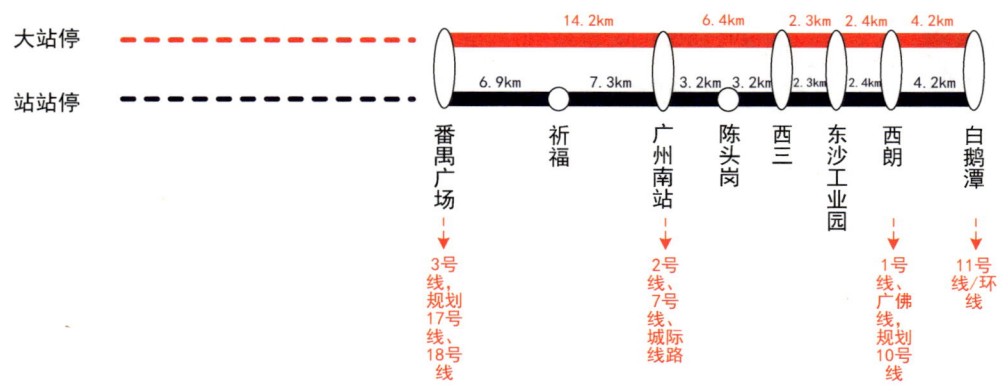

图 6.2　22 号线近远期停站方案

3. 车站规模大（越行站多、换乘站多）

18 号线的 9 座车站中，有 8 座换乘站、4 座越行站。与已建成线路换乘的车站有 4 座，分别是南村万博站(7 号线)，番禺广站(3,17,22 号线)，琶洲西区站(8,19 号线)，广州东站(1,3,11 号线)；与设计中线路换乘的车站有 2 座，分别是石榴岗站(11 号线)和冼村站(13 号线)；与远期规划线路换乘的车站有 2 座，分别是万顷沙站(15 号线，肇顺南、中南莞城际和广东西部沿海铁路换乘)和横沥站(15 号线)；以及一个非换乘站沙溪站。其中南村万博站、琶洲西区站、石榴岗站和沙溪站是越行站。

22 号线的 8 座车站中，有 4 座换乘站、2 座越行站。与已建成线路换乘的车站有 3 座，分别是番禺广场站(3,17,22 号线)，广州南站(2 号线、7 号线，武广铁路、广深港客运专线、广佛环线、广珠城际铁路、广莞惠城际铁路等大铁线路换乘)，西朗站(1 号线、10 号线、广佛线换乘)；与设计中线路换乘的车站为白鹅潭站(1,11,19 号线，广佛江珠城际线)；以及 4 座非换乘站，分别为祈福站、陈头岗站、西三站、东沙工业园站。其中番禺广场站和祈福站是越行站。

6.1.2　主要技术标准

1. 线路

（1）线路平面曲线最小半径。当列车在区间正线运行的速度在 160 km/h 时，线路平面曲线最小半径一般为 1 500 m，困难地段为 1 300 m。当区间限速为 100 km/h 时，线路平面曲线最小半径一般为 600 m，困难地段为 500 m。

（2）线路纵断面最大坡度。区间正线的纵断面最大坡度一般为 20‰，困难地段为 30‰；车站正线和折返线的纵断面最大坡度一般为 2‰；联络线和出入线的纵断面最大坡度一般为 30‰，困难地段为 35‰。

(3) 竖曲线最小半径。当列车在区间正线运行的速度在 160 km/h 时,区间正线的竖曲线最小半径一般为 15 000 m,困难地段为 8 000 m。

2. 轨道

(1) 道岔。正线均采用 12 号道岔,停车场及车辆段采用 9 号道岔。

(2) 轨道。线路一般采用双块式无砟轨道,正线及配线采用 60 kg/m 钢轨,车场线采用 50 kg/m 钢轨。

(3) 最大超高为 150 mm。

3. 行车组织

(1) 客流。18 号线远期高峰小时断面客流量为 2.85 万人次,22 号线远期高峰小时断面客流量为 2.21 万人次。

(2) 开行对数。系统的开行能力为 24 对/h。

(3) 设计速度。列车的最高运行速度为 160 km/h。

(4) 旅行速度。规定 18 号线大站停列车旅行速度不低于 122 km/h,站站停列车旅行速度不低于 90 km/h;22 号线大站停列车旅行速度不低于 82 km/h,站站停列车旅行速度不低于 70 km/h。

(5) 列车编组。初期、近期、远期均为 8 辆编组。

(6) 车辆。车辆为 8 辆编组市域 D 型车,车辆构造速度为 176 km/h,定员标准大于或等于 1 750 人,轴重小于或等于 17 t。

4. 供电

牵引供电系统采用 110/27.5 kV 两级电压供电,动力照明系统采用 110/33/0.4 kV 供电制式;接触网正线地下段采用架空刚性悬挂接触网,车辆段和停车场采用架空柔性悬挂接触网。

5. 信号

信号系统采用的是基于通信的列车自动控制系统(CBTC)和 LTE① 车地无线通信系统。

6. 救援

可承受火灾规模为 10.5 MW,火灾发生后人员疏散可用时间为 580 s,疏散救援定点的间距不应大于 13.5 km。

设置相邻区间隧道、火灾上风侧、紧急出口或救援定点为临时避难区。

对于市域快线,在小交路相互衔接形式下,可以采用区段票价制和区域票价制相结合的方式,即同线路换乘采用区段票价制,不同线路换乘采用区域票价制。

---

① LTE:Long Term Evolution,通用移动通信技术的长期演进。是 3G 与 4G 技术之间的过渡,是蜂窝式网络中的一种。

6.2 折返站能力分析

6.2.1 折返线通用参数设置

除进路办理及确认时间、站前折返的上下客时间、站后折返的上下客时间与站后折返技术作业时间外,其他参数均取自工可资料,见表6-1。

表6-1 折返线通用参数设置

参　　数	数　　值
进站速度	60 km/h
过岔速度	45 km/h
启动加速度	$1\ \text{m/s}^2$(0～40 km/h),$0.4\ \text{m/s}^2$(40～160 km/h)
制动减速度	$1\ \text{m/s}^2$(常用),$1.2\ \text{m/s}^2$(紧急)
进路办理及确认时间	20 s
站后折返的下客时间(到达)	60 s
站后折返的上客时间(出发)	60 s
站前折返的上下客时间	120 s
列车编组	8 节
列车长度	186 m
站后折返技术作业时间	80 s

6.2.2 案例分析——18号线广州东车站

18号线广州东车站站形如图6.3所示,可采用站前固定折返线折返与站前交替折返,由工可资料进行牵引计算可得其折返能力参数。

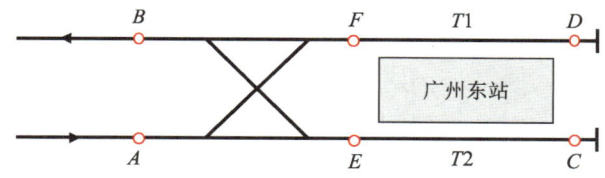

图6.3 广州东车站站形

$l^{AD}=443\ \text{m},\quad l^{AC}=442\ \text{m},\quad l^{DB}=443\ \text{m},\quad l^{CB}=442\ \text{m}$

因此,计算出各时间参数见表 6-2。

表 6-2　18 号线广州东车站折返能力参数

参数	理论计算值/s	实际取值/s
t^{AD}	42	44
t^{AC}	35	37
t^{CB}	42	44
t^{DB}	35	37

广州东站在不同折返条件下的折返能力见表 6-3。

表 6-3　18 号线广州东车站折返能力(不同条件下)

折返模式	折返能力/s	折返能力/(列·h^{-1})
固定折返线 $T1$(弯进直出)	201	17.91
固定折返线 $T2$(直进弯出)	201	17.91
交替折返(到发不均衡)	100.5(108+93)	35.82
交替折返(到发均衡)	108	33.33

对比固定折返线折返与站前交替折返的折返能力计算结果,站前交替折返的折返能力在到发不均衡的条件下是固定折返线折返能力的 2 倍,在到发均衡的条件下能力相较于到发不均衡,其能力下降较小。若线路的通过能力瓶颈在折返能力时,交替折返对于通过能力有较大的提升。

6.2.3　案例分析——22 号线番禺广场车站

22 号线番禺广场车站站形如图 6.4 所示,本站采用站后固定折返线折返,由工程资料进行牵引计算可得其折返能力参数。

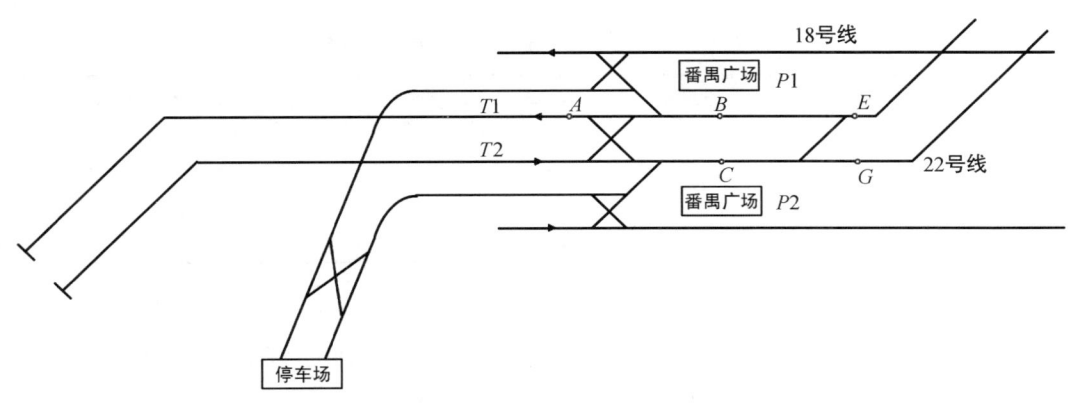

图 6.4　番禺广场车站站形

$$l^{EB} = 278 \text{ m}, \quad l^{BA} = 365 \text{ m}, \quad l^{AC} = 365 \text{ m}, \quad l^{CF} = 208 \text{ m}$$

因此，计算出各时间参数见表 6-4。

表 6-4　22 号线番禺广场车站折返能力参数

参数	计算值/s	参数	计算值/s
t^{EB}	85	t^{AC}	40
t^{BA}	40	t^{CF}	83

站后固定折返的折返能力计算中，除了折返能力的参数数值外，进路办理及确认时间是影响计算结果的关键，是重要的限制点。相对于站前固定折返，其折返能力下降了 13.1%，且番禺广场车站作为 22 号线的终点站，其折返能力是影响整条线路通过能力的关键，因此可以考虑采用混合折返的方式。下面将以白鹅潭车站为例进行混合折返的介绍。

6.2.4　案例分析——22 号线白鹅潭车站

22 号线白鹅潭车站站形如图 6.5 所示，本站采用站前站后混合折返模式，由工可资料进行牵引计算可得其折返能力参数。

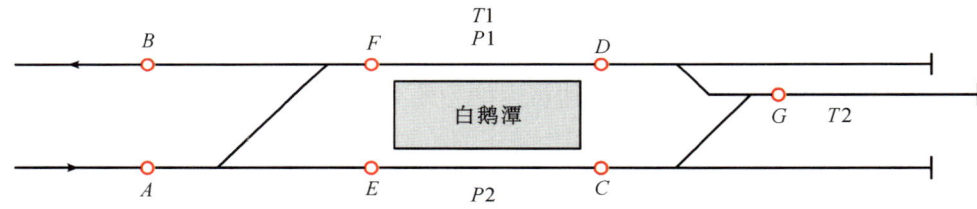

图 6.5　白鹅潭车站站形

$$l^{AD} = 397 \text{ m}, \quad l^{AC} = 396 \text{ m}, \quad l^{DB} = 208 \text{ m}, \quad l^{CG} = 378 \text{ m}, \quad l^{GD} = 378 \text{ m}$$

因此，计算出各时间参数见表 6-5。

表 6-5　22 号线白鹅潭车站折返能力参数

参数	计算值/s	参数	计算值/s
t^{AD}	33	t^{GD}	40
t^{AC}	33	t^{DB}	21
t^{CG}	40		

其作业流程如图 6.6、图 6.7 所示。

在车站混合折返的折返能力计算中，站前站后的折返比例是影响计算结果的关键，站后折返技术作业时间以及站前折返的上下客时间对数值的计算与比例的选取有较大的影响。以白鹅潭车站为例，车站混合折返相较于站前固定折返提升了约 14.3% 的折返能力。

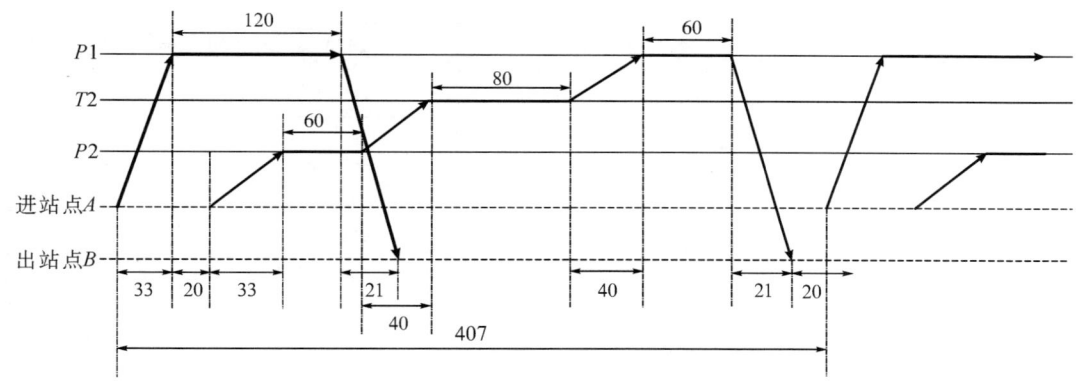

图 6.6 22 号线白鹅潭车站列车站前站后 1∶1 混合折返过程（单位：m）

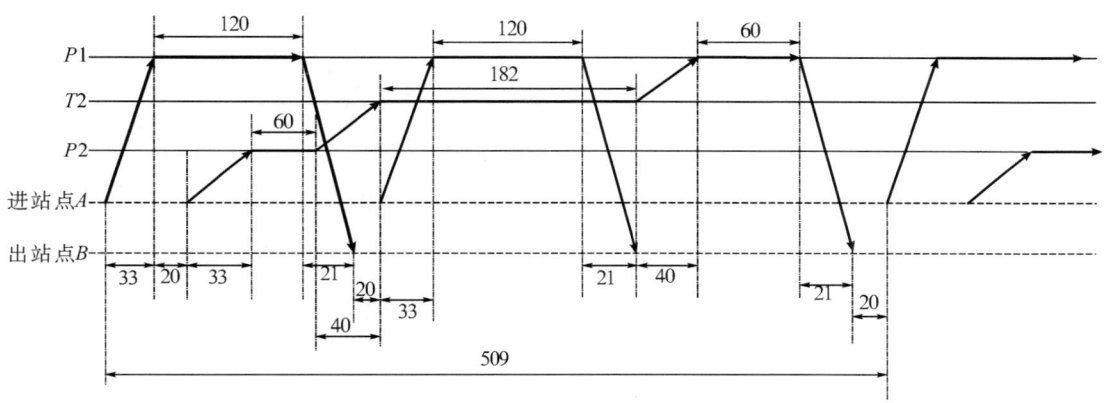

图 6.7 22 号线白鹅潭车站列车站前站后 2∶1 混合折返过程（单位：m）

6.2.5 折返能力汇总

折返能力计算结果见表 6-6。

表 6-6 车站折返能力汇总

车站名	折返模式	折返间隔/s	折返能力/(列·h^{-1})
广州东	站前固定折返线 $T1$(弯进直出)	201	17.91
	站前固定折返线 $T2$(直进弯出)	201	17.91
	站前交替折返(到发不均衡)	100.5(108+93)	35.82
	站前交替折返(到发均衡)	108	33.33
番禺广场(18 号线)	站后固定折返线(直进直出)	351	10.26
番禺广场(22 号线)	站后固定折返线 $T1$(直进弯出)	216	16.67
	站前固定折返线 $T2$(弯进直出)	191	18.85

(续表)

车站名	折返模式	折返间隔/s	折返能力/(列·h^{-1})
万顷沙	站前固定折返线 $T1$(弯进直出)	194	18.56
	站前站后 1∶1 混合折返	407	17.70
	站前站后 2∶1 混合折返	509	21.21
天贵	站前固定折返线 $T1$(弯进直出)	194	18.56
	站前站后 1∶1 混合折返	407	17.70
	站前站后 2∶1 混合折返	509	21.21
白云机场	站前固定折返线 $T1$(弯进直出)	194	18.56
	站前站后 1∶1 混合折返	407	17.70
	站前站后 2∶1 混合折返	509	21.21
白鹅潭	站前固定折返线 $T1$(弯进直出)	194	18.56
	站前站后 1∶1 混合折返	407	17.70
	站前站后 2∶1 混合折返	509	21.21

以白鹅潭车站和番禺广场车站为例,由于站前没有交分道岔,若进行单一站前固定折返或站后固定折返,其能力有限,不能做到 20 列/h 以上的折返能力,因此,对于该类型的车站可以考虑混合折返的形式以提升其折返能力。

6.3 接轨站能力分析

以番禺广场车站为例,该站为双岛四线站形,其站形如图 6.8 所示。

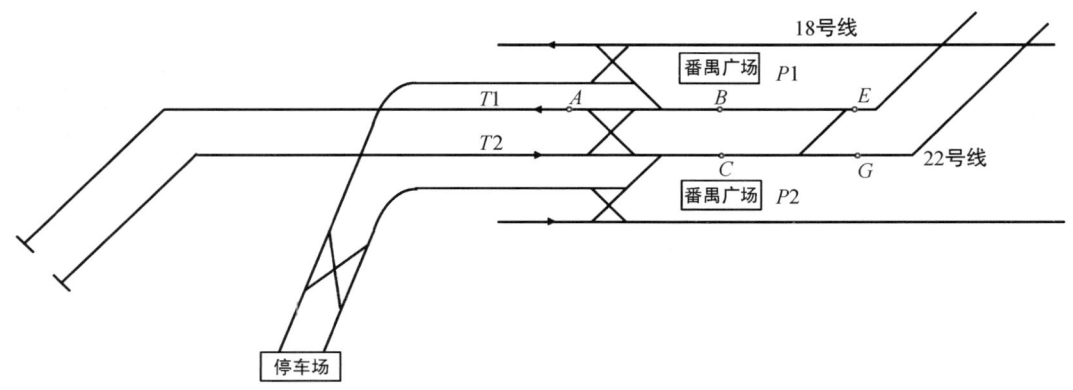

图 6.8 番禺广场车站站形

就车站接轨能力而言,不管支线是否带站后折返线,双岛四线车站支线汇总至主线和主线通往支线的作业过程相同,设计能力也相同。通过能力分析,结果如图6.9、图6.10所示。

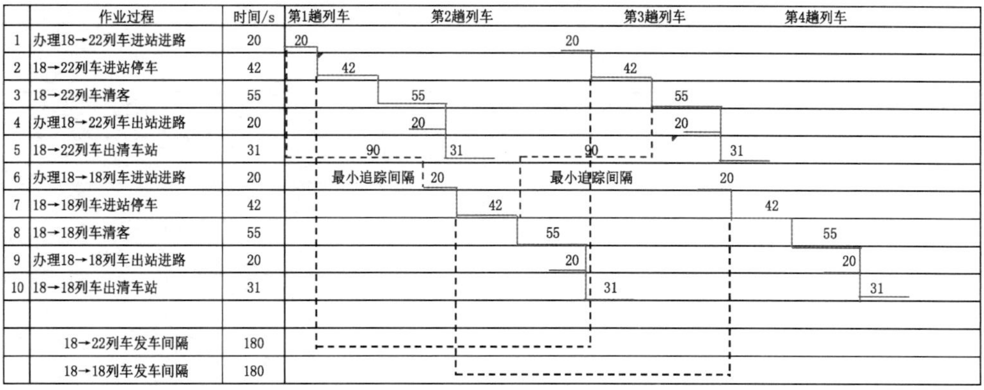

图6.9 番禺广场车站开行比例1∶1接轨能力分析图

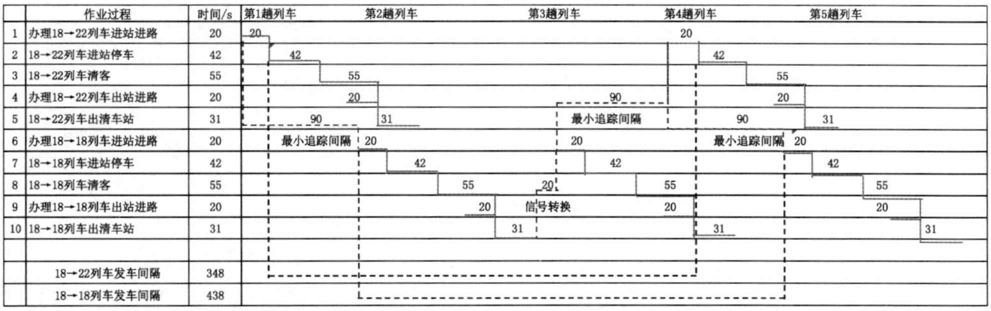

图6.10 番禺广场车站开行比例2∶1接轨能力分析图

经计算,当主线开往支线的开行比例为1∶1时,番禺广场车站18号线(主线)通往18号线(支线)与22号线(支线)的列车发车间隔均为180 s,考虑10%余量,18号线和22号线的系统设计能力为18.0对/h,主线的系统设计能力为36.0对/h,其接发车能力均衡,客流组织较为简单,行车干扰因素少(假设最小追踪间隔为90 s)。

当主线开往支线的开行比例为2∶1时,番禺广场车站18号线(主线)通往18号线(支线)与22号线(支线)的列车发车间隔分别为438 s和348 s,考虑10%余量,18号线和22号线的系统设计能力分别为14.8对/h和9.3对/h,主线的系统设计能力为24.1对/h,其接发车能力仅为开行比例1∶1条件下的66.9%。

6.4 线路追踪间隔时间计算

广州市域快线18号线与22号线为互联互通设计,在南沙区段有三座共线车站,分别是万顷沙站、横沥站、番禺广场站。在白云区段的白云城市中心站和空港经济区站也具备跨线运营条件。其中陈头岗站、空港经济区站为四线两站台设计，列车越行过站需要限速通过，其他越行站均为四线一站台设计。该线路的相关参数见表 6-7。

表 6-7　仿真参数取值

参数	描述	取值
t_c	进路办理及确认时间（有道岔动作）	30.0 s
t_s	列车停站作业时间	50.0 s
l_0	列车长度	184.0 m
l_p	站台长度	186.0 m
l_s	安全防护距离	110.0 m
l_c	车站长度	624.0 m
v	列车正常运行速度	160 km/h(44.4 m/s)
v_c	列车侧向过岔限速	50 km/h(13.9 m/s)
v_s	过站限速	80 km/h(22.2 m/s)
b	平均减速度	1.0 m/s²
a	平均加速度	1.0 m/s²

基于上述参数，得到各追踪间隔时间的计算结果见表 6-8。

表 6-8　广州市域快线 18 号线与 22 号线各追踪间隔时间的计算结果

追踪间隔名称	计算数值（非限速通过车站）/s	计算数值（限速通过车站）/s
$I_{追}$	29	—
$I_{发发}$	75	—
$I_{到到}$	72	—
$I_{发到}$	116	—
$I_{到通}$	64	87
$I_{通发}$	42	54
$I_{通通}$	46	80

基于上述研究成果，可以得到以下主要研究结论：

（1）各类安全间隔时间中，列车在区间的追踪间隔时间最小；列车在车站占用相同轨道时的发到间隔最大，是影响线路通过能力的最关键参数。

（2）列车限速通过车站会增加到通、通发和通通的间隔时间，在线路设计时，应尽量选择不限速通过的车站配线方案。

（3）实例分析中给出的数值仅为理想条件下的最小间隔时间，在编制实际运营的运行图时，需要考虑一定的冗余。

6.5 独立运营条件下的通过能力分析

6.5.1 18号线独立运营条件下的通过能力分析

1. 快慢车1∶1时,不同越行地点对通过能力的影响(慢车被越行1次)

(1) 慢车在琶洲西区站待避。

当快慢车1∶1组合开行,快车在琶洲西区站越行慢车时,周期为10 min 30 s,线路单方向通过能力为11.43列/h,平均发车间隔为5 min 15 s(图6.11)。

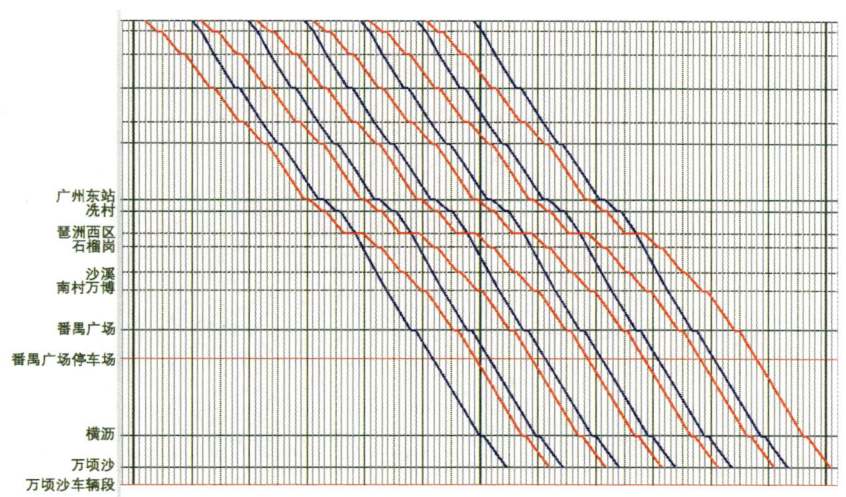

图6.11　18号线快慢车1∶1(琶洲西区站越行)

(2) 慢车在沙溪站待避。

当快慢车1∶1组合开行,快车在沙溪站越行慢车时,周期为13 min 40 s,线路单方向通过能力为8.78列/h,平均发车间隔为6 min 50 s(图6.12)。

(3) 慢车在石榴岗站待避。

当快慢车1∶1组合开行,快车在石榴岗站越行慢车时,周期为11 min 55 s,线路单方向通过能力为10.07列/h,平均发车间隔为5 min 57 s(图6.13)。

2. 快慢车1∶2时,不同越行地点对通过能力的影响(慢车被越行1次)

(1) 慢车在延伸线车站和石榴岗站待避。

当快慢车1∶2组合开行,快车在延伸线车站和石榴岗站越行慢车时,周期为11 min 55 s,线路单方向通过能力为15.1列/h,平均发车间隔为3 min 58 s(图6.14)。

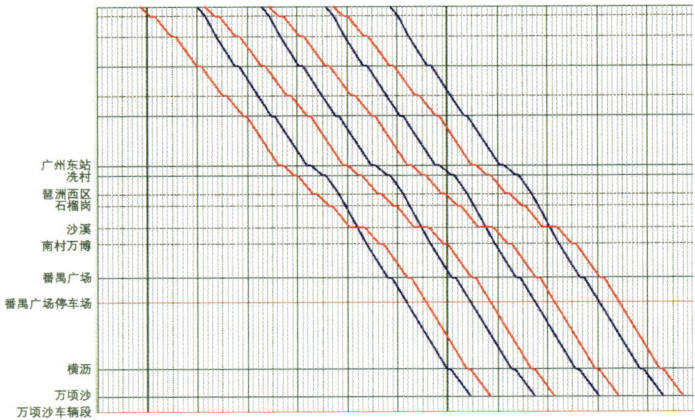

图 6.12　18 号线快慢车 1∶1(沙溪站越行)

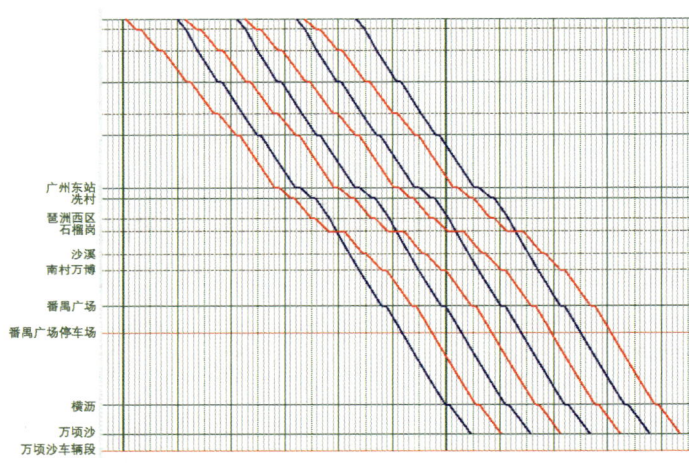

图 6.13　18 号线快慢车 1∶1(石榴岗站越行)

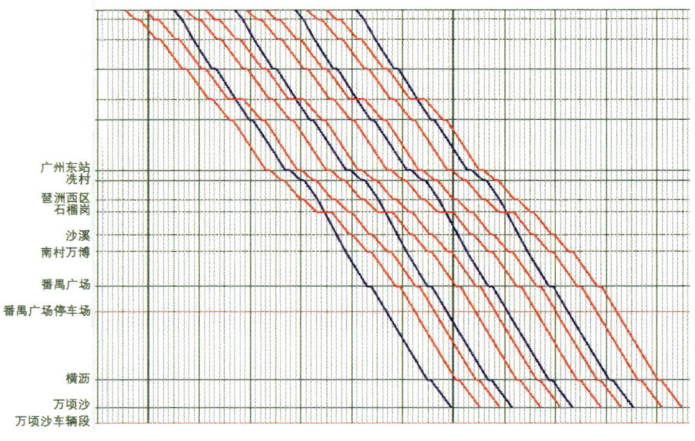

图 6.14　18 号线快慢车 1∶2(延伸线车站和石榴岗站越行)

(2) 慢车在琶洲西区站和沙溪站待避。

当快慢车1∶2组合开行,快车在琶洲西区站和沙溪站越行慢车时,周期为13 min 40 s,线路单方向通过能力为13.17列/h,平均发车间隔为4 min 33 s(图6.15)。

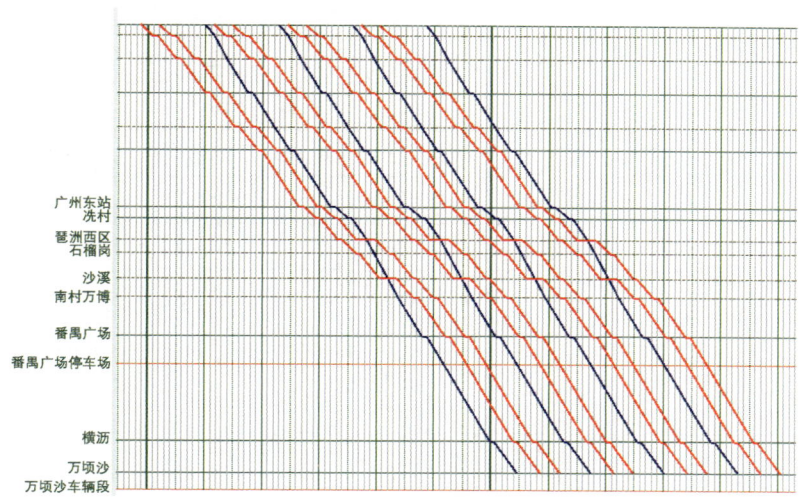

图6.15　18号线快慢车1∶2(琶洲西区站和沙溪站越行)

3. 快慢车1∶1时,慢车被越行2次

当快慢车1∶1组合开行,且慢车被越行2次,越行车站为延伸线车站和南村万博站时,周期为9 min 40 s,线路单方向通过能力为18.62列/h,平均发车间隔为4 min 50 s(图6.16)。

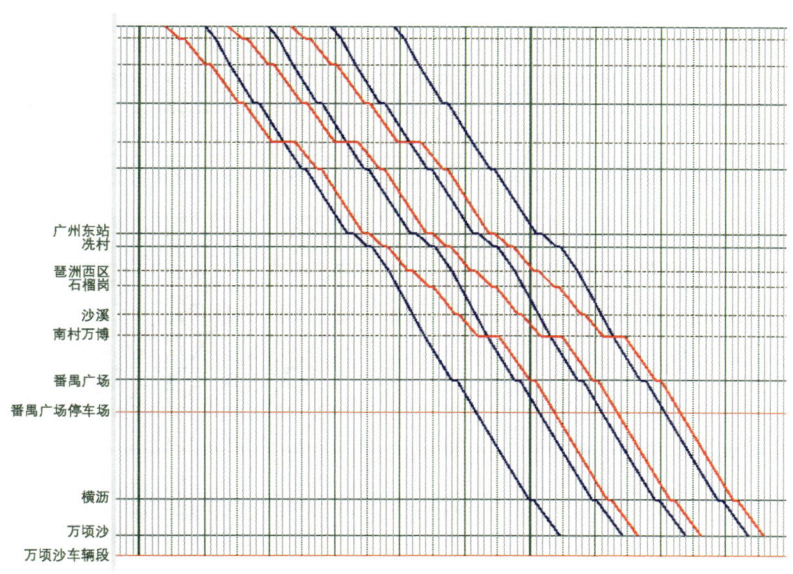

图6.16　18号线快慢车1∶1,慢车被越行2次

将上述 18 号线的所有方案汇总成表,具体如表 6-9 所示。

表 6-9　18 号线开行方案能力汇总

方案	快慢车开行比例	快车越行车站	通过能力/(列·h^{-1})	平均发车间隔
慢车被越行1次	1∶1	琶洲西区站	11.43	5 min 15 s
		石榴岗站	10.07	5 min 57 s
		沙溪站	8.78	6 min 50 s
		南村万博站	7.83	7 min 40 s
		延伸线车站	10.07	5 min 57 s
	1∶2	延伸线车站和石榴岗站	15.1	3 min 58 s
		沙溪站和琶洲西区站	13.17	4 min 33 s
慢车被越行2次	1∶2	延伸线车站和南村万博站	18.62	4 min 50 s

6.5.2　22 号线独立运营条件下的通过能力分析

1. 快慢车 1∶1 时,不同越行地点对通过能力的影响(慢车被越行 1 次)

(1) 快车在延伸线车站越行。

当快慢车 1∶1 组合开行,快车在延伸线车站越行慢车时,周期为 8 min,线路单方向通过能力为 15 列/h,平均发车间隔为 4 min(图 6.17)。

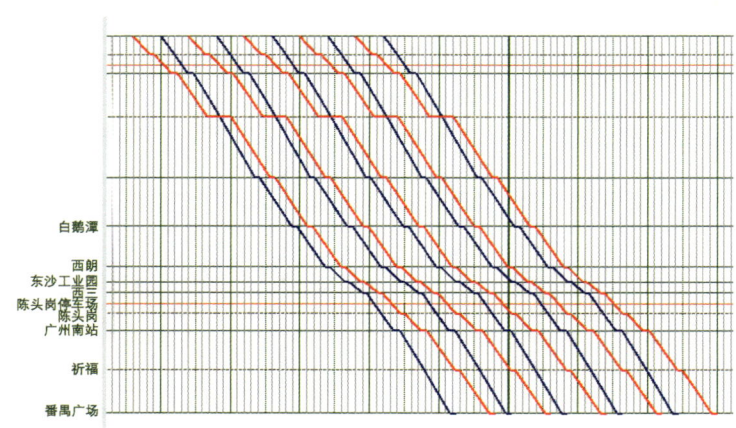

图 6.17　22 号线快慢车 1∶1(延伸线车站越行)

(2) 快车在祈福站越行。

当快慢车 1∶1 组合开行,快车在祈福站越行慢车时,周期为 10 min 5 s,线路单方向通过能力为11.9列/h,平均发车间隔为5 min 2 s(图6.18)。

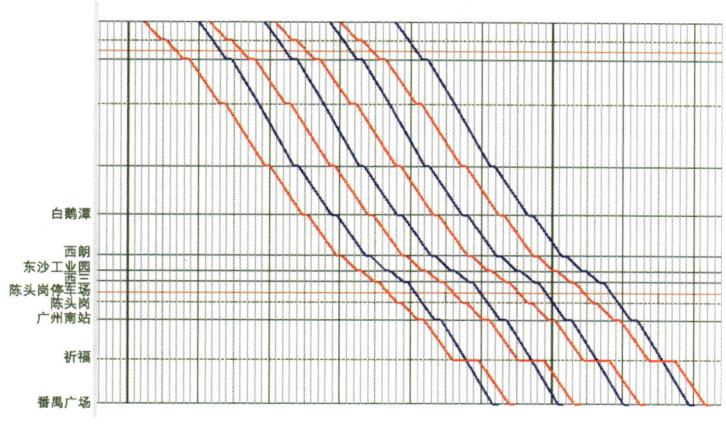

图6.18　22号线快慢车1∶1(祈福站越行)

(3) 快车在陈头岗站越行。

当快慢车1∶1组合开行,快车在陈头岗站越行慢车时,周期为8 min 20 s,线路单方向通过能力为14.4列/h,平均发车间隔为4 min 10 s(图6.19)。

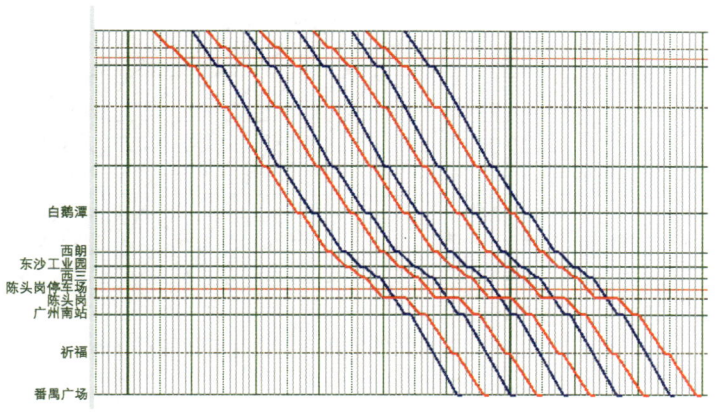

图6.19　22号线快慢车1∶1(陈头岗站越行)

2. 快慢车1∶2,不同越行地点对通过能力的影响(慢车被越行1次)

由于22号线只有3座越行站,同时考虑3座越行站的位置,因此只考虑了快慢车开行比例为1∶2的运行方案。

当快慢车1∶2组合开行,越行车站为延伸线车站和祈福站时,周期为9 min 15 s,线路单方向通过能力为17.85列/h,平均发车间隔为3 min 22 s(图6.20)。

3. 快慢车2∶1,慢车被越行2次

当快慢车2∶1组合开行,慢车被越行2次,越行车站为延伸线车站和陈头岗站时,周期为11 min 20 s,线路单方向通过能力为15.88列/h,平均发车间隔为3 min 47 s(图6.21)。

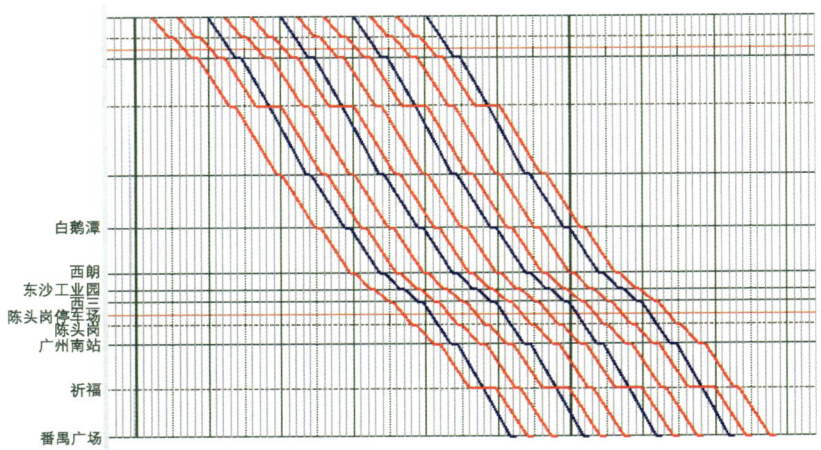

图 6.20 22 号线快慢车 1∶2(祈福站和延伸线车站越行)

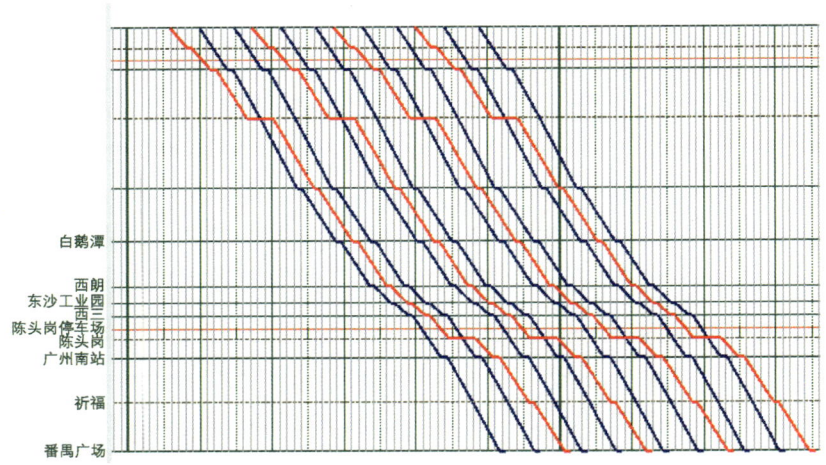

图 6.21 22 号线快慢车 2∶1,慢车被越行 2 次

将上述 22 号线的方案汇总成表,具体如表 6-10 所示。

表 6-10 22 号线开行方案能力汇总

方案	快慢车开行比例	快车越行车站	通过能力/(列·h^{-1})	平均发车间隔
慢车被越行 1 次	1∶1	延伸线车站	15	4 min
		祈福站	11.90	5 min 2 s
		陈头岗站	14.4	4 min 10 s
	1∶2	延伸线车站和祈福站	17.85	3 min 22 s
慢车被越行 2 次	1∶2	延伸线车站和陈头岗站	15.88	3 min 47 s

6.6 互联互通条件下的通过能力分析

广州地铁市域快线 18 号和 22 号线路共有 5 座共线车站(含延伸段),分别为万顷沙站、横沥站、番禺广场站和 2 座延伸线车站。其中,2 座延伸线车站仅仅是站名相同,线路仍是分线运营的。而在番禺广场站—横沥站—万顷沙站这个区间,这 2 条线共线运营,因此具备开行共线运营的线路条件,下文对共线运营的能力作一简单分析。

考虑到共线运营问题,18 号线和 22 号线的运行方案需要相互配合调整,包括不同停站方式和行车比例等。

1. 18 号线快慢车 1∶1,22 号线快慢车 1∶1

18 号线快车在石榴岗站越行慢车,22 号线快车在延伸线车站越行慢车,周期为 12 min。在共线运营的区间里,平均发车间隔为 3 min,通过能力为 20 列/h(图 6.22)。

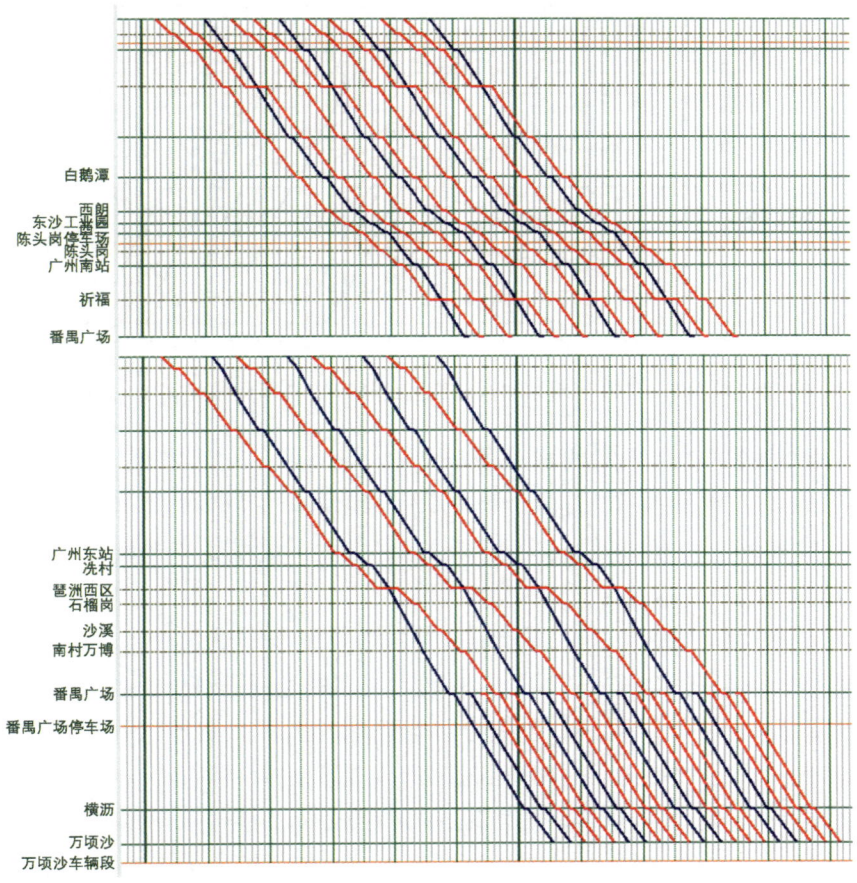

图 6.22　18 号线快慢车 1∶1(石榴岗站越行),22 号线快慢车 1∶1(延伸线车站越行)

2. 18号线快慢车 1∶2,22号线快慢车 1∶1

18号线快车在琶洲西区站和沙溪站越行慢车,22号线快车在陈头岗站越行慢车,周期为 16 min 15 s。在共线运营区间里,平均发车间隔为 3 min 15 s,通过能力为 18.46 列/h(图 6.23)。

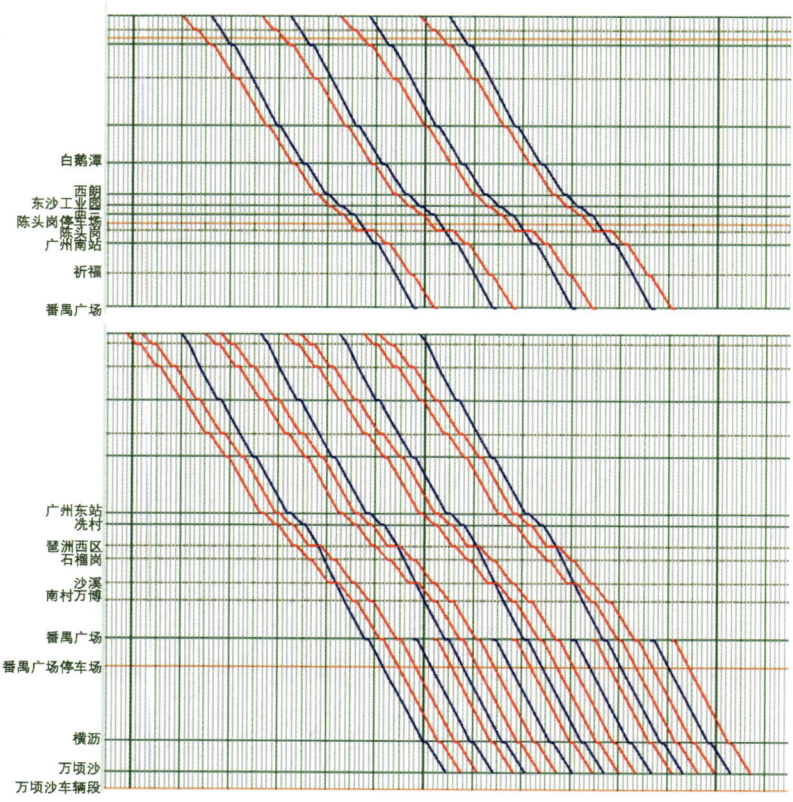

图 6.23　18号线快慢车 1∶2(沙溪站和琶洲西区站越行),22号线快慢车 1∶1(陈头岗站越行)

3. 18号线快慢车 1∶1,22号线快慢车 1∶2

18号线快车在琶洲西区站越行慢车,22号线快车在延伸线车站和祈福站越行慢车,周期为 12 min 5 s。在共线运营区间里,平均发车间隔为 2 min 25 s,通过能力为 24.83 列/h(图 6.24)。

18号线独立运营条件下,受快慢车速度差的影响,列车进入共线区段时的间隔时间被延长,导致共线段(番禺广场站—万顷沙站)通过能力的利用率较低。共线运行时,由于共线段的列车由 18号线和 22号线 2条线的列车汇入(出),可以充分利用独立运营时的富余能力,导致共线段的通过能力利用率得到提高。Y形交路开行时,非共线段的能力利用较低,平均服务间隔较大,可根据实际客流需求和非共线段的能力利用情况,考虑在非共线段增加小交路,以提升非共线段的服务水平,但小交路开行需要重点考虑快慢车的越行地点选择和折返站能力的适应性等问题。

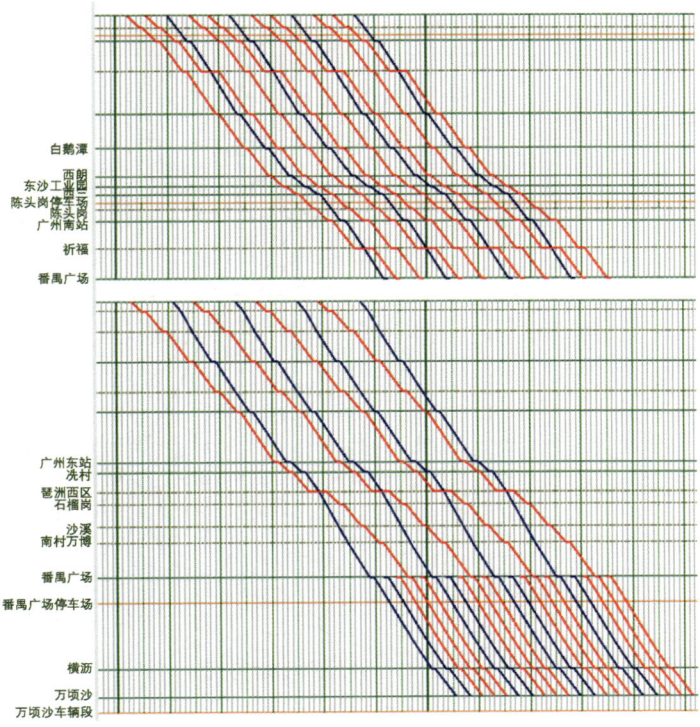

图 6.24　18 号线快慢车 1∶1(琶洲西区站越行),22 号线快慢车 1∶2(延伸线车站和祈福站越行)

表 6-11　共线运营条件下的能力汇总

18 号线快慢车开行比例	22 号线快慢车开行比例	快车越行站	平均间隔	共线段能力/(列·h^{-1})	快车越行站
1∶1	1∶1	石榴岗站	3 min	20	延伸线车站
1∶1	1∶2	琶洲西区站	2 min 25 s	24.8	延伸线车站和祈福站
1∶2	1∶1	沙溪站和琶洲西区站	3 min 15 s	18.5	陈头岗站

6.7　互联互通条件下的列车运行调整方案分析

6.7.1　快车延误调整

以 18 号线为例,计划运行图中快车在琶洲西区站越行慢车一次(图 6.25),假设快车在延伸线车站发生运行延误,且初始延误时间为 1 min 40 s(计划停站时间为 40 s),根据快慢车组合运行调整方法,可通过延长慢车停站时间(不改变越行秩序和越行地点)及改变越行秩序和越行地点来进行延误调整。

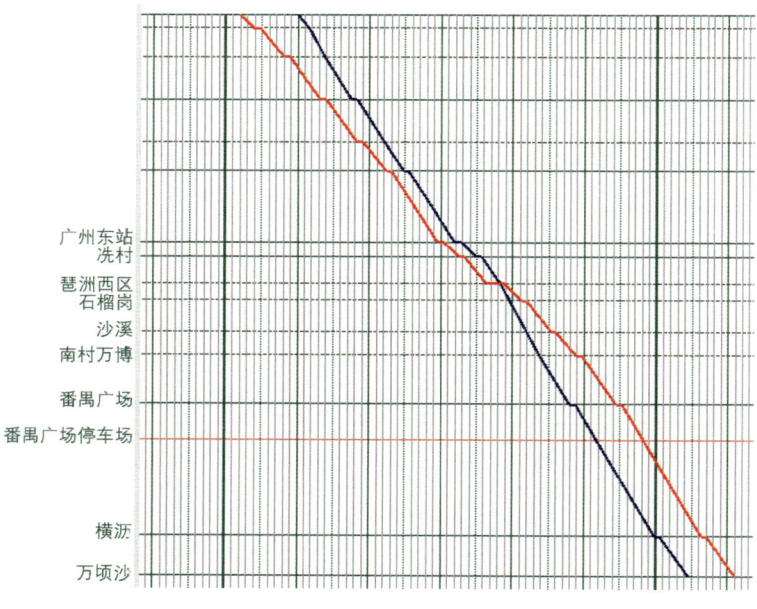

图 6.25　计划列车运行图

1. 不改变运行秩序和越行地点，延长慢车停站时间

当快车发生运行延误时，为避免列车运行秩序发生改变，可以使慢车在相邻的越行站延长停站时间直至延误快车通过。如图 6.26 所示，当快车在延伸线车站发生延误时，慢车可在琶洲西区站延长停站时间直至快车通过。

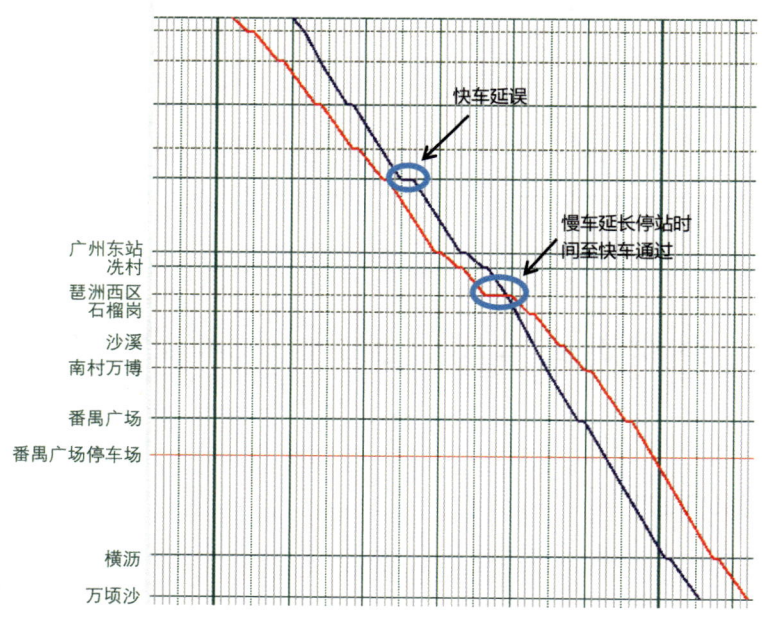

图 6.26　快车延误调整运行图（不改变运行秩序和越行地点）

2. 改变运行秩序和越行地点

当列车发生较大延误时,为了尽快恢复列车的正常运行,可考虑适当改变列车的运行秩序或越行地点,即推后快车越行慢车的地点,这样慢车在发生延误时可正常运行而不受影响,当到达下一越行地点时被快车越行,使得延误影响大大降低,列车运行恢复效率也会提高。如图 6.27 所示,快车正常运行在琶洲西区站越行,当其在延伸线车站发生运行延误时,可考虑改变越行地点至石榴岗站越行。

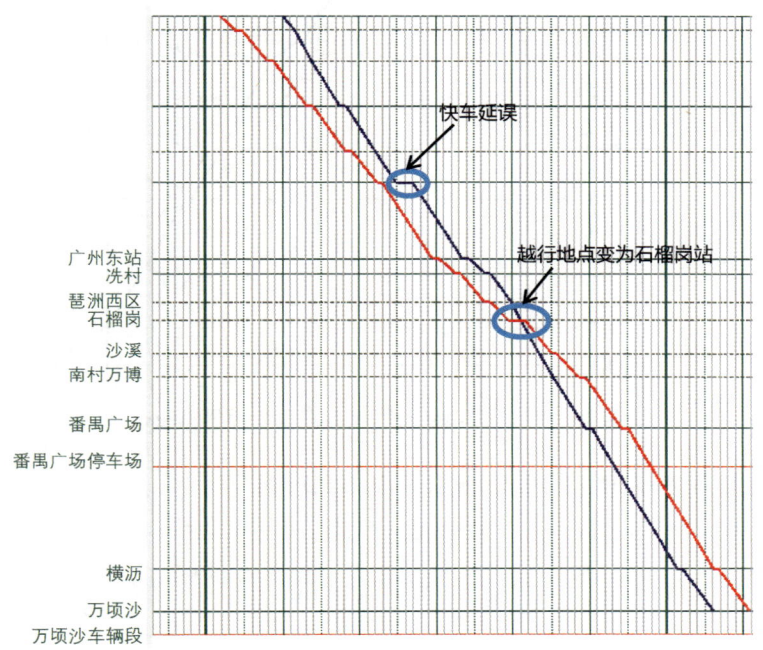

图 6.27　快车延误调整运行图(改变运行秩序和越行地点)

从上述快车延误调整可以发现,当快车发生较大延误时,考虑更改快车越行慢车的地点,可以减少延误对慢车的影响,提高列车运行延误恢复正常的速度。

表 6-12 所列是快车延误条件下两种延误调整方式结果对比。

表 6-12　快车延误条件下两种延误调整方式结果对比

初始延误	调整后延误			
	不改变越行秩序和越行地点		改变越行秩序和越行地点	
快车	快车	慢车	快车	慢车
1 min 30 s	1 min 30 s	1 min 30 s	1 min 30 s	0

6.7.2　慢车延误调整

以 18 号线为例,计划运行图中快车在南村万博站越行慢车一次(图 6.28),与快车延误类似,假设慢车在延伸线车站发生 2 min 延误,运行调整可分为不改变运行秩序和改变越行秩序两种方法。

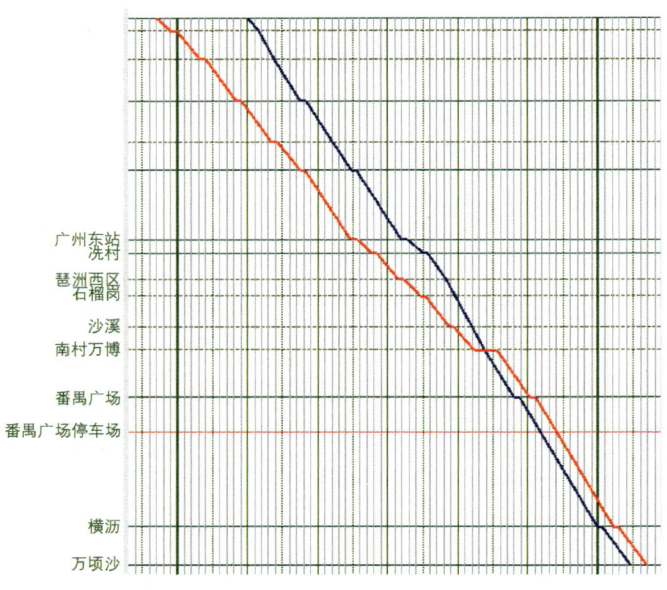

图 6.28　计划列车运行图(快车在南村万博站越行)

1. 不改变运行秩序和越行地点,延长快车停站时间

当慢车发生延误时,最简便的方法就是让快车在延误发生车站同样延长停站时间,直至慢车发车(图 6.29),这样就不会改变快慢车原本的行车秩序,但是其延误恢复的速度相对较慢。

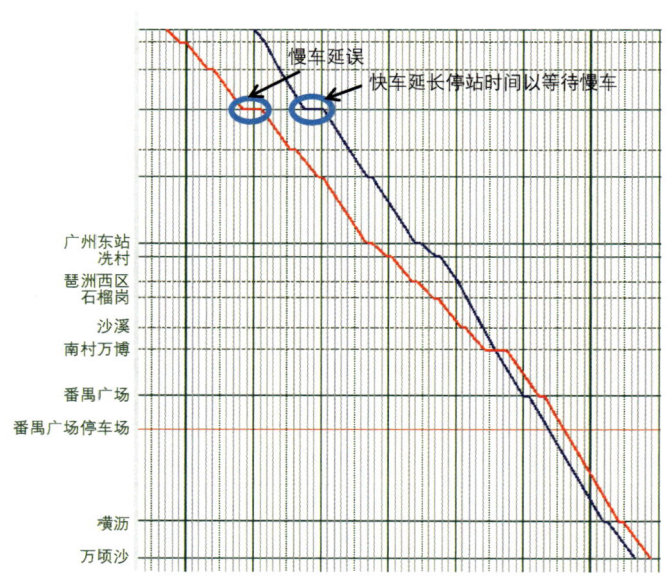

图 6.29　慢车延误调整运行图(不改变运行秩序和越行地点)

2. 改变运行秩序和越行地点

当慢车发生较大延误时,可能会与其后的快车有所冲突,此时可以考虑快车提前越行慢车(改到石榴岗站越行)(图6.30),从而降低慢车延误对快车所造成的影响。

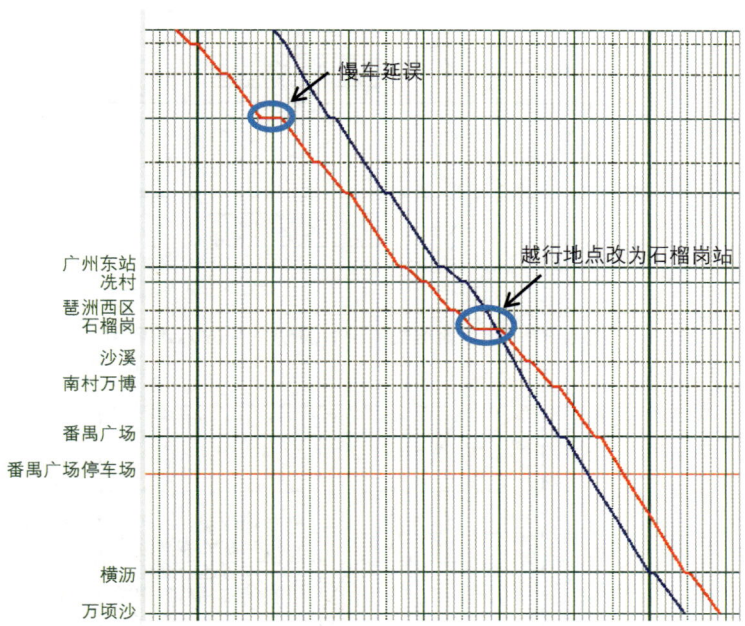

图 6.30 慢车延误调整运行图(改变运行秩序和越行地点)

从上述慢车延误调整可以发现,当慢车发生较大延误时,改变运行秩序和越行地点,可以更快地恢复列车的正常运行。在不考虑缓冲时间消除延误的情况下,当慢车延误 2 min,对于不改变越行地点的延误调整方式,可使快车晚点 2 min;而对于改变越行地点的延误调整方式,快车可准时到达。

表 6-13 所列为慢车延误条件下两种延误调整方式结果对比。

表 6-13 慢车延误条件下两种延误调整方式结果对比

初始延误	调整后延误			
	不改变越行秩序和越行地点		改变越行秩序和越行地点	
慢车	快车	慢车	快车	慢车
2 min	2 min	2 min	2 min	0

6.7.3 线路故障

由于快慢车组合运行,因此车站股道需要具备一定的条件以便快车越行慢车。但是当其中任一股道发生故障且不可用时,该车站便不可越行。如图 6.31 所示,琶洲西区站的 G61E 股道发生故障,则原本需要在此站越行的快车便不能越行慢车。此时,可行的解决办法是让快车在后续车站停站运行,以降低快车的总体旅行速度,直至下一可越行车站,如图 6.32 所示。

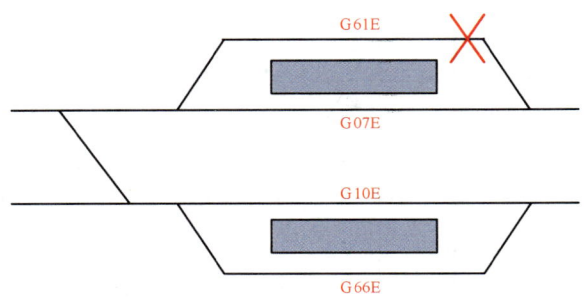

图 6.31　琶洲西区站 G61E 股道发生故障不可用

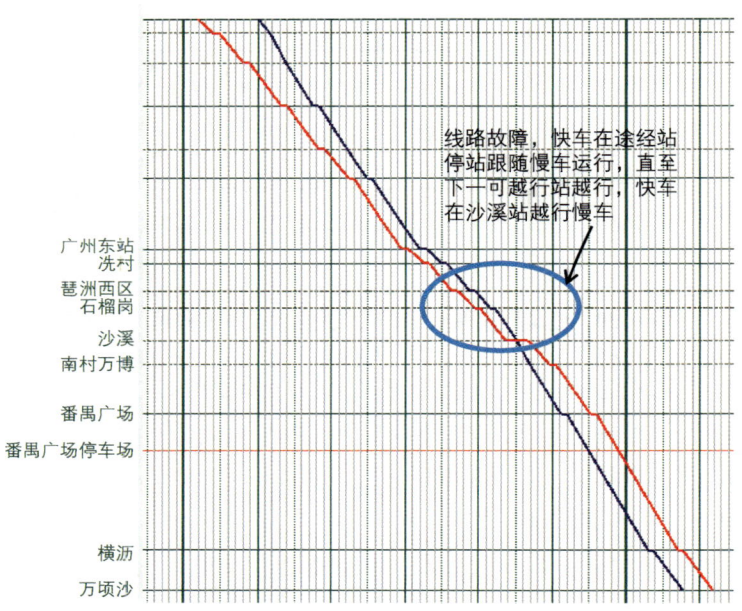

图 6.32　线路故障快车跟随慢车直至下一越行车站

6.7.4　进入共线段前的列车延误

在列车进入共线段前,如果发生较小时间的延误,可以继续保留列车进入共线段的顺序,通过缩短运行时分和停站时分等方法使延误列车尽快恢复至正点运行。如果发生较长时间的延误,则可以考虑在接轨站等待一个合适的进入共线段的时机,保证对另一线路的列车的影响达到最小。对于共线组织模式,需要完善列车运行延误调整预案体系,对于不同地点、不同延误时间的调整策略尽量细化。对于列车运行延误调整的方法,需要尽量细化延误调整预案,体现延误地点和时长之间的相互关系。

6.8　关键枢纽站换乘服务互联互通标准及案例分析

本节以广州南站为例,依据轨道交通换乘车站服务评价标准,对广州南站的现状和实现互联互通后的情况进行仿真分析。

6.8.1　评估方法

1. 仿真评价系统

本案例评估采用同济大学自主研发的"车站微观客流仿真系统"(简称"PedAge")。该系统可用于机场、轨道交通车站及捷运系统的客流组织仿真评估和评估优化。

该系统按照功能分为四个子模块(图6.33):

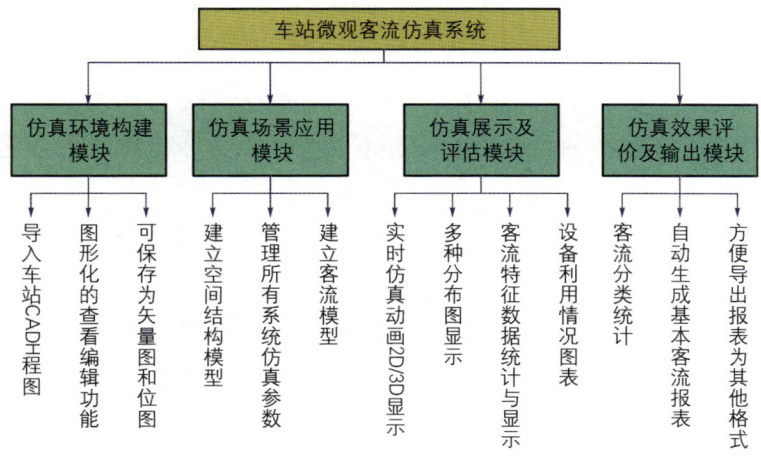

图 6.33　系统总体结构及功能

(1) 仿真环境构建模块。在此子系统中,可以导入 AutoCAD 文件或者位图文件,以方便快捷地建立车站设施设备及空间布局模型。其结果可以保存为矢量图以便修改车站,也可以输出为位图供仿真之用。

(2) 仿真场景应用模块。在此子系统中,可以建立车站空间结构,设定仿真参数,建立客流模型,而后保存为一个仿真项目文件提供给仿真主系统。

(3) 仿真展示及评估模块。在此子系统中,可以对建立的多个仿真项目分别进行仿真运行,观察仿真过程动画显示以及实时指标统计。

(4) 仿真效果评价及输出模块。在此子系统中,可以看到仿真结果分析及评价报表,包括平均密度分布图、平均空间使用率分布图、设备排队情况图以及每名乘客的仿真信息等。

基于该仿真评估系统开展仿真评估宜采用以下步骤:

(1) 针对地铁客流特点设置仿真参数。

(2) 处理地铁站 CAD 平面图,在读入的 CAD 平面图上设计空间布局,建立设施设备模型。

(3) 设定不同工况的客流数据、客流组织方案、运行方案,形成仿真文件。

(4) 运行各工况仿真场景,对各客流组织方案进行仿真运行并产生评估图表和数据。

(5) 依据仿真目的和指标体系对仿真评估结果进行分析,给出仿真评估报告和优化方案。

2. 评估依据与评价体系

1) 评估结论依据

结论主要依据交通运输部发布的《城市轨道交通服务质量评价规范》中对客运组织服务(第十条表 2)的要求。主要有:

(1) 进出站-客流组织:客流流线规划合理,进出站顺畅,出站客流与进站客流无严重交叉、对冲的,客流流线设计合理,无出入口客流严重拥堵。

(2) 基础保障-客运组织:客运组织方案合理。

2) 评估评价体系

本案例针对客流组织方案的评估从三方面评价标准进行:

(1) 客流流线和冲突水平。通过仿真,获取各类客流的行走流线,分析客流交织冲突区域的分布情况以及空间设施和客流组织方案的合理性。

(2) 旅客行走距离。通过对旅客行走距离的评估,分析自助值机区域的便捷性以及旅客的舒适性。

(3) 旅客停留时间。通过对总体和各服务环节的停留时间评估,分析出行大厅整体服务效率。

3) 评估指标获取及计算方法

本案例主要采用以下两方面指标进行评估:

(1) 行走距离服务水平指标。行走距离分类计算各类各股客流的平均行走距离。

(2) 停留时间服务水平指标。停留时间计算旅客在安检区或各环节的停留时间。

全部数据通过仿真记录和计算。

3. 仿真评估参数设置

本案例评估参数主要包括行人参数和设施设备参数,根据轨道交通站点的调查结果和经验数值,设定相应的旅客接受服务和运动特征以及设施设备服务水平。

1) 行人参数设置

(1) 速度设置。旅客的运动速度分布参照调查结果设置,如图 6.34 所示。地铁站采用值机后旅客的步行速度设置。

(2) 旅客占用空间需求设置。依据以往行人空间需求调查结果,结合地铁旅客行李携带情况进行修正(表 6-14)。

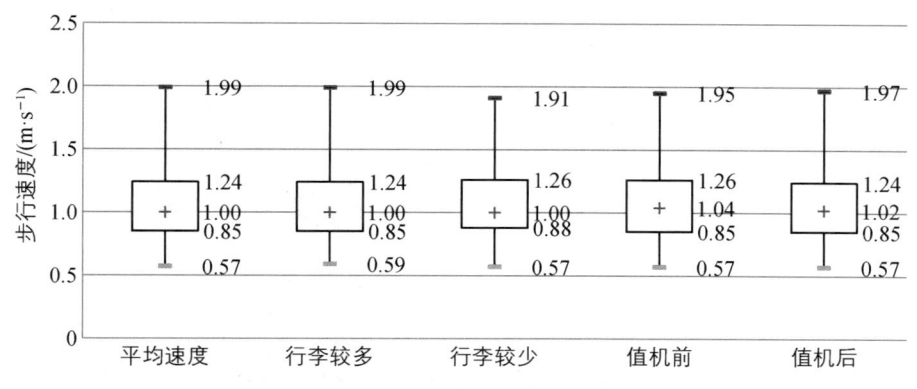

图 6.34 各类旅客步行速度分布

表 6-14 各类行人携带不同物品时占用步行设施的宽度[25]

项目	不携物品	一手提物或怀抱轻物	两手携轻物或肩负轻物	背负重物	背负重物并手提物品	大人带一小孩同行	两肩挑重物
占用路宽/cm	60～70	70～80	75～85	80～90	85～100	90～100	100～180
占用空间/($m^2 \cdot 人^{-1}$)	0.3～0.4	0.39～0.44	0.42～0.47	0.44～0.50	0.54～0.63	0.50～0.55	0.63～1.13

根据调查可知,高铁换乘地铁旅客中近 60% 的行人携带背包或小型拉杆箱,人均携带物品 1.5 件,占用空间 0.42～0.63 m^2。

2）设施设备运行参数设置

（1）自动扶梯运行速度。仿真评估中主要涉及设备为自动扶梯,设置上下行扶梯的输送速度为 0.65 m/s。

（2）安检柜台的通行时间。进站旅客在负二层的安检分为行李放取、通过安检门、行李提取等环节。各环节的人均耗时设置为:行李检查 5 s,行李提取 5 s,数据基于经验设置,服从正态分布。

（3）人工售票机使用时间。出发旅客在自助值机的使用时间设置为 120 s/人,服从正态分布。

6.8.2 客流数据设置

本次仿真场景为广州南站,包含城际线佛山 2 号线,地铁线广州 2 号线和 7 号线,市域快线广州 22 号线,广州南站高铁站。

仿真时间选择为 2020 年 1 月 8 日上午 8:00—8:30 时间段。

1. 客流量计算过程

主要依据:广州南站高铁站到发列车数据和广州 22 号线早高峰数据。

首先,使用广州南站高铁站到发列车满载客流量的 1/3 确定进出站客流,将确定的进出站客流平分至各进出站途径;其次,确立广州 22 号线早高峰 30 min 的进出站客流,减去由高铁站途径的进出站客流,剩余客流平分至其他进出站途径;最后,依据广州 22 号线 30 min 内的最大客流,减去广州 22 号线和广州南站高铁站的进出站客流,剩余客流平分至其他进出站途径。

1) 高铁站数据

该部分所使用客流数据为基于广州南站高铁站 2020 年 1 月 8 日上午 8:00—8:30 时间段到发列车的座位数进行的预估(以满载客流量的 1/3 进行预估),如表 6-15 所示。

表 6-15 广州南站高铁站进站预测客流量

进出站途径	比例	客流/人次
各区域出入口	20%	1 200
佛山 2 号线	20%	1 200
广州 2 号线	20%	1 200
广州 7 号线	20%	1 200
广州 22 号线	20%	1 200
总量	1	6 000

客流到达按照泊松分布处理。购票环节按照 1/3 旅客需要购票处理。

2) 广州 22 号线数据

该部分所使用的客流数据基于《18 号线、22 号线初步设计第 4 版行车组织开放资料》中"预测断面客流"及"列车开行计划"部分的数据,如表 6-16、表 6-17 所示。

表 6-16 广州 22 号线广州南站进站预测客流量

进出站途径	比例	客流/人次
各区域出入口	20.8%	625
佛山 2 号线	20.8%	625
广州 2 号线	20.8%	625
广州 7 号线	20.8%	625
高铁站	16.8%	500
总量	1	3 000

表 6-17 广州 22 号线广州南站发车间隔

高峰时段	上行	下行
停站时间	65 s	65 s
间隔时间	3 min 51 s	2 min 10 s

3) 广州 7 号线数据

由于缺乏广州 7 号线的客流数据,因此本部分所使用的客流数据为广州 22 号线的早高峰断面客流数据,如表 6-18、表 6-19 所示。

表 6-18　广州 7 号线广州南站进站预测客流量

进出站途径	比例	客流/人次
各区域出入口	17.6%	400
佛山 2 号线	17.6%	400
广州 2 号线	17.6%	400
广州 22 号线	25.2%	575
高铁站	22.0%	500
总量	1	2 275

表 6-19　广州 7 号线广州南站发车间隔

高峰时段	到达	始发
停站时间	60 s	60 s
间隔时间	180 s	180 s

4) 广州 2 号线数据

由于缺乏广州 2 号线的客流数据,因此本部分所使用的客流数据也为广州 22 号线的早高峰断面客流数据,如表 6-20、表 6-21 所示。

表 6-20　广州 2 号线广州南站进站预测客流量

进出站途径	比例	客流/人次
各区域出入口	17.6%	400
佛山 2 号线	17.6%	400
广州 7 号线	17.6%	400
广州 22 号线	25.2%	575
高铁站	22.0%	500
总量	1	2 275

表 6-21　广州 2 号线广州南站发车间隔

高峰时段	到达	始发
停站时间	60 s	60 s
间隔时间	180 s	180 s

5）佛山 2 号线数据

由于缺乏佛山 2 号线的客流数据，因此本部分所使用的客流数据也为广州 22 号线的早高峰断面客流数据，如表 6-22、表 6-23 所示。

表 6-22　佛山 2 号线广州南站进站预测客流量

进出站途径	比例	客流/人次
各区域出入口	17.6%	400
广州 2 号线	17.6%	400
广州 7 号线	17.6%	400
广州 22 号线	25.2%	575
高铁站	22.0%	500
总量	1	2 275

表 6-23　佛山 2 号线广州南站发车间隔

高峰时段	到达	始发
停站时间	60 s	60 s
间隔时间	240 s	240 s

2. 客流数据汇总

针对仿真目标，通过对 2020 年 1 月 8 日早上 8:00—8:30 广州南站换乘枢纽站的各途径进出站客流预测数据进行研究，以及对不同途径进出车站的客流进行比例划分，初步得到广州南站换乘枢纽站的进出站高峰时期客流数据（表 6-24）。下文将表中各线路的换乘客流量数据应用到仿真场景，并进行仿真分析。

表 6-24　广州南站各途径进出站预测客流量

	出口	佛 2	广 2	广 7	广 22	高铁站	总量
出口		400	400	400	625	1 200	3 025
佛 2	400		400	400	625	1 200	3 025
广 2	400	400		400	625	1 200	3 025
广 7	400	400	400		625	1 200	3 025
广 22	575	575	575	575		1 200	3 500
高铁站	500	500	500	500	500		2500
总量	2 275	2 275	2 275	2 275	3 000	6 000	18 100

注："佛 2"指城际线佛山 2 号线，"广 2"指地铁线广州 2 号线，"广 7"指地铁线广州 7 号线，"广 22"指市域快线广州 22 号线。

6.8.3 广州南站换乘现状仿真分析

1. 评估条件设置

目前乘客出行流程依据不同的到达路线可分为四种情况,分别如图 6.35—图 6.38 所示。

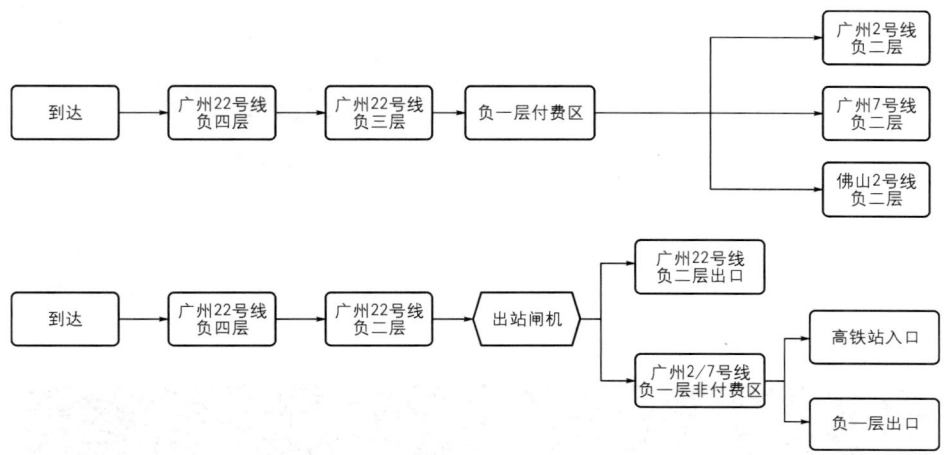

图 6.35 广州 22 号线到达的旅客换乘流程

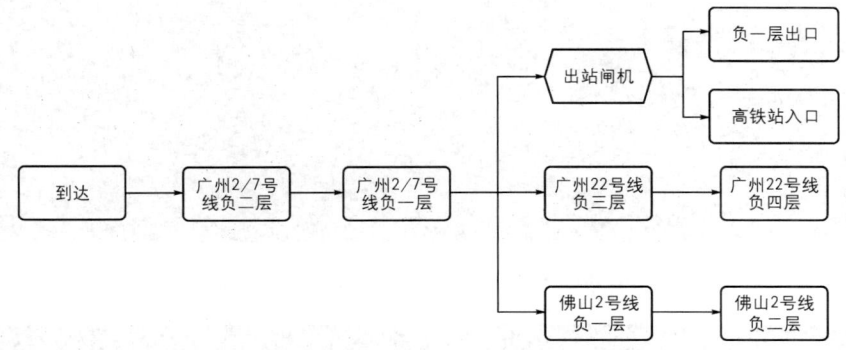

图 6.36 广州 2 号线或 7 号线到达的旅客换乘流程

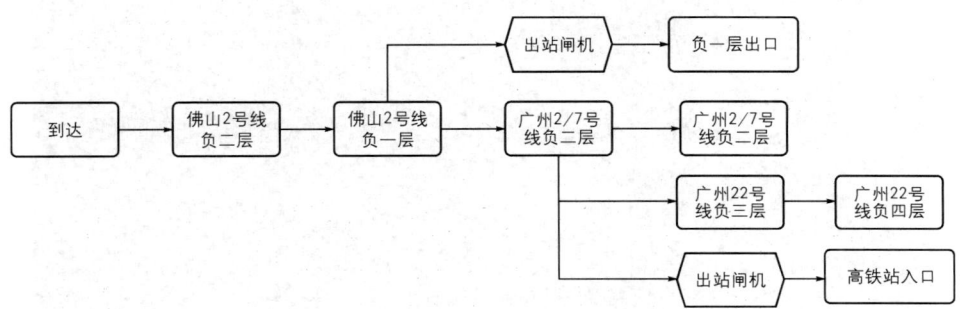

图 6.37 佛山 2 号线到达的旅客换乘流程

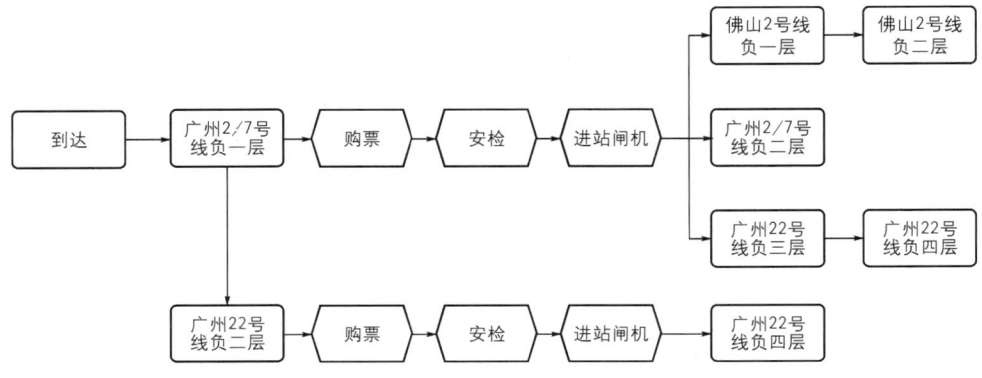

图 6.38　广州南站高铁站到达的旅客换乘流程

广州 22 号线的广州南站在站内分为非付费区和付费区,付费区为广州 2 号线、广州 7 号线以及佛山 2 号线的换乘区域,非付费区为包含地铁出入口和高铁换乘站在内的区域。

建模场景如图 6.39 所示。

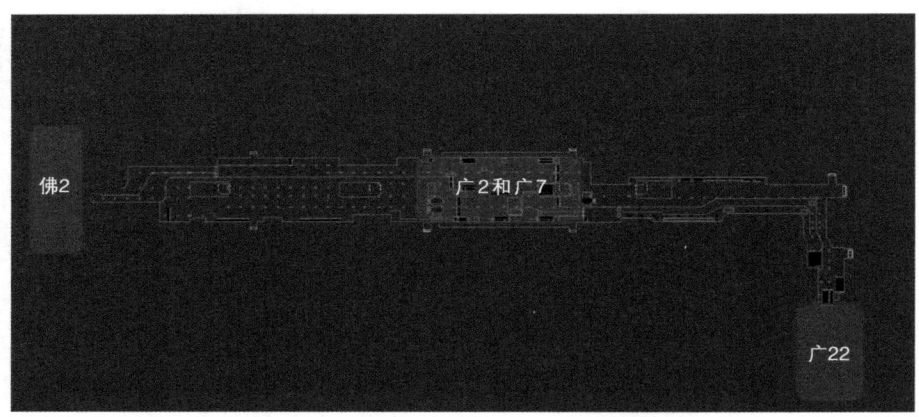

(a) 广州南站佛山 2 号线、广州 2 号线和 7 号线站厅层建模场景示意

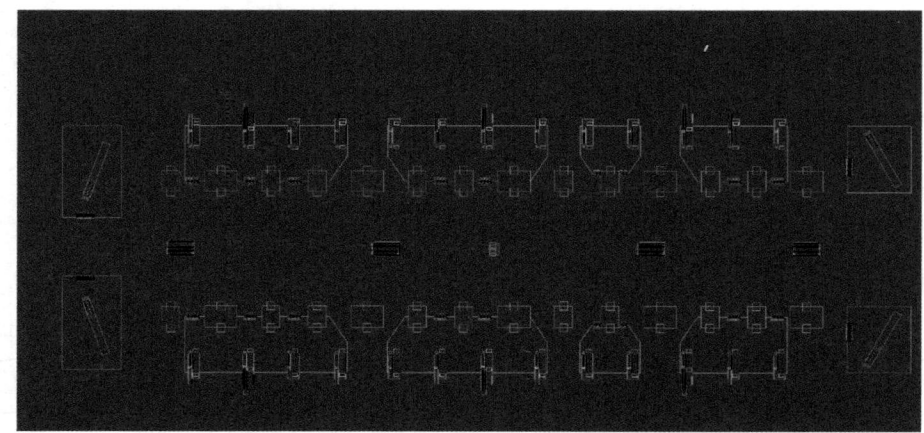

(b) 高铁出站层建模场景分析

(c) 广州 22 号线站台层(负四层)建模场景示意

(d) 广州 22 号线负三层建模场景示意

图 6.39　广州南站换乘枢纽站建模场景

根据第四部分客流数据,本次仿真的客流数据如表 6-25 所示。

表 6-25　ABC 岛仿真高峰客流量　　　　　　　　　　单位:人次

	佛 2	广 2	广 7	广 22	高铁站	总量
佛 2		400	400	625	1 200	2 625
广 2	400		400	625	1 200	2 625
广 7	400	400		625	1 200	2 625
广 22	575	575	575		1 200	2 925
高铁站	500	500	500	500		2 000
总量	1 875	1 875	1 875	2 375	4 800	12 800

以下结合广州南站客流数据,重点评估各层客流流线与客流冲突点,以及旅客走行距离、旅客停留时间。

2. 客流流线与客流冲突点评估

通过仿真,可以看到旅客在安检、楼扶梯等区域聚集、流动的过程。通过生成最大密度、平均密度、平均速度及空间利用率等分布图并结合仿真软件的统计分析,可以较为直观、准确地得到枢纽站广州南站各层的空间布局和客流走行情况。下面将利用仿真评估的统计结果对本工况下的各层的客流冲突、旅客行走距离和旅客停留时间进行分析和评估。

依据客流运动过程和空间密度分布图,可以得到客流的主要流线,如图6.40所示。也可得到各层旅客平均速度和各层旅客平均密度,分别如图6.41和图6.42所示。

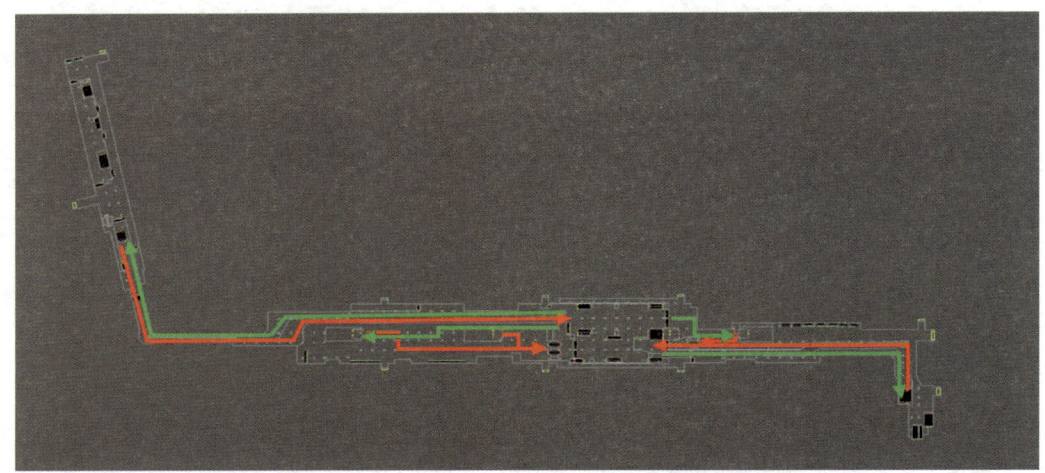

(a) 广州南站佛山2号线、广州2号线和7号线换乘流线示意

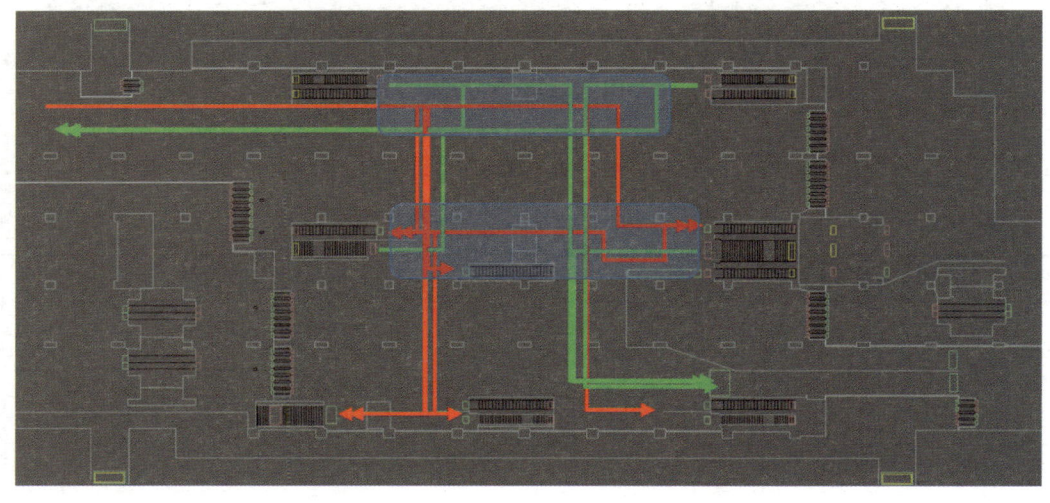

(b) 广州2号线和7号线站厅换乘流线示意

图 6.40 广州南站流线示意

其中,红色部分为换乘进广州 2 号线和 7 号线的客流流线,绿色部分为换乘出广州 2 号线和 7 号线的客流流线,蓝色区域为客流流线交叉区域。

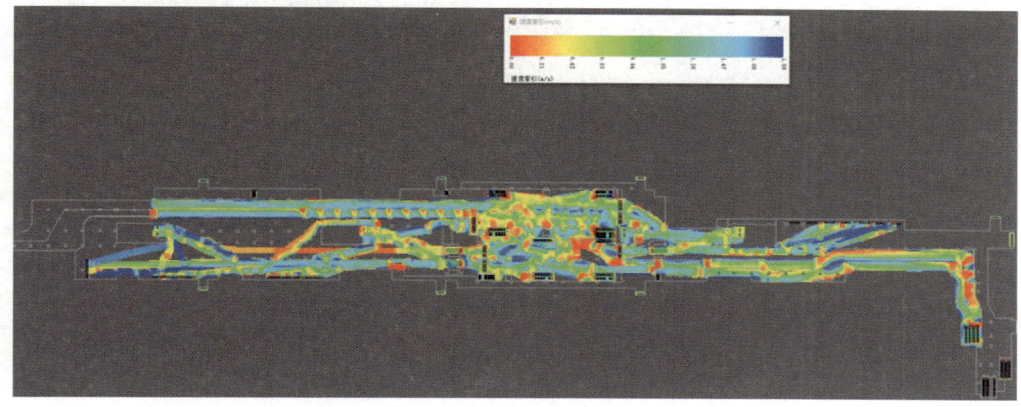

(a) 广州南站佛山 2 号线、广州 2 号线和 7 号线站厅层平均速度

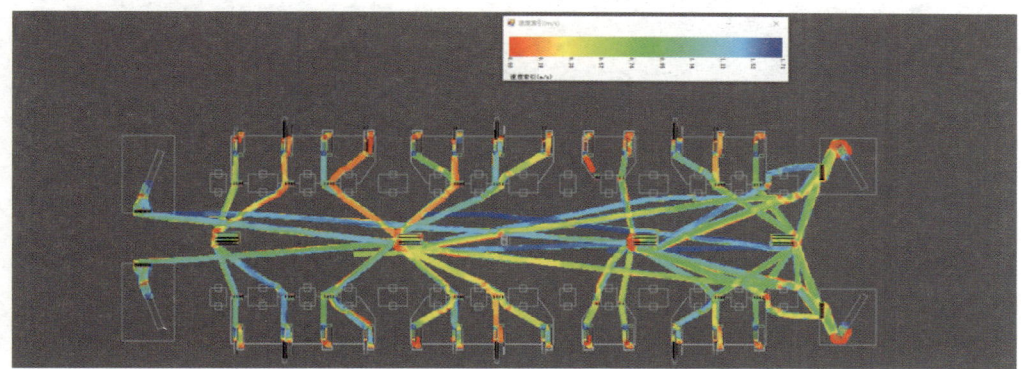

(b) 高铁出站层平均速度

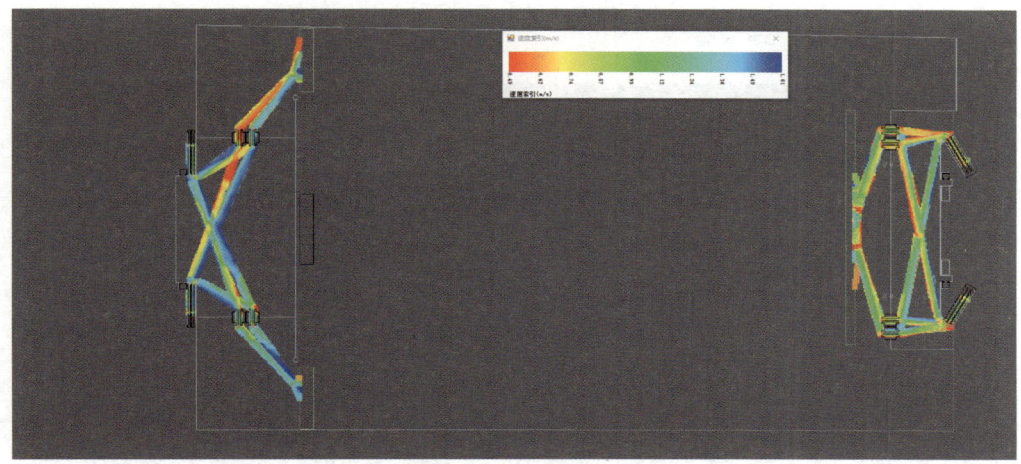

(c) 高铁候车层平均速度

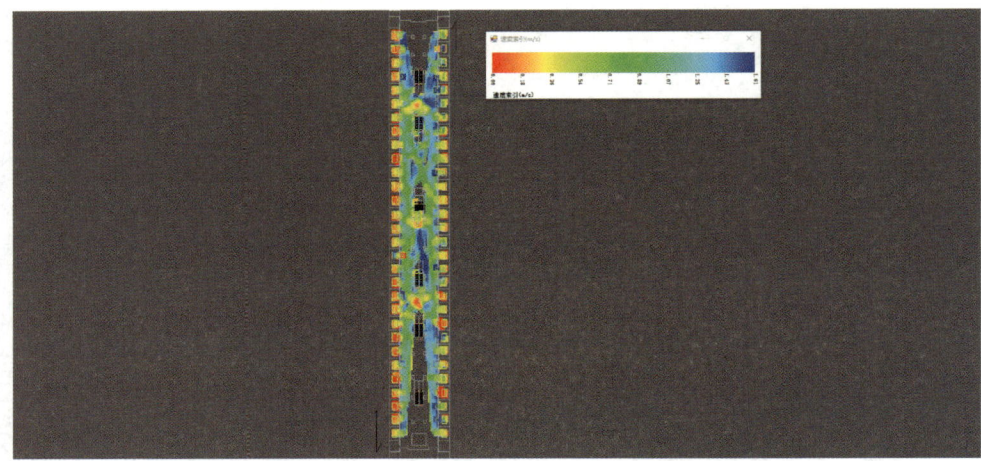

(d) 广州 22 号线站台层(负四层)平均速度

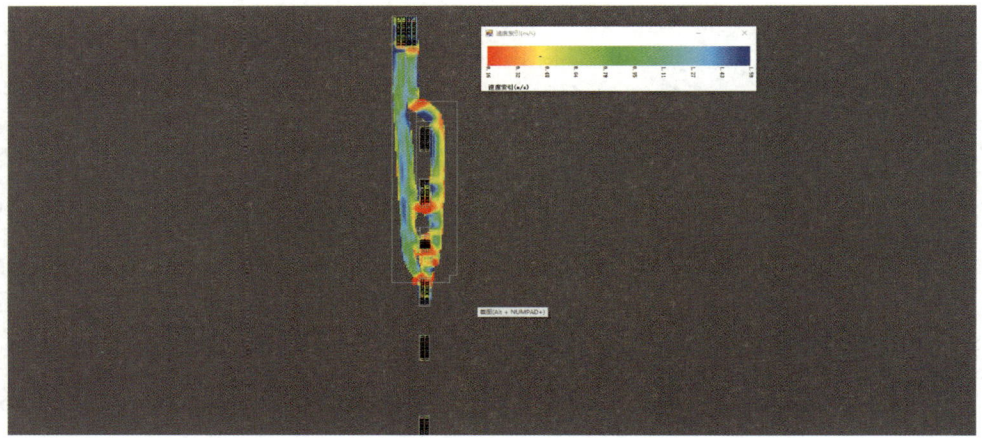

(e) 广州 22 号线负三层平均速度

图 6.41　广州南站换乘枢纽站各层平均速度

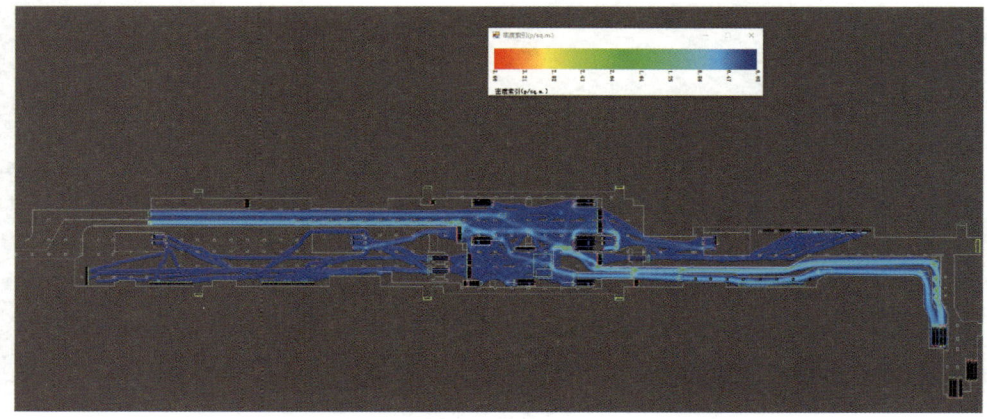

(a) 广州南站佛山 2 号线、广州 2 号线和 7 号线站厅层平均密度

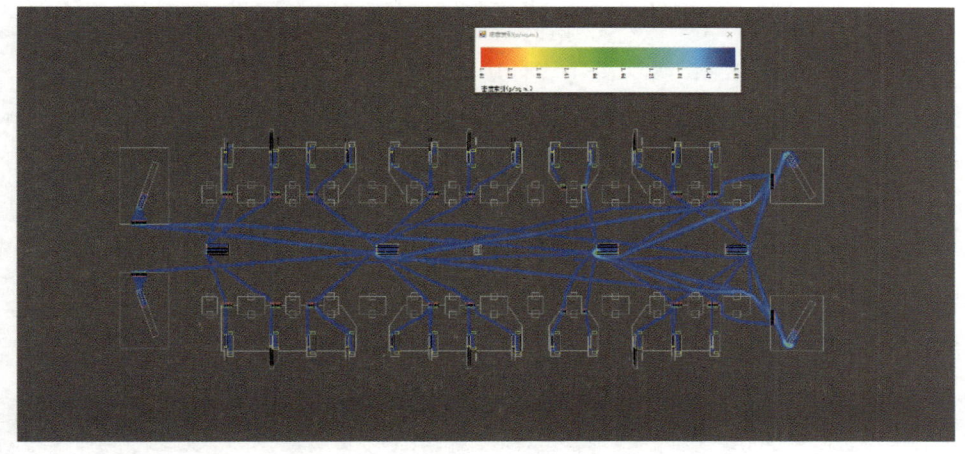

(b)高铁出站层平均密度

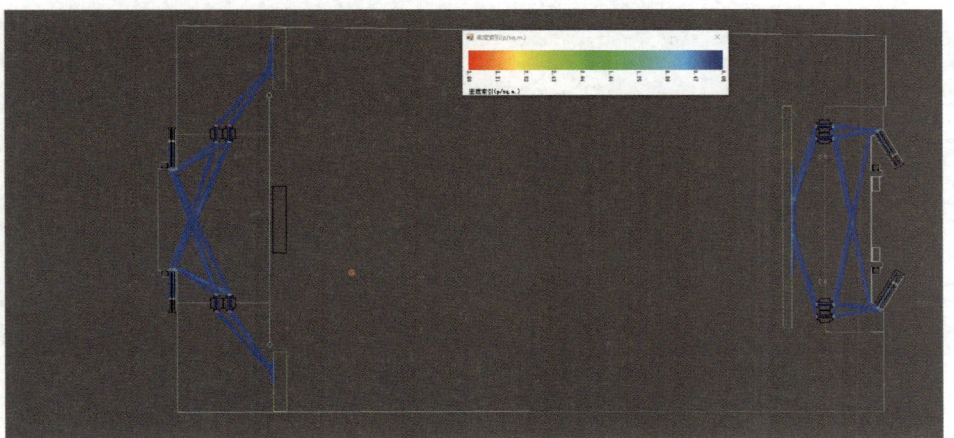

(c)高铁候车层平均密度

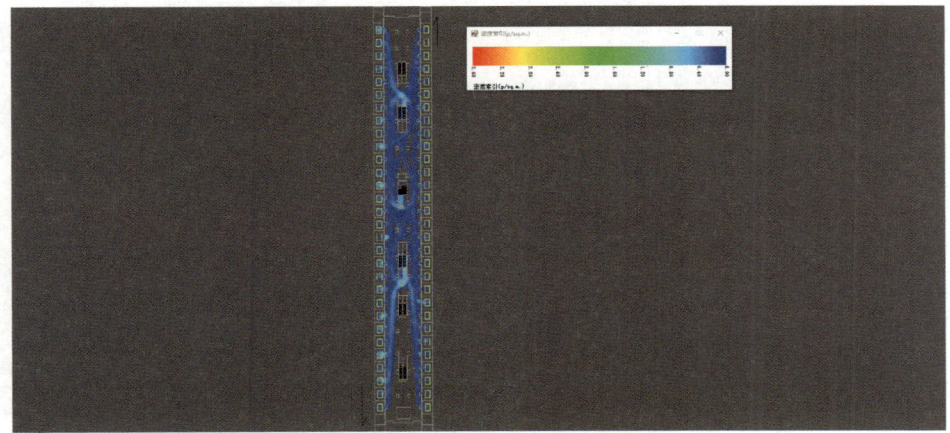

(d)广州22号线站台层(负四层)平均密度

图6.42 广州南站换乘枢纽站各层平均密度

由图 6.40 中各层流线、图 6.41 各层旅客平均速度以及图 6.42 各层旅客平均密度可知,各换乘的客流流线交叉区域主要集中在广州 2 号线和 7 号线的站厅层内,但并无明显高密度结块。在高峰客流下,由于佛山 2 号线和广州 22 号线换乘通道进行了分方向隔离,客流未发生相互干扰,所以不存在明显流线交叉部分,乘客基本通行顺畅。

值得注意的是,在站厅层的红色区域处[图 6.40(a)],该扶梯原来设计为北部为下行扶梯,南部为上行扶梯。但由于南处为地铁闸机进口,北处为地铁闸机出口,这样就造成了不必要的流线交叉(图 6.43)。因此,建议该处扶梯北部为上行扶梯,南部为下行扶梯,减少不必要的流线交叉。

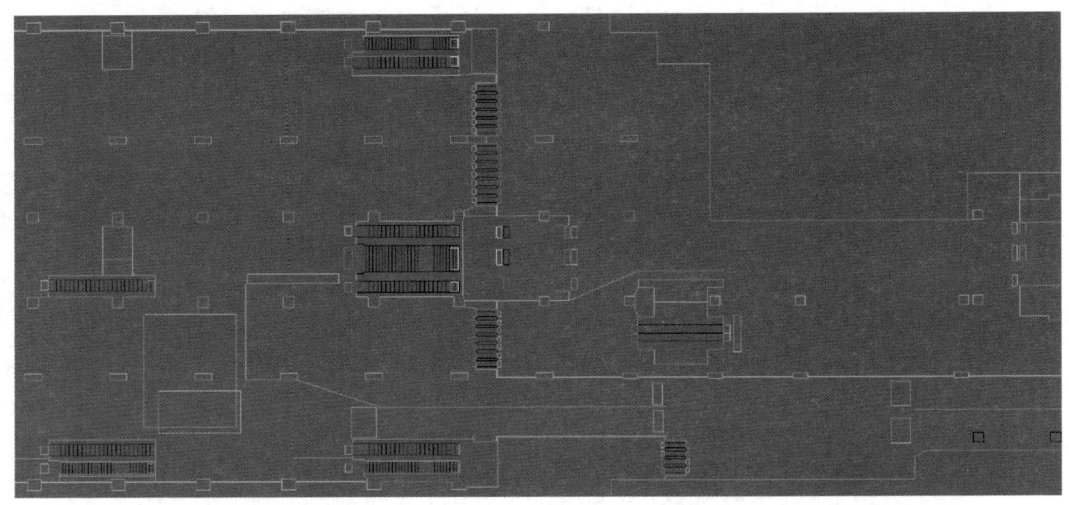

图 6.43　广州南站地铁站站台层扶梯流线交叉示意

由平均密度图可得,高铁出站层的部分楼梯口附近,广州 22 号线负三层楼梯口(图中红色区域)附近易发生拥堵,存在密度较高的情况,应重点安排志愿者引导或建立相应的大客流应对措施。

3. 旅客行走距离及停留时间仿真评估

使用仿真软件对仿真进行结果统计,如表 6-26 所示,可以得出高铁与广州 22 号线之间的换乘距离和换乘用时。

表 6-26　高铁与广州 22 号线换乘客流旅客服务体验评估表

客流类型	平均行走距离/m	平均停留时间/min	最大停留时间/min
高铁转广 22	553.51	8.18	8.62
广 22 转高铁	623.5	9.23	10.15

6.8.4　广州南站服务层面互联互通仿真分析

本节将在互联互通背景下,即"一次购票、一次安检、一次候车、一个平台"的基本条件要求下,对实行互联互通换乘标准后的广州南站高铁站和广州 22 号线的换乘服务进行仿真分析。

互联互通的出行流程如图 6.44、图 6.45 所示。

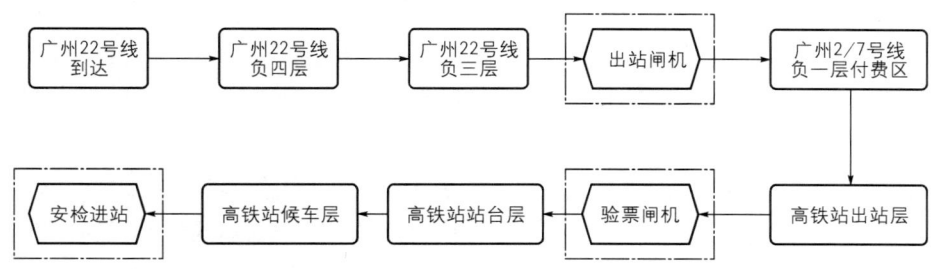

图 6.44　互联互通背景下广州 22 号线到达换乘高铁流程

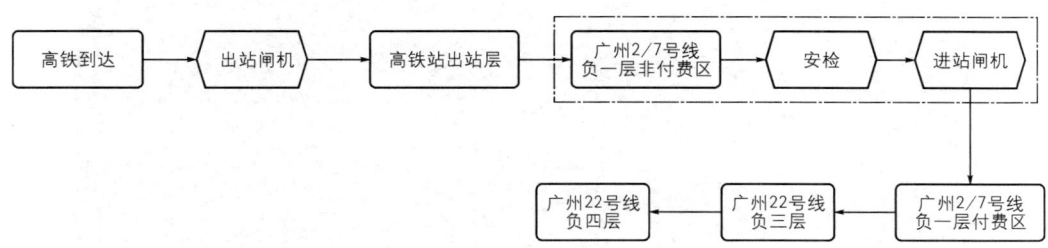

图 6.45　互联互通背景下高铁到达换乘广州地铁 22 号线流程

图中虚线框内为互联互通条件下可省去的换乘流程。可以看出,在互联互通背景下,市域快线同高铁站换乘将省去部分安检、进出站闸机和高铁验票环节,给乘客以更自由、更快捷的出行体验。为了达到互联互通的标准,需要对现在的车站布局进行一定改变。

1. 互联互通的车站布局

如图 6.46 所示,高铁站到达层的楼扶梯与地铁站付费区通过以下几种措施进行相连:

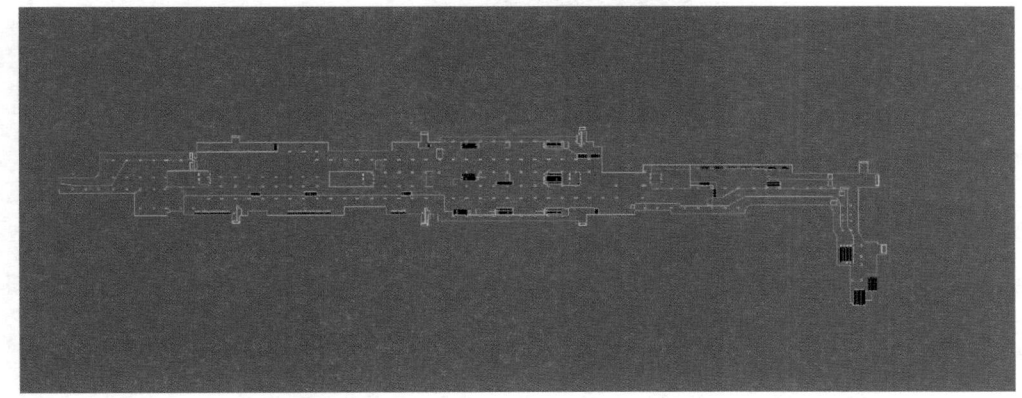

图 6.46　互联互通背景下广州南站地铁站厅层示意

(1) 将安检区域移动至地铁站进出口,同时提高安保标准,确保旅客只需一次安检。

(2) 将进出站闸机移动至出入口附近的位置。确保高铁站到达层的楼扶梯与地铁站付费区进行相连,同时保证车站内部空间足够。

(3) 对部分用于区分客流流向的护栏进行撤除,确保高铁站到达层下来的旅客走行方便。

如图6.47所示,通过以下措施将确保地铁进站旅客(已通过一次安检)与直接进站旅客(未通过安检)区分开。

针对东方向,由于社会车辆停车位置直接在候车层高度,东方向直接进站旅客不经过站台层,所以未作处理;针对西方向,由于有直接进站旅客经过站台层,所以将一对扶梯作隔离处理,帮助地铁换乘旅客直接接入候车层(如图蓝色区域放大后示意图)。

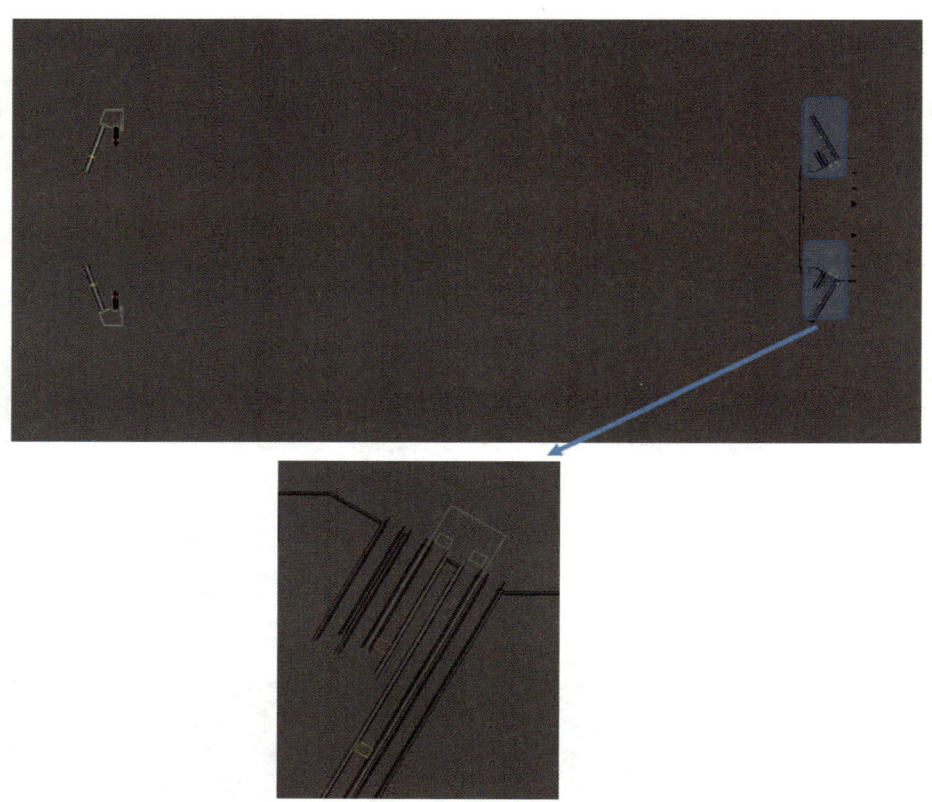

图6.47 互联互通背景下广州南站高铁站台层(换乘楼扶梯)示意

如图6.48所示,地铁换乘的旅客进入候车层后,将直接进入候车区域,不再进行进一步验票和安检,仅在上车前再一次检票进站。

2. 互联互通的服务指标要求

1) 一致性服务要求

(1) 票务服务要求。在购票环节,要求有统一的售票平台,帮助旅客在同一平台上完

图 6.48　互联互通背景下广州南站高铁候车层示意

成全出行链的购票环节,同时囊括高铁票和地铁票的统一购买;在验票环节,除第一次进入地铁时需要验地铁票,以及第一次进出高铁站台层内部时需要验票,无需额外验票环节。

(2) 衔接要求。要求旅客在进入地铁站台层后,能在一班车以内搭乘地铁上车离开。

2) 流畅性服务要求

(1) 安检服务要求。在互联互通条件下,需要地铁安检等级与高铁日常安检等级相同,且二者安检结果相互认可,使旅客在出行链中仅需在进入轨道交通时进行一次安检。具体做法见图 6.44、图 6.45 中的流程变化和布局变化。

(2) 流线要求。要求不同方向旅客的走行流线不会带来高密度客流结块。

3) 便捷性服务要求

便捷性服务要求即对旅客换乘所用时间有要求。从高铁换乘广州 22 号线,为旅客从高铁站台层到达广州 22 号线车厢所用的时间;从广州 22 号线换乘高铁,为旅客从广州 22 号线车厢到达高铁候车层所用的时间。

4) 舒适性服务要求

舒适性服务要求即对换乘平均走行距离有要求。从高铁换乘广州 22 号线,为旅客从高铁站台层到达广州 22 号线车厢的距离;从广州 22 号线换乘高铁,为旅客从广州 22 号线车厢到达高铁候车层的距离。

5) 安全性服务要求

安全性服务要求包含线路间协同应对的应急处置预案,以及换乘场景中的高密度人群的拥挤踩踏安全隐患应对等。

以上五项互联互通服务要求中,一致性服务要求汇总的衔接要求、便捷性服务要求、舒适性服务要求、安全性服务要求中的拥挤隐患等都可以通过仿真手段进行分析。

3. 仿真结果分析

仿真结果分析如图 6.49、图 6.50 所示。

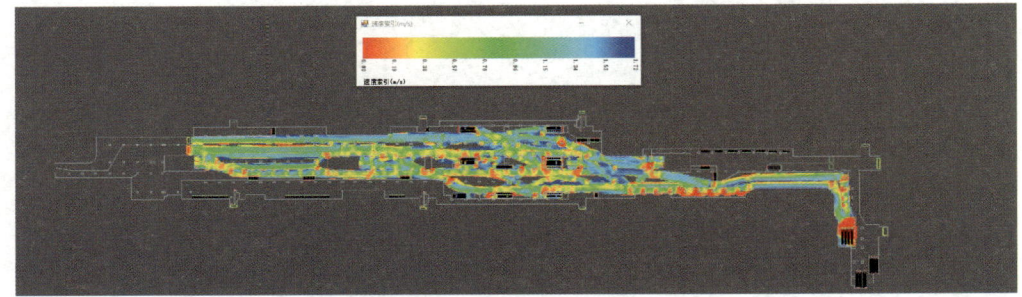

(a) 广州南站佛山 2 号线、广州 2 号线和 7 号线站厅层平均速度

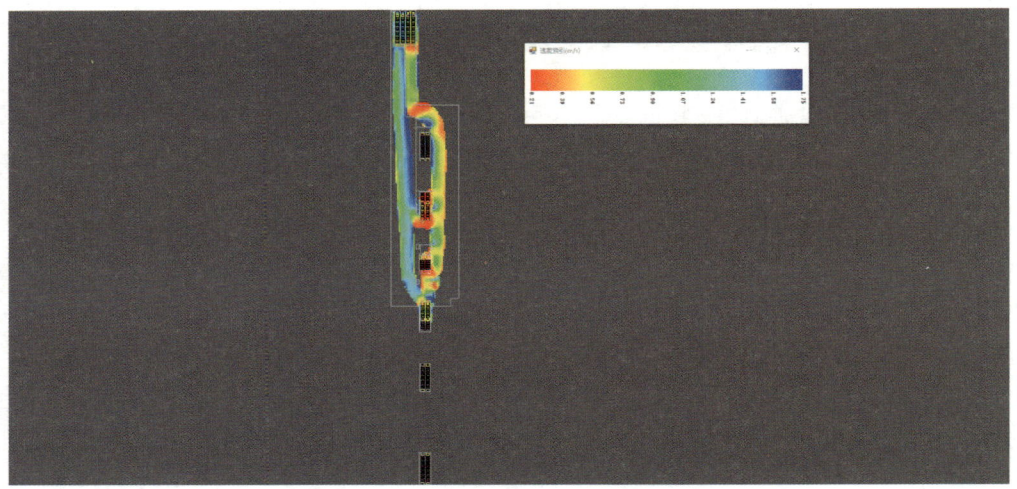

(b) 广州 22 号线负三层平均速度

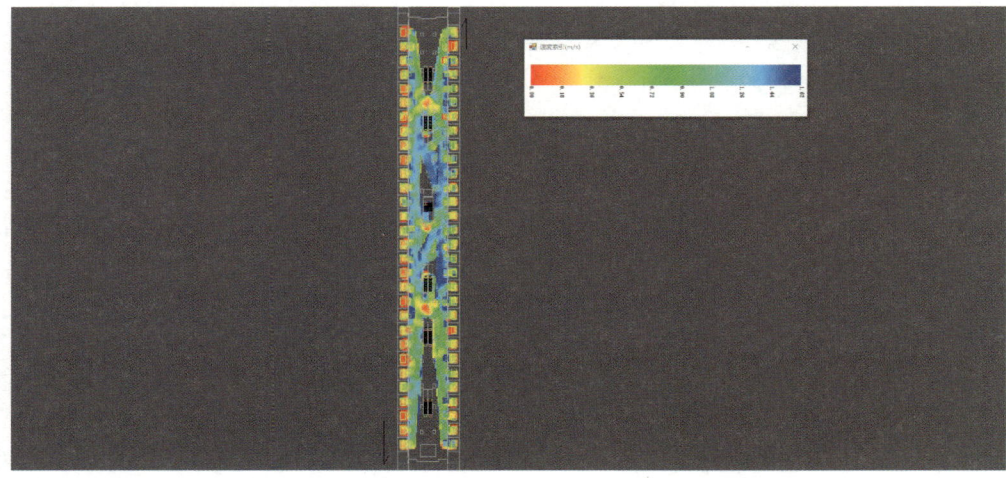

(c) 广州 22 号线负四层(站台层)平均速度

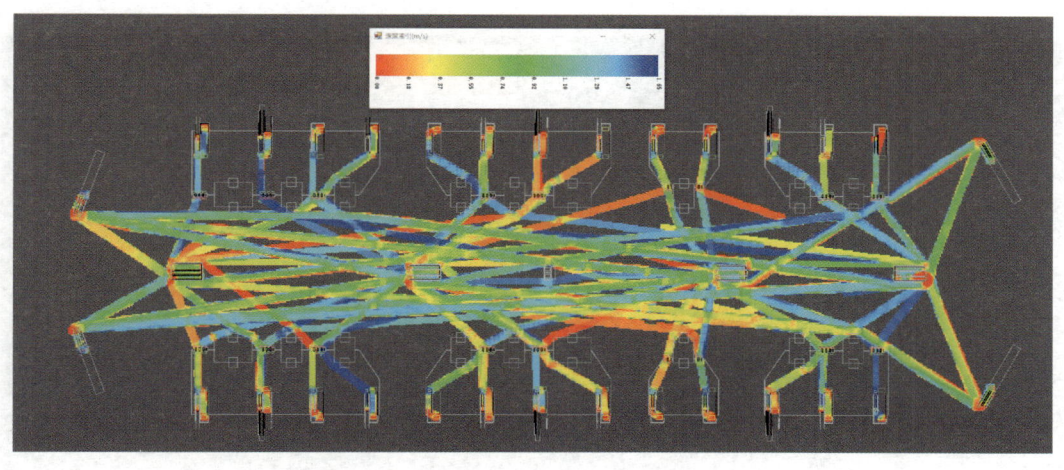

(d) 广州南站到达层平均速度

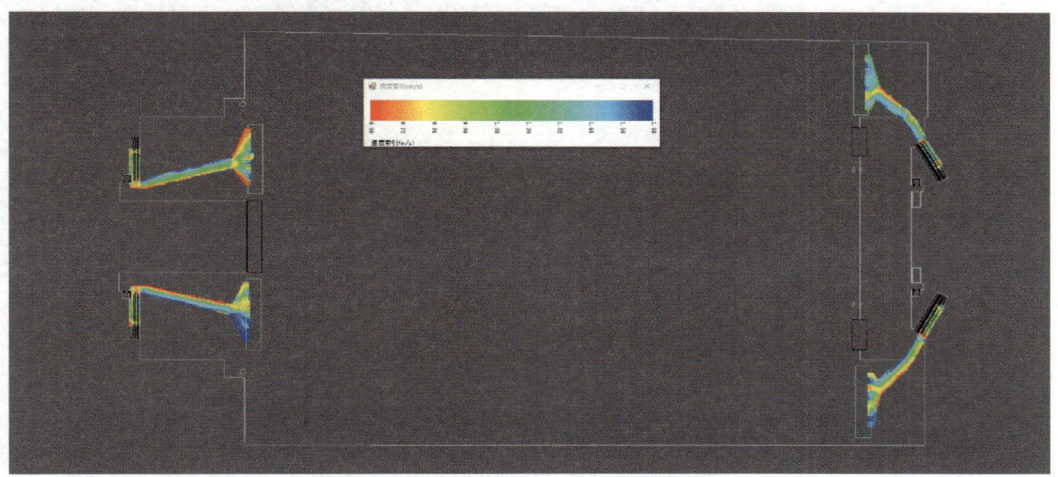

(e) 广州南站候车层平均速度

图 6.49 广州南站换乘枢纽站各层平均速度

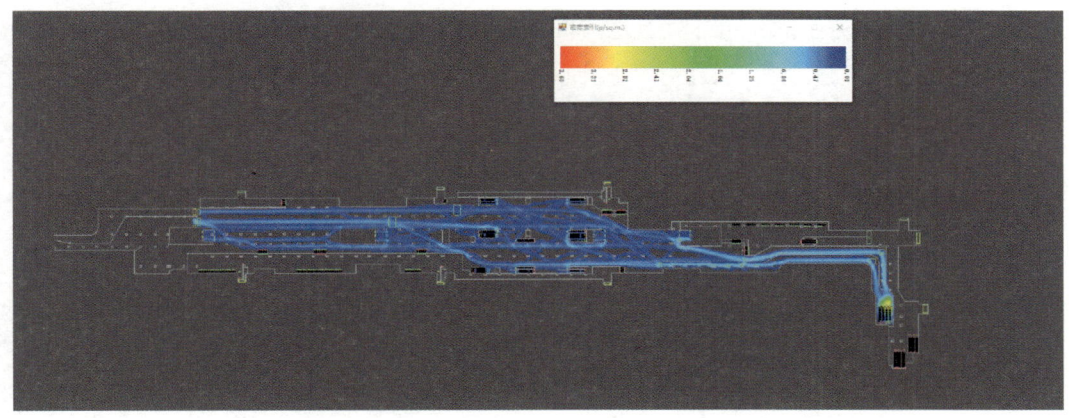

(a) 广州南站佛山 2 号线、广州 2 号线和 7 号线站厅层平均密度

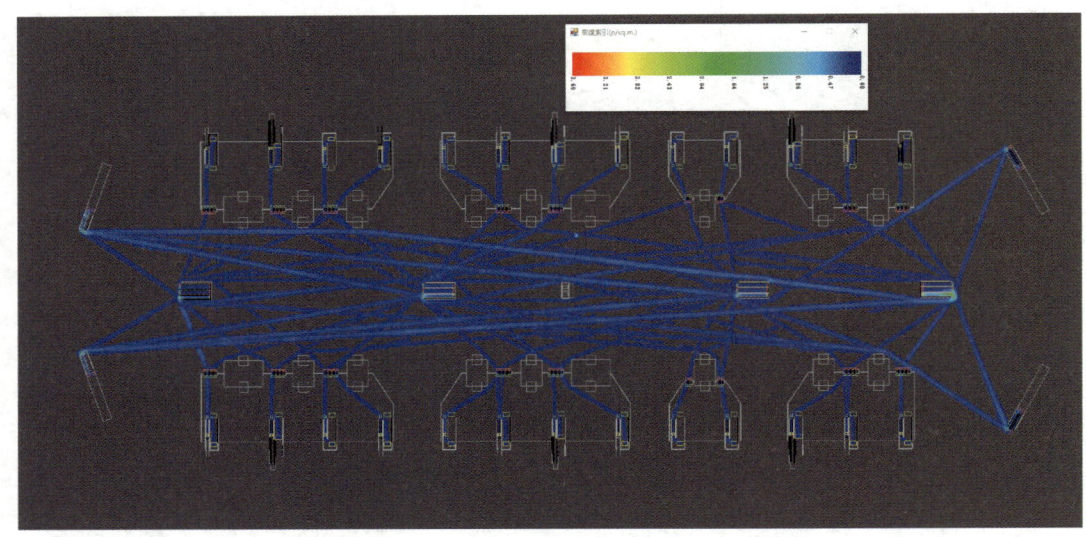

(b) 广州南站到达层平均密度

图 6.50 广州南站换乘枢纽站各层平均密度

(1) 一致性服务要求：衔接要求。从高铁南站换乘广州 22 号线的旅客中，在站台层等待上车的平均时间为 1.3 min，广州 22 号线的发车间隔在 2.8 min 内，符合互联互通要求。

(2) 便捷性服务要求，见表 6-27。

(3) 舒适性服务要求，见表 6-27。

表 6-27　高铁与广州 22 号线换乘客流旅客服务体验评估表

客流类型	平均行走距离/m	平均停留时间/min	最大停留时间/min
高铁转广 22	473.56	7.07	8.33
广 22 转高铁	453.85	7.31	8.52

(4) 安全性服务要求：通过对上述仿真图的分析，可以看出重点要关注的高密度区域为广州 22 号线负三层至负一层的扶梯、广州 22 号线负三层的楼扶梯口以及广州南站负一层至高铁到达层最西侧的楼扶梯。

6.8.5 基本评估结论

1. 现状下客流出行基本流畅

对现有场景进行建模分析，通过仿真手段，得到换乘客流的平均速度图和密度图。

通过对仿真结果的分析可以看出，换乘客流流线虽然不可避免地存在一定程度的流线交叉，但整体客流无明显结块现象，客流出行基本流畅。部分扶梯口处存在可能的拥堵情况，需要及时疏解。

另外，东侧地铁闸机口附近高铁扶梯口的上、下行顺序的修改，有利于减少客流流线冲突，提高出行效率。

2. 互联互通标准下旅客换乘服务水平得到了一定提升

本节对可能实现的互联互通的措施进行了假设性分析，并用仿真的手法，对互联互通所能带来的旅客换乘服务水平的影响进行了分析。总的来说，互联互通标准下旅客换乘服务水平得到了一定提升，主要体现在两方面：一方面，站厅层面积增大，站厅层内旅客密度降低；另一方面，旅客换乘走行距离和换乘停留时间减少，见表 6-28。

表 6-28　现状与互联互通条件下高铁与广州 22 号线换乘客流旅客服务体验评估对比表

客流类型		平均行走距离/m	平均停留时间/min	最大停留时间/min
高铁转广 22	现状下	553.51	8.18	8.62
	互联互通下	473.56	7.07	8.33
广 22 转高铁	现状下	623.5	9.23	10.15
	互联互通下	453.85	7.31	8.52

由表可知，互联互通标准下，目前广州南站的旅客换乘服务水平能得到一定提升。

参考文献

[1] 中国土木工程协会.市域快速轨道交通设计规范：T/CCES 2—2017[S].北京：中国建筑工业出版社,2017.

[2] 中国铁道学会.市域铁路设计规范：T/CRSC 0101—2017[S].2017.

[3] 中国城市轨道交通协会.市域快线交通技术规范：T/CAMET 01001—2019[S].2019.

[4] 张星臣.城市轨道交通运营管理[M].北京：高等教育出版社,2017.

[5] 江志彬.城市轨道交通网络列车运行组织与管理[M].上海：同济大学出版社,2018.

[6] 颜景林.城市轨道交通运营管理[M].成都：西南交通大学出版社,2014.

[7] 江志彬,韦实.国内外城市轨道交通折返站站线布置形式案例分析[J].城市轨道交通研究,2016,19(2)：40-45.

[8] 江志彬,徐瑞华,吴强,等.多交路共线运行的城市轨道交通车辆运用优化[J].同济大学学报(自然科学版),2014,42(9)：1333-1431.

[9] 江志彬,苏马雷,李洪运,等.轨道交通互联互通的内涵及技术特征探讨[J].都市快轨交通,2021,34(3)：46-51.

[10] 郑翔,徐思凡,江志彬,等.基于CBTC的市域快轨列车追踪间隔时间计算方法[J].上海建设科技,2022(2)：21-24.

[11] 蔡涵哲,孙元广,王芳玲.市域快速轨道交通规划实施分析——以广州都市圈为例[J].城市交通,2022,20(2)：53-58.

[12] 江志彬,苏马雷,李洪运,等.轨道交通互联互通的内涵及技术特征探讨[J].都市快轨交通,2021,34(3)：46-51.

[13] 乐梅,王宁宁,杨婧,等.城市轨道交通互联互通网络化行车组织方案初探[J].都市快轨交通,2020,33(4)：9-13.

[14] 田静.城市轨道交通网络化运营中的信号系统互联互通方案[J].城市轨道交通研究,2018,21(S1)：28-30.

[15] 鲁放,郎静,万传风,等.国外市域快轨实施经验及其对北京的启示[J].都市快轨交通,2017,30(1)：125-128.

[16] 张安锋,刘涛.城市轨道交通网络互联互通的四种运营模式[J].城市轨道交通研究,2016,19(7)：127-132.

[17] 贺鹏.东京轨道交通互联互通对北京的启示[J].城市轨道交通研究,2016,19(3)：87-94.

[18] 江志彬,徐瑞华,吴强,等.计算机编制城市轨道交通共线交路列车运行图[J].同济大学学报(自然科学版),2010,38(5)：692-696.

[19] 国家发展和改革委员会.国家发展改革委关于促进枢纽机场联通轨道交通的意见[EB/OL].(2020-04-10)[2020-11-10].http://www.gov.cn/zhengce/zhengceku/2020-04/21/content_5504605.htm.

[20] 冯萍萍.基于社会力模型的高铁综合客运枢纽行人交通仿真研究与实现[D].北京:北京交通大学,2012.

[21] 刘洪波.提高综合交通枢纽客流组织效率的关键问题探讨[J].内蒙古公路与运输,2020(3):48-50.

[22] 袁栋栋.综合客运交通枢纽换乘服务存在问题分析及对策[J].交通工程,2020,20(3):35-40.

[23] 王雪鑫.基于Anylogic仿真的兰州西站客运枢纽换乘衔接优化研究[J].铁道运输与经济,2019,473(3):100-105.

[24] FRUIN. Pedestrian Planning and Design[M]. New York: Metropolitan Association of Urban Designers and Environmental Planners, 1971.

[25] 陈然.城市行人交通流的实测、建模和模拟初探[D].上海:上海大学,2003.

[26] 吴笛.基于Agent的轨道交通枢纽内设施行人行为的仿真研究[D].北京:北京交通大学,2013.

[27] 田思琪,黄肇红,罗冬梅,等.城市轨道交通车站局部空间拥堵风险等级评价方法研究[J].城市轨道交通研究,2019,22(3):31-35.

[28] 江南.城市轨道交通一体化运营组织相关问题研究[D].成都:西南交通大学,2012.

[29] 蒋宝华.安检互认视角下城市轨道交通安检优化研究[D].北京:中国人民公安大学,2020.

[30] 吴蒙.基于安全等级的铁路与城市轨道交通安检互认研究[D].大连:大连交通大学,2020.

[31] 赵自然.大思安系统:基于毫米波太赫兹区域感知网络的非接触智慧安检技术[J].中国高新科技,2020(16):12-13.

[32] 李虹,李彬,马立鹏,等.太赫兹光谱成像技术及其在安检中的应用[J].云南警官学院学报,2020(3):122-128.

[33] ROBERT B. DIAL. A probabilistic multipath traffic assignment model which obviates path enumeration[J]. Transportation Research. 1971,5(2).83-111.

[34] MICHEL T. Probabilistic assignment: An algorithm[J]. Transportation Science,1974,8(4):311-320.

[35] 王健,胡敏翔,王承翔,等.欧洲出行即服务(MaaS)的政策框架[J].中国交通信息化,2021(6):137-141.

[36] 王叶.综合交通枢纽中高速铁路与城市轨道交通换乘衔接研究[D].兰州:兰州交通大学,2019.

[37] 何佳莉.城市综合交通换乘枢纽内部设施布局研究[D].重庆:重庆交通大学,2019.

[38] 余一凡.面向区域轨道交通枢纽换乘的协同运输组织研究[D].成都:西南交通大学,2020.

[39] 周扬,陈彩媛,王琦.大型铁路客站功能提升研究——以重庆北站为例[J].交通企业管理,2020,35(2):49-51.

[40] ADAMS B S, YAN D, MARTIN D. Linkages between customer service, customer satisfaction and performance in the airline industry: Investigation of non-linearities and moderating effects[J]. Transportation Research Part E: Logistics and Transportation Review,2012,48E(4):743-754.

[41] 李超.高速铁路客运车站服务方案优化及评估方法分析[D].北京:北京交通大学,2012.

[42] 康兆然,马骊,赵雪,等.成都火车北站与地铁1号线的换乘效率评价[J].交通运输工程与信息学报,2012,10(2):89-92,97.

[43] 郑鹏杰,王佟,杨东.基于改进DEA的高速铁路枢纽站与市内交通换乘效率研究[J].铁道运输与经济,2014,36(9):81-87.

[44] 韩亚楠,周伟.客运枢纽服务质量评价四维度模型[J].长安大学学报(自然科学版),2014,34(03):120-127.

[45] MARCO D. Measuring the satisfaction of multimodal travelers for local transit services in different urban contexts[J]. Transportation Research Part A:Policy and Practice,2012,46A(1).

[46] KAISER H F. An index of factorial simplicity[J]. Psychometrika,1974,39(1):31-36.